中国工程院院士

是国家设立的工程科学技术方面的最高学术称号，为终身荣誉。

中国工程院院士传记

汪应洛传

李志杰　吕绚丽　著

人民出版社
科学出版社

内 容 简 介

中国工程院院士是国家设立的工程科学技术方面的最高学术称号，“中国工程院院士传记丛书”由中国工程院组织编写，本套典藏版包含 15 种：《陆元九传》《朱英国传》《刘源张自传》《汪应洛传》《陈肇元自传：我的土木工程科研生涯》《徐寿波传：勇做拓荒牛》《徐更光传》《杨士莪传：倾听大海的声音》《李鹤林传》《周君亮自传》《陈厚群自传：追梦人生》《汤鸿霄自传：环境水质学求索 60 年》《赵文津自传》《农机巨擘：蒋亦元传》《许庆瑞传》。

图书在版编目（CIP）数据

中国工程院院士传记：典藏版 / 陈厚群等编著. —北京：科学出版社，2023.4

ISBN 978-7-03-074964-2

Ⅰ. ①中…　Ⅱ. ①陈…　Ⅲ. ①院士–传记–中国–现代　Ⅳ. ①K826.16

中国国家版本馆 CIP 数据核字（2023）第 030486 号

责任编辑：侯俊琳 张 莉 唐 傲 等 / 责任校对：邹慧卿 等
责任印制：赵 博 / 封面设计：有道文化

科学出版社 出版
北京东黄城根北街 16 号
邮政编码：100717
http://www.sciencep.com
北京厚诚则铭印刷科技有限公司印刷
科学出版社发行　各地新华书店经销
*
2023 年 4 月第 一 版　开本：720×1000　1/16
2023 年 4 月第一次印刷　印张：359 1/4　插页：110
字数：4 788 000

定价：1570.00 元（共 15 册）
（如有印装质量问题，我社负责调换）

汪应洛　中国工程院院士

20 世纪 80 年代，国务院学位管理委员会管理工程学科评审组全体成员合影，朱镕基（前排右二）任组长，汪应洛（前排左二）任副组长

国务院学位委员会管理工程学科评审组成员合影（前排右二为汪应洛）

20 世纪 80 年代中期，钱学森（前排右三）与系统科学学术会议代表合影（前排右二为汪应洛）

1995 年，全国工商硕士教育指导委员会第二次会议合影（前排左五为汪应洛）

汪应洛参加中国管理学家代表团访美，在华盛顿纪念碑前留影

20 世纪 80 年代，汪应洛访问加拿大多伦多大学

汪应洛（左二）、李怀祖（右二）接待来访的加拿大管理学院院长和米鲁斯教授

汪应洛院士（左一）与诺贝尔经济学奖获得者罗伯特·蒙代尔亲切座谈

2001 年，汪应洛院士出席第四届管理国际会议

2005 年 4 月 19 日，汪应洛（左一）、殷瑞钰（中）、何继善（右一）三位院士考察三峡大坝

2005年9月，汪应洛院士、刘源张院士到企业调研

2006年10月23日，汪应洛院士在中美工程技术研讨会工程管理论坛上作报告

2008 年 9 月 6 日，汪应洛院士（左一）在鄂尔多斯沙湾煤矿调研

2009 年 12 月 16 日，汪应洛院士（右二）、孙林岩教授（右一）、吕绚丽博士（左一）应“香港与交大联合知识管理与创新研究中心”李荣彬教授（左二）邀请参观香港科技园未来研究中心

知识管理与领导力国际会议上，汪应洛院士（右一）与智力资本之父 L.Edvinsson（中）合影

2002 年，汪应洛院士获西安交通大学首届伯乐奖

2008 年，汪应洛（左三）荣获光华工程科技奖，接受刘延东、路甬祥、徐匡迪颁奖

2015 年 10 月，汪应洛院士获得复旦管理学终身成就奖

汪应洛院士与夫人张娴如女士在西安交通大学校园

汪应洛院士夫妇金婚时与部分弟子合影

汪应洛院士全家合影

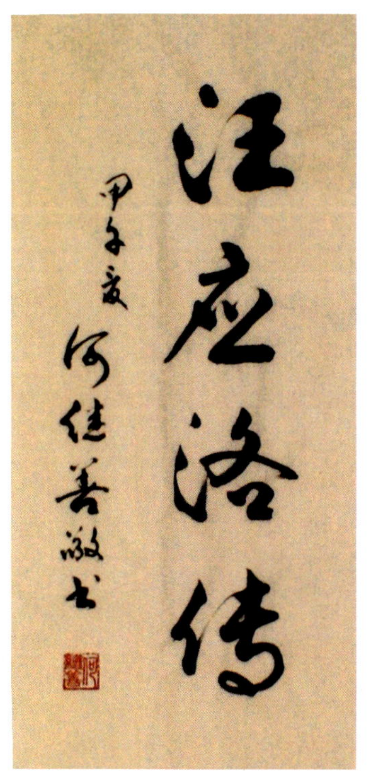

何继善院士为《汪应洛传》书写的书名

中国工程院院士传记系列丛书

总 序

20世纪是中华民族千载难逢的伟大时代。千百万先烈前贤用鲜血和生命争得了百年巨变、民族复兴，推翻了帝制，击败了外侮，建立了新中国，独立于世界，赢得了尊严，不再受辱。改革开放，经济腾飞，科教兴国，生产力大发展，告别了饥寒，实现了小康。工业化雷鸣电掣，现代化指日可待。巨潮洪流，不容阻抑。

忆百年前之清末，从慈禧太后到满朝文武开始感到科学技术的重要，办“洋务”，派留学，改教育。但时机瞬逝，清廷被辛亥革命推翻。五四运动，民情激昂，吁求“德、赛”升堂，民主治国，科教兴邦。接踵而来的，是18年内战、8年抗日和3年解放战争。恃科学救国的青年学子，负笈留学或寒窗苦读，多数未遇机会，辜负了碧血丹心。

1928年6月9日，蔡元培主持建立了中国近代第一个国立综合科研机构——中央研究院，设理化实业研究所、地质研究所、社会科学研究所和观象台4个研究机构，标志着国家建制科研机构的诞生。20年后，1948年3月26日遴选出81位院士（理工53位，人文28位），几乎都是20世纪初留学海外、卓有成就的科学家。

中国科技事业的大发展是在新中国成立以后。1949年11月1日成立了中国科学院，郭沫若任院长。1950—1960年有2500多名留学海外的科学家、工程师回到祖国，成为大规模发展中国科技事业的第一批领导骨干。国家按计划向苏联、东欧各国派遣1.8万名各类科技人员留学，全都按期回国，成为建立科研和现代工业的骨干力量。高等学校从新中国成立初期的200所增加到600多所，年招生增至28万人。到21世纪初，高等学校有2263所，年招生600多万人，科技人力总资源量超过5000万人，具有大学本科以上学历的科技人才达1600万人，已接近最发达国家水平。

新中国成立60多年来，从一穷二白成长为科技大国。年产钢铁从1949年的15万吨增加到2011年的粗钢6.8亿吨、钢材8.8亿吨，几乎是8个最发达国家（G8）总年产量的两倍，20世纪50年代钢铁超英赶美的梦想终于成真。水泥年产20亿吨，超过全世界其他国家总产量。中国已是粮、棉、肉、蛋、水产、化肥等世界第一生产大国，保障了13亿人口的食品和穿衣安全。制造业、土木、水利、电力、交通、运输、电子通信、超级计算机等领域正迅速逼近世界前沿。“两弹一星”、高峡平湖、南水北调、高公高铁、航空航天等伟大工程的成功实施，无可争议地表明了中国科技事业的进步。

党的十一届三中全会以后，改革开放，全国工作转向以经济建设为中心。加速实现工业化是当务之急。大规模社会性基础设施建设、大科学工程、国防工程等是工业化社会的命脉，是数十年、上百年才能完成的任务。中国科学院张光斗、王大珩、师昌绪、张维、侯祥麟、罗沛霖等学部委员（院士）认为，为了顺利完成中华民族这项历史性任务，必须提高工程科学的地位，加速培养更多的工程科技人才。中国科学院原设的技术科学部已不能满足工程科学发展的时代需要。他们于1992年致书党中央、国务院，建议建立“中国工程科学技术院”，选举那些在工程科学中做出重大创造性成就和贡献，热爱祖国，学风正派的科学家和工程师为院士，授予终身荣誉，赋予科研和建设任务，指导学科发展，培养人才，对国家重大工程科学问题提出咨询建议。中央接受了他们的建议，于1993年决定建立中国工程院，聘请30名中国科学院院士和遴选66名院士共96名为中国工程院首批院士。1994年6月3日，召开了中国工程院成立大会，选举朱光亚院士为首任院长。中国工程院成立后，全体院士紧密团结全国工程科技界共同奋斗，在各条战线上都发挥了重要作用，作出了新的贡献。

中国的现代科技事业比欧美落后了200年，虽然在20世纪有了巨大进步，但与发达国家相比，还有较大差距。祖国的工业化、现代化建设，任重路远，还需要数代人的持续奋斗才能完成。况且，世界在进步，科学无止境，社会无终态。欲把中国建设成科技强国，屹立于世界，必须接续培养造就数代以千万计的优秀科学家和工程师，服膺接力，担当使命，开拓创新，更立新功。

中国工程院决定组织出版《中国工程院院士传记》丛书，以记录他们对祖国和社会的丰功伟绩，传承他们治学为人的高尚品德、开拓创新的科学精神。他们是科技战线的功臣、民族振兴的脊梁。我们相信，这套传记的出版，能为史书增添新章，成为史乘中宝贵的科学财富，俾后人传承前贤筚路蓝缕的创业勇气、魄力和为国家、人民舍身奋斗的奉献精神。这就是中国前进的路。

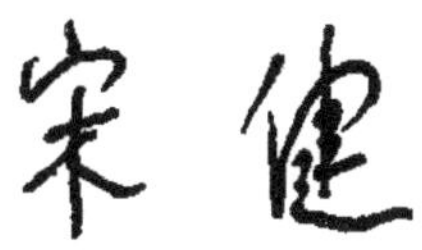

序　一

汪应洛先生是我国管理工程类教育与研究的开拓者，是我国系统管理学科的奠基人之一，是一位成就卓著的管理工程专家和教育家。在汪先生的主持下，西安交通大学管理学院自20世纪80年代初叶恢复建立至今，保持着国内一流管理学院的地位，并成为我国西部乃至全国培育高层次管理人才的摇篮。汪先生精勤育人，桃李天下。他作为试点协作组组长积极推动了我国工商管理硕士的培养工作。他培养出了我国第一个管理学博士研究生。汪应洛先生在担任国务院学位委员会学科评审组召集人期间，推动设立了管理科学与工程一级学科，相继推动设立了管理学门类，为扩大培养创新型管理人才作出了突出贡献。汪应洛先生的学术思想和丰硕的成果，奠定了他在中国管理学领域的泰斗地位。我作为西安交通大学的前任校长，对他在西安交通大学的发展和建设中的奉献精神表示钦佩和敬仰。

我与汪先生在中国工程院工程管理学部共事十余年，汪先生不遗余力地把自己的毕生热情和智慧完全地倾注于国家经济和社会发展中，以敏锐的洞察力和创新的思维，以及不断开拓的精神和勇气，率先将系统工程和管理工程的理论与方法综合应用于解决管理与工程实践和社会经济问题，完成了多项国家科研项目，为国家、经济发展作出了卓越贡献。他是老一辈交大人形象的代表。西安交通大学为有汪先生这样杰出的教授而感到无比自豪和骄傲。

中国工程院组织出版《汪应洛传》，我很高兴应邀作序。《汪应洛传》的出版，既是汪应洛先生治学精神和科研成果的总结，也是读者了解中国管理科学发展史的好教材。

郑南宁

2014年5月22日

序　二

汪应洛自 1980 年参加中国管理学家代表团访美归来，就在国内率先开展和大力推动战略管理的理论研究和应用推广。在其 1982 年主编的《系统工程》一书中专列有“战略研究”一章。20 世纪 80 年代初期，汪应洛教授参加了山西能源重化工基地发展战略研究工作，并提出我国发展战略研究的理论框架，建立了发展战略的模型体系，在国内率先推动了运用系统工程的理论方法进行发展战略的研究。此后，汪应洛指导一批博士生广泛开展了战略研究方法论的研究和战略决策的组织行为学的研究，先后出版了《战略研究理论与企业战略》及《战略决策》两本专著。

同时，汪应洛广泛开展战略的应用研究，曾先后参加“2000 年中国”发展战略研究，如“2000 年的中国”中的“人口与经济协调发展”、“2000 年的教育”中的定量分析研究，三峡区域经济发展战略研究，欧亚大陆桥与东西双向开放战略研究，图们江经济区和东北亚国际贸易发展战略研究，以及我国管理科学学科发展战略研究等。

汪应洛是首先在国内将系统工程、管理工程与工业工程融会贯通、有机结合，形成具有特色的决策理论和决策分析方法的人。特别是在大型工程决策方面，他以三峡特大型工程的决策分析为背景，开展了系统深入的研究，从而形成了大型工程决策的理论框架和方法论体系。此项成果获得国家教育委员会[①]（简称国家教委）科技进步奖一等奖，并在国家科学技术委员会[②]（简称国家科委）组织的长

① 现为教育部。

② 现为科学技术部。

江三峡工程综合经济论证中得到实际应用。

随着计算机在管理决策中的广泛应用，汪应洛早在20世纪80年代初期就开始研究决策支持系统及其在社会经济系统中的应用，其中支持决策全过程的DSS体系具有创新性。20世纪90年代初期，汪应洛开始研究智能化决策支持系统，并承担了陕西省科技、经济、社会协调发展的智能化决策支持系统的研制任务，任首席专家，完成了开发任务。

在战略研究中，需要深入研究系统运行规律和机制，同时需要研究维持系统全面、长期、稳定发展的调控机制。汪应洛教授及其弟子席酉民率先开展了“和谐理论”的研究，用定性与定量相结合的方法，分析系统的和谐程度，寻求系统从不和谐转化到和谐的状态，使系统形成总体和谐机制，达到一个和谐的整体，并提出了系统状态和谐性诊断模型。

由于现代社会的发展趋势，将会出现许多规模庞大、结构复杂、影响因素众多、内部因素与外部环境交互影响的复杂大系统，这就要求人们创造新的方法和理论，以适应社会发展的需要。20世纪90年代初期，汪应洛与弟子许进创造性地提出了一种研究复杂大系统的新理论和新方法——系统的核与核度理论。这种方法能够抓住系统的关键和本质，通过参数核度进一步刻画系统的“核”，为系统分析开辟了一个新领域。现在已经取得了重要成果，弄清了核度及网络顶点数固定条件下系统网络可能具有最大的或最小的网络结构及相应的构造方法，研究了在核与核度意义下的优化理论。在应用方面，将系统核与核度应用于可靠通信网络的优化设计、信息交流网络系统、管理科学中的组织行为问题、社会心理学问题等，特别是在人工神经网络的应用研究方面取得了令人满意的成果。

20世纪80年代初期，汪应洛教授受国家教委委托，在国内倡导应用系统工程的定性与定量相结合的方法研究，并建立了教育规划模型，编制了全国和省（区）级教育规划模型的软件，此项研究成果被国家教委采纳，并协助国家教委制定了全国教育规划，还为国务院发展研究中心研究“2000年的中国”中的“2000年的教育”提供了定量分析的科学方法。为此，汪应洛获得国家教委科技进步奖二等奖和国务院发展研究中心的嘉奖。1984年，国务院责成国家教委等单位组织制定全国人才规划，汪应洛研究并提出了人才规划的系统分析方法，被采纳后，受命协助国家教委组织全国80多个部委研究制定了全国人才规划。与此同时，中国系统工程学会教育系统工程专业委员会成立，汪应洛当选为主任委员。

从20世纪90年代开始，汪应洛着手研究多层次科技人才的选拔、培养，特别是高层次管理人才的培养教育，以适应社会主义市场经济发展的需要。早在20世纪80年代后期，他就向国务院学位委员会建议培养工商管理硕士（MBA）。20世纪90年代初期，国务院学位委员会批准设立工商管理硕士学位，汪应洛及其领导的西安交通大学管理学院参加了首批试点任务，他作为试点协作组组长积极推动了我国工商管理硕士的培养工作，培养出了我国第一个管理学博士生。汪应洛院士深邃的学术思想和丰硕的成果，奠定了他在中国管理学领域的崇高地位。

是为序。

作者

2015年8月21日

目　录

总序 / i

序一 / v

序二 / vii

第一章　抗日烽火浸染的童年……………………………（001）

一、安徽芜湖是故乡 ……………………………（003）

二、重庆八年磨难多 ……………………………（004）

三、汪石清弃政经商 ……………………………（009）

第二章　在避风港似的教会中学发奋读书………………（011）

一、力圆读书救国梦 ……………………………（013）

第三章　进入交通大学成为新中国首届大学生…………（017）

一、交大同窗张娴如 ……………………………（019）

二、“三反”、“五反”打“老虎” ……………………（021）

三、提前毕业搞建设 ……………………………（024）

第四章　哈工大研究生学习经历…………………………（031）

一、成为首名管理学研究生 ………………………（033）

二、撰写首部企业管理学著作 ……………………（039）

三、重建交大管理教育 ……………………………（044）

第五章　迁校西安支援西部建设…………………………（049）

一、响应号召迁西安 ……………………………（051）

二、大房换小高风尚 ……………………………………………………………（055）
第六章 “文化大革命”丢失的十年 ……………………………………（061）
一、“文化大革命”受迫害 …………………………………………………（063）
二、相濡以沫渡难关 ……………………………………………………………（068）
三、战备疏散到岐山 ……………………………………………………………（070）
四、加紧工作挽损失 ……………………………………………………………（073）
第七章 教书育人开创管理教育……………………………………………（075）
一、机械系“三驾马车” ……………………………………………………（077）
二、学科发展绘蓝图 ……………………………………………………………（081）
第八章 分管系校科研管理工作……………………………………………（089）
一、分管科研创辉煌 ……………………………………………………………（091）
二、服务企业搞研发 ……………………………………………………………（102）
第九章 创建管理工程学科和管理学院…………………………………（107）
一、兰州推广自动化 ……………………………………………………………（109）
二、创建“管理工程学科” …………………………………………………（115）
三、创建管理学门类 ……………………………………………………………（118）
四、重建交大管理学院 …………………………………………………………（126）
五、培养首位管理学博士 ………………………………………………………（129）
六、儒雅夫子工作狂 ……………………………………………………………（136）
七、身体健康亮红灯 ……………………………………………………………（150）
第十章 根据国家重大需求开展科学研究………………………………（157）
一、丝路研究先行者 ……………………………………………………………（159）
二、立足需求搞科研 ……………………………………………………………（165）
三、三峡工程智囊团 ……………………………………………………………（177）
四、战胜病魔攀高峰 ……………………………………………………………（184）

五、提名院士自述词 ……………………………………………（187）
六、研究环保惠民生 ……………………………………………（194）
七、众星捧月庆八秩 ……………………………………………（196）
八、媒体盛赞汪应洛 ……………………………………………（210）
九、三十年院庆群英会 …………………………………………（236）
第十一章　喜获2015复旦管理学终身成就奖 ………………（245）
第十二章　成果倍出的中国工程院院士…………………………（253）
一、中国制造2025 ………………………………………………（255）
二、研究规划现代制造服务业发展战略 ………………………（258）
三、为中国服务型制造业的发展战略绘蓝图 …………………（266）
四、推动现代工业工程，打造世界制造基地 …………………（272）
五、培养工程管理创新型人才的理论研究与实践 ……………（280）
六、评估三峡工程经济论证及可行性研究结论 ………………（291）
七、谋划陕西能源发展战略，促进陕西经济腾飞 ……………（298）
八、落实科学发展观，著述中国首部《工程哲学》专著 ………（307）
九、探索工程演化新途径，创造工程活动高效率 ……………（312）
十、研究智能城市理论，提高现代城市管理水平 ……………（320）
十一、提升中国制造企业自主设计能力创新的新思维 ………（323）
十二、筹建中国“改革试点探索与评估协同创新中心”………（333）
附录一　汪应洛年谱……………………………………………（335）
附录二　汪应洛院士主要论著…………………………………（339）
参考资料…………………………………………………………（343）
后记………………………………………………………………（345）

第一章

抗日烽火浸染的童年

一、安徽芜湖是故乡

汪应洛出生在安徽省芜湖市！

位于长江南岸的芜湖市是一座有2600年历史的著名古城。汪应洛1930年5月21日就出生在这历史悠久、工业发达、商贸繁荣、文化深厚的风水宝地。

汪应洛的父亲汪石清毕业于上海美术专科学校，在芜湖一所中学任美术教师。他对中国传统文化有很深的造诣，尤其偏爱程朱理学，所以用北宋理学四大派别“濂、洛、关、闽”为自己的孩子取名，希望他们遵从理学思想，修身立业，报国济民。汪石清同原配夫人生育了3个孩子，长子取名“汪应濂”，次子取名“汪应洛”，第三个是女孩子，就按儒学传统命名，取名“汪应模”，希望她长大遵从“三从四德”，“相夫教子”，做一个贤妻良母、女中楷模。他给抱养来的朋友妹妹的孩子，也就是汪应洛的小弟弟取名“汪应关”，仍然以理学学派取名。

汪应洛夫妇携儿子汪时奇重归安徽故里

理学是宋代以后儒家学说的核心内容。北宋哲学家周敦颐创立的理学（即道学），人称“濂”派。汪应洛之名得之于北宋哲学家程颢、程颐兄弟创立的理学“洛”派。

南宋理学家朱熹在浙闽创宗立派，世称理学“闽”派。如果汪石清再得第四子，其名将是“汪应闽”了。

20 世纪 30 年代的中国，军阀混战，匪盗横行，外夷侵扰，天灾频繁，实为时局动荡，民不聊生。汪石清携家带口赴南京谋生，经友人介绍，进入国民政府财政部当职员，一家人的生计才有了比较稳定的来源。1936 年，6 岁的汪应洛进入南京实验小学一年级读书。

天资聪颖的汪应洛受当教师的父亲的影响，对读书有非常浓厚的兴趣。他进入正规的南京实验小学，发愤读书，努力学习，在这个难得的学习环境中汲取知识的营养。然而，时局的变化打破了他平静的求学生活。

日本军队为了占领中国，发动了全面侵华战争。

二、重庆八年磨难多

1940 年，汪应洛（右）与哥哥汪应濂合影

汪石清一家随国民政府财政部由南京迁到重庆后，住在财政部的家属宿舍内。1937～1943 年，汪应洛先后在重庆广益小学、隆昌师范附小、重庆德精小学上学，1943 年，他从德精小学毕业。

重视孩子教育的汪石清希望孩子能在重庆较好的中学读书。当时重庆最著名的中学是南开中学，但它的位置在重庆郊区，离财政部家属区较远。尽管是国民政府陪都，但社会治安仍比较混乱，交通也不便利，让小孩远离家庭去上中学，实在有许多不便之处。于是，他将汪应洛及哥哥汪应濂送到了离家较近的巴蜀学校上学。

巴蜀学校是重庆声名仅次于南开中学的著名学校，创办于 1933 年，创建人是原国民政府四川省主席王缵绪。巴蜀学校坐落在嘉陵江畔的张家花园，是一座集幼稚园、小学、初中和高中于一体的著名学校。创办初期，著名爱国人士黄炎培亲荐江苏教育家周勖成出任首任校长，著名人士卢作孚、康心如、何鲁等担任校董，定下了“公正诚朴”的校训。抗日战争期间，周恩来同志在学校操场发表过爱国斗争的演讲。著名教育家、作家叶圣陶创作了《巴蜀学校校歌》。1950 年，巴蜀学校由西南军政委员会接办，改为西南区干部子弟学校。当时邓小平同志亲自指示“只许办好，不许办坏”。1954 年西南局撤销后，校中各部独立分设，中学部改为重庆市第四十一中学。1958 年，学校被评为全市中学唯一“百面红旗”。第四十一中学于 1978 年被定为四川省首批办好的重点中学，1991 年更名为巴蜀中学，位居全国百强中学第五名。

黄炎培是创建巴蜀学校的有力推手，他是中国教育家、实业家、政治家，也是中国民主同盟的主要发起人之一。他立志教育救国，竭尽全力倡导和推行职业教育，对中国近现代学制的演变，以及传统教育的改革作出了极大的贡献。

黄炎培先生着重推荐优秀教育家周勖成，担当重任入川办学。作为首任校长，周勖成力主“创造一个新的学校环境，实验一些新的学校教育”。不论是军政要员的少爷小姐，还是贫穷寒家的庶民子弟，只要是巴蜀学校学生，都要有“科学的头脑，劳工的身手，前进的思想，合作的精神，平民的生活，纪律的行动，艺术的兴趣，爱国的观念”；对教师的要求是建立在“以身作则的基础上”的“导师信条”：“专业的精神，德业的修养，丰富的知识，教学的技能，纯正的思想，慈爱的心地，强健的身体，耐劳的习惯。”在周勖成校长的苦心经营下，巴蜀学校很快成为四川教育界的一颗明珠。建校三周年时，黄炎培入川考察，下轮船后首先到巴蜀学校参观，他对学校的发展给予高度评价，称学校“处处见不苟精神”。后来黄炎培还多次在巴蜀学校作报告，他的博学多才和炽热的爱国情怀对汪应洛产生了深远的影响。

黄炎培的夫人姚维钧当时在巴蜀学校任教，她是汪应洛的国文教师。日本帝国主义的残酷侵略、颠沛流离的逃亡生涯，使汪应洛产生了强烈的读书救国思想。在巴蜀学校这么好的学习环境中，又遇到姚维钧这样的优秀老师，汪应洛的学习劲头更大了。受父亲儒家思想的影响，他对中华传统文化本来就有浓厚的兴趣，现在又有名师姚维钧授课，他的国文学习成绩总在班里名列前茅。抗日战争时期，重庆不断遭到日军飞机的轰炸，学校难以正常上课。姚维钧老师除了在课堂上认真给学生授课外，还经常给学生安排一些家庭学习内容，以使学生在不能来校上课时，在家里仍能坚持学习，不致耽误功课。每逢在家躲避警报，汪应洛便在父亲的指导下自学《唐诗三百首》《古文观止》等文学典籍，并坚持写作文，打下了坚实的文学基础。这为他日后从事教学和著述创造了良好的条件。汪应洛受教于姚维钧，其人格魅力和学术造诣对汪应洛产生了极大的影响。

汪应洛在巴蜀学校读初中，图为现巴蜀中学校门

读书救国的思想促使汪应洛对各门功课都十分珍爱，尤其对数理化更是下苦工夫。初中三年，他的学习成绩总是全班前一、二名。他认真学习数学，为他日后考取工科大学打下了基础；他爱好英文，为他后来学习国外管理工程研究成果创造了条件。当时，他们班有位同学家住重庆英国大使馆附近，大使馆每个礼拜天都放露天电影，这位同学经常带他去大使馆看英语电影，他的英语水平在潜移默化中得到了提高，增强了他学习英语的兴趣。

汪应洛兴趣和爱好广泛，他在学习之余，喜欢看文艺演出。抗日战争期间，大批思想进步的文化工作者集居重庆。汪应洛家附近就住有不少电影明星、作家、记者，如白杨、张瑞芳等，他们经常进行抗日宣传、演出活报剧和话剧。汪应洛对这些进步话剧很感兴趣，一方面是感受文艺工作者的爱国精神，同时也是在战乱中寻找生活的乐趣。

因大批文化机构、团体、文化人士迁渝，重庆的文化队伍空前壮大，抗日战争时期，重庆成为大后方的文化中心，抗日民主文化得到空前的繁荣和发展。

作为战时中国首都的重庆，一直是日本帝国主义攻击的主要目标之一，对其狂轰滥炸，妄图摧毁而后快。

1938 年 2 月 18 日起至 1943 年 8 月 23 日，日本对重庆进行了长达 5 年半的战略轰炸。据不完全统计，在此期间日本对重庆实施轰炸超过 200 次，出动 9000 多架次的飞机，投弹 11 500 枚以上。重庆死于轰炸者 10 000 人以上，超过 10 000 幢房屋被毁，市区大部分繁华地区被破坏。日本对重庆实施的空袭，是最先实行的战略轰炸。其目的是希望通过制造大量平民杀伤，以瓦解对方抵抗的士气。故此轰炸时不分前线及后方，亦不以军事目标为主要对象，反而多以居民区、繁华的商业区等为目标。

1940 年 5 月，日本大本营发动“101 号作战”，由陆、海军同时对中国后方进行轰炸。陆军主要以山西运城为基地，海军的主要基地为汉口。轰炸重庆的日机超过 2000 架次。8 月 19 日的轰炸尤为惨烈，日本海军投入超过140架轰炸机，以零式战机护航轰炸，重庆2000多户民居被毁，称“八一九”大轰炸。

1941年年初，日军在发动太平洋战争前先向中国集中力量进行空袭，发动名为“102号作战”的大规模轰炸。有一天，汪应洛上学时，日本飞机突然空袭，他赶快往家里跑，路上火光冲天，横尸遍野。他冒着刺鼻的浓烟，越过坍塌的建筑和焦土赶到自己家旁边时，房屋已不复存在，成为一片废墟，家人亦不知去向。他在火海中呼喊亲人，四处找寻，最后在江边找到了父亲和母亲。

日本飞机大轰炸给重庆人民带来了深重的灾难，汪应洛家的房子被炸毁，全家人逃到重庆郊外去避难。在这一时期，汪应洛经过了一段农村生活。无家可归，寄人篱下，难以读书，就同小伙伴们在田野中玩耍。他们在乡村中追逐游戏，在农田中采摘豌豆苗，放在小锅里，在地上挖个坑，拾来柴火煮豌豆苗吃。如此童心不泯的游戏，减轻了战乱压在孩子们心头上的烦恼。警报解除后，他们又回到重庆，赁屋居住，焦急地等待着战争的结束。

1945年（民国三十四年）8月29日至10月10日，中国国民党领导下的“中华民国”政府与中国共产党在重庆进行了一次具有历史意义的谈判。

1945年10月10日，会谈双方签署协议《政府与中共代表会谈纪要》，史称“双十协定”。“双十协定”是重庆谈判的主要成果，双方在协议中同意避免内战，和平建国，共同推动政治民主化、军队国家化，以及与其他政党合作组建多党制民主联合政府。

在重庆国民政府财政部任科长的汪石清同全国人民一样，对“双十协定”的签订寄予了很大的希望，希望能够天下太平，百姓安居乐业。但多年在国民政府财政部工作的经历，使他认清了国民党的腐败和无能。1945年抗日战争刚胜利，社会上就流传着这样的顺口溜：“想中央，盼中央，中央来了更遭殃。”身为财政部职员的汪石清对此感受最深，认识到国民政府财政政策的腐败是政治腐败的缩影，于是于1946年下半年离开国民政府财政部，赴上海经商办企业。

三、汪石清弃政经商

汪石清由重庆来到上海，和朋友一起做水果生意。重庆地区出产橘子，价格便宜，他和朋友一起租船从重庆贩橘子到上海出售。当然他也贩运重庆地区出产的其他一些土特产。汪应洛的一个表哥在美国读书，看到美国在第二次世界大战以后有很多剩余物资，如呢绒军大衣等物资非常丰富，就同汪石清做纺织品进出口生意，把呢绒产品运到上海来出售。当时上海人有崇洋思想，以使用美国货为时尚，所以做纺织品贸易生意利润可观，汪石清逐渐有了一定的经济实力。后来，汪石清的朋友卢绪章拉汪石清一起做医药生意。新中国成立前夕，上海白色恐怖很厉害，卢绪章和汪石清的医药公司经营遇到了很大困难。后来，汪石清才知道，卢绪章是地下共产党员，他以经营医药公司为掩护，实际上是给共产党和解放区弄药品和医疗器械。他之所以拉汪石清一块做，是基于对汪石清人品及业务能力的高度信任。临近新中国成立，卢绪章为了适应形势发展的需要，动员汪石清办工厂，搞工业救国。正是在卢绪章的帮助下，汪石清走上了为发展民族工业而奋斗的新道路。上海解放后，汪石清先后与友人经办天胜实业公司、侨商实业公司等经济实体，搞化工生产。1952 年，这些工厂经营遇到困难，汪石清不得不变卖家产和用积蓄支付工人工资，最后还是破产歇业了。新中国成立后，卢绪章当了国家外贸部部长。

第二章

在避风港似的教会中学发奋读书

一、力圆读书救国梦

汪应洛 1946 年从重庆来到上海，对一切都很陌生。他在重庆巴蜀学校时的一个同学原先在上海生活，对上海的学校比较熟悉，介绍他去上海徐汇中学初中三年级插班学习。从此，汪应洛就进入了上海徐汇中学，一直读到高中毕业。

徐汇中学是地处繁华喧嚣的徐家汇商业中心的一所古老而宁静的校园，是一所特色、创新学校，创办于清道光三十年（1850 年）。

道光二十九年（1849 年），江南地区洪水泛滥，来徐家汇的难童很多，徐家汇本地居民无力食养，便将难童送至徐家汇天主教堂，请求徐家汇司铎设法收容并施教育。教士们见他们俊秀可教，时任徐家汇耶稣会院长的晁德莅慨然允诺，即拨茅屋数间，以充教室。

上海徐汇中学的崇思楼（建于 1917 年）

1931年，教会向中国政府教育部门办理立案，易名徐汇中学。1949年上海解放后，实行学校教育和宗教分离的政策，并取消分院制。1953年6月改为市立，并开始招收女生，现校址为虹桥路68号。

汪应洛进入上海徐汇中学，进入了一个崭新的学习环境，十分高兴。由险象环生的重庆到了相对比较安静的上海教会学校，给他提供了十分难得的学习机会。初到上海，未受到灯红酒绿的社会风气的影响，教会学校又只有男生，没有浪漫的早恋风气，有一点与世隔绝的味道，这正是他潜心学习，实现读书救国理想的好时机。他从家早出晚归，在学校埋头读书，认真学习，学习成绩十分优秀。徐汇中学是法国人办的教会学校，学生头一年学习法语，以后再学习英语，因而学生都有较好的外语水平。徐汇中学在交通大学[①]（简称交大）旁边，许多功课都是请交通大学的教授来讲授的，教会学校有钱，也乐意聘请著名教授来校任教，以提高学校的教育质量和扩大学校的社会影响。汪应洛的物理学就是交通大学著名教授许国宝讲授的，他的数学课、化学课都是请交通大学教授来授课。

汪应洛在上海徐汇中学读高中，图为徐汇中学现校址

① 交通大学，前身为南洋公学，1896年由中国近代著名实业家、教育家盛宣怀创办。新中国成立后，20世纪50年代中期，学校响应国家建设大西北的号召，根据国务院决定，部分迁往西安，分为交通大学上海部分和西安部分。1959年7月，经国务院批准，分别建制，交通大学上海部分启用“上海交通大学”校名，交通大学西安部分启用“西安交通大学”校名。

解放战争期间，交通大学内部的革命运动很活跃，被称为“民主堡垒”。徐汇中学是教会学校，不允许参与政治活动，请交通大学教授来校授课，但不支持教授和学生从事政治活动。这在客观上给学生提供了更多的读书和学习的时间。在这种环境中，汪应洛扎扎实实地读了三年书，为今后的工作打下了坚实的业务基础。

第三章

进入交通大学成为新中国首届大学生

一、交大同窗张娴如

1949 年 5 月，上海解放了，汪应洛也高中毕业了。他起先是去报考上海的圣约翰大学，因为他的高中母校徐家汇中学是教会学校，圣约翰大学在上海，也是教会学校，是美国人支持办的，在上海是一流的大学。它跟国际接轨，出国留洋比较方便。后来，他考虑到现在已经解放了，再去上教会学校似乎不大妥当。当时交通大学离徐汇中学很近，许多交通大学教授给自己授过课，交通大学的“民主堡垒”形象在社会上很有名。交通大学招生条件要求很高，学生们都以能考入交通大学为荣。江浙一带最优秀的高中生都拼命地报考交通大学。许多全国知名中学都以考入交通大学学生人数的多少，来衡量这一级高中毕业生的质量。著名的苏州中学每年做毕业生考入大学的名录统计，总是把交通大学排在第一位，其次是浙江大学等。交通大学的招生考试录取比例，大都是二三十人中取一，所以成绩一般的学生，对交通大学都是望而却步的。汪应洛学习基础好，又在徐汇中学得到了交通大学名师的培养，所以他又去报考了交通大学。汪应洛被圣约翰大学和交通大学同时录取了。最后，他选择了交通大学。

1949 年 9 月，汪应洛考入了交通大学工学院工业管理工程系。在交通大学入学考试报名处，他遇见了一位身体娇小、端庄文静的女生，她在一位男青年的陪伴下报名应考。双目一对触，汪应洛立刻对这个女孩产生了深刻的好感。汪应洛被交通大学录取后，在新生体检时，又与这个女孩邂逅。后来，新生正式报到，他惊喜地发现，他们竟成了同班同学，她叫张娴如，是全班仅有的两名女生之一。他们是新中国自己培养的第一批大学生。

汪应洛和张娴如在上海徐汇区的交通大学上学，图为交通大学校门

1949年10月1日，中华人民共和国成立，交通大学全体师生员工在大草坪举行了国旗升旗典礼，鸣礼炮12响，并在校内进行庆祝大游行。这是一个令人欢欣鼓舞的日子。饱受战乱之灾，备尝颠沛流离之苦的汪应洛站在鲜艳的五星红旗之下，心情格外激动。交通大学是一座神圣的知识殿堂，是他实现读书救国梦的伊甸园。新中国的建立，为他大展宏图、报效祖国铺平了康庄大道。他觉得自己是幸运儿，赶上了充满光明、前途似锦的好时代。同时，他也感到自己肩负着历史重任，作为新中国的首届大学生，应该义无反顾地扛起科技兴国、振兴中华的大旗，为祖国的繁荣富强作贡献。他下定决心努力学习，在本专业领域有所建树，做建设新中国的栋梁之材。

在同班同学中，汪应洛和史维祥最要好。史维祥同学是一名地下共产党员，他原先在学校里是学科技的，后来组织上调他到上海市委党校学习，学习毕业，本来要分配他去上海公安局工作，因为国家经济建设需要科技人才，提倡科技人才归队，便把史维祥召回了交通大学。史维祥同汪应洛同班级、同小组，还住在同一宿舍。他们这个小组有六七个人，班里仅有的两名女同学张娴如、张宝琴都在他们这个组。史维祥是交通大学党组织的领导成员之一，负责组织发展工作。他政治立场坚定，工作作风稳健，待人忠诚友善，学习刻苦努力，是同学们一致推崇和爱戴的核心人物。汪应洛追求进步，所以更喜欢同史维祥接近，他以史维祥为榜样，积极参加各种社会活动，阅读政治书刊，不断提高自己的思想觉悟。史维祥告诉汪应洛，作为学生，要成为一名共产党员，不但要积极完成组织交给自己的各项任务，还必须把自己的学习搞好，在学习上起带头作用。汪应洛禀赋聪颖，学习成绩一直优秀，在史维祥的影响下，他学习更加刻苦，上课认真听讲，课后作业总比其他同学提前完成，得到了大家的好评。

汪应洛刻苦学习各门功课，同时积极参加学校组织的各种社会活动。学校举行的“保卫世界和平、庆祝中华人民共和国诞生”晚会，使他感到了新生的交通大学的勃勃生机，激发了他热爱新中国、热爱共产党的政治热情。他同全校师生员工一起参加了上海市庆祝开国暨保卫世界和平百万人示威大游行，参加迎接新中国成立后第一个新年的师生员工义务劳动，清洁校园，修筑道路。这一年，交通大学校委会将工业管理系改名为工业管理工程系，庄智焕教授任系主任。1950 年 6 月 20 日，许应期教授接任工业管理工程系主任。

二、“三反”、“五反”打“老虎”

新中国成立后，国内发生了一系列大事件，其中“刘青山、张子善事件”是轰动全国的特大贪污案，它对百废待兴的新中国的经济恢复造成了很大的影响，引起了党中央和毛泽东同志的高度重视，从而开展了全国范围内的大规模的“三反”、“五反”运动。这场运动在交通大学也产生了强烈的反响。

具有光荣革命传统的交通大学教职员工积极响应党中央和毛泽东同志的号召，积极投入到“三反”、“五反”斗争中去，努力清除旧社会遗留下来的污泥浊水，建设新型的交通大学。汪应洛他们是新中国培养的第一批大学生，自然成了学校和党组织进行“三反”、“五反”斗争的依靠对象。

交通大学在新中国成立后留下了一大批老职工，“三反”、“五反”运动主要是对这些人进行清理和教育。新中国刚成立时，交通大学的党组织力量比较薄弱，只有从地下党公开出来的四五十名党员，当时成立的是党总支，总支书记叫祖振铨，李登元负责党的宣传工作，史维祥负责党的组织工作。为加强党对交通大学的领导，上级从山东调来了张肇民等一批党员干部，还从华东革命大学调来了万钧、程润田、彭彬等一批党员干部。中共上海市委组织部于1952年2月20日批准成立中共交通大学党委会。中共交通大学党委会由11名委员组成，任命李培楠为党委书记，万钧为第一副书记，祖振铨为第二副书记，史维祥常委兼学生党支部书记。

学校的“三反”运动以思想改造为主。运动分两个阶段进行：第一阶段以在职员中开展反贪污斗争为重点，即所谓的开展“打老虎”运动，揭发批判教职员工中的贪污浪费行为，同时开展“三反”政治学习运动，并对实验室、工厂、图书馆、房地产等进行物资清理；第二阶段以教师思想批判为重点，结合思想批判进行组织清理工作。

汪应洛在参加“三反”、“五反”运动中，注重向党员干部学习，向有经验的老同志学习，在批评帮助犯错误的同志的时候，注意加强自己的思想改造，克服自己的小资产阶级思想，努力争取做一名共产党员。

“三反”、“五反”运动实质上是在执政条件下保持共产党人和国家干部的廉洁，是反腐败长期斗争的胜利的初战。通过“三反”运动，教育了大多数干部，挽救了犯错误的同志，清除了革命队伍里的腐败分子，进一步巩固了人民民主专政。“三反”、“五反”运动也是一个移风易俗的社会改革运动，它增强了广大干部和群众抵触资产阶级思想腐蚀的能力，树立了新社会廉洁奉公、艰苦朴素的风气。汪应洛在这场斗争中，以高涨的政治热情、务实的求是精神、正确的政策观念和深入细致的工作作风，赢得了党组织和同学们的一致好评。

汪应洛于1951年加入共青团留影

作为一名学生干部，汪应洛在努力搞好自己学习的同时，主动关心和帮助同学，带动大家积极参加各种社会活动，加强同学团结，活跃班级生活。平时，班内同学彼此交流不多，尤其是男女同学之间更少来往。汪应洛就主动接近两位女同学。在食堂就餐时，两位女同学一块用餐，汪应洛也就端着饭碗凑过去，同她们聊天闲谈，交流思想。在支持抗美援朝运动中，学校发起捐献“交大”号高射炮一尊。汪应洛带头捐献了5块钱，支援中国人民志愿军抗美保国。在他的影响下，张娴如同学也捐献了5块钱，表达她的爱国之心。

这件事情使汪应洛对张娴如更加有了好感，他怀着忐忑不安的心情，送给了张娴如一张自己的小照片，在照片的背面写了几句话：“娴如同志留念：开始了大学生活，这时上海已经解放，但是我的思想还未真正的解放。应洛。”感情的涟漪已耀出缕缕粼光，纯稚的年轻心灵涌动着喜爱的波涛，深受儒家思想影响的汪应洛，用这样的形式和语言表达着对张娴如的情感！

汪应洛积极要求进步，学习努力，工作认真，在同学中树立了较高的威信，在被批准加入共青团时，怀着激动的心情又给张娴如送了一张自己的照片，照片背面写道：

娴如同志留念：

真正有意义的生活开始了……在党和团组织的培养和教育下，我初步认识了真理，坚定了为新民主主义事业奋斗到底的信念。我入团了！

应洛.1951

张娴如出身于职员家庭，性情文静，举止淑雅，思想进步。作为团支部委员，汪应洛主动找她谈学习，谈工作，谈思想，把她作为入团对象加以培养，使她的政治觉悟和认识水平有了很大的提高。

大学二年级，学校要安排他们下厂实习。当时他们的一位授课教师是上海电机厂的管理干部，汪应洛就找张娴如商量，想通过这位老师进上海电机厂实习。张娴如很乐意去实习，他俩就一起找这位老师。因为汪应洛和张娴如都是比较好的学生，这位老师就很高兴地答应了他们的请求，还带了另外一个学生，共3个学生到上海电机厂实习。学习生产组织专业，下厂实习是很重要的一个环节，是理论联系实践，培养工作能力、扩大视野的好形式。他们到上海电机厂后，认真跟随技术人员学习绘图，参加工人班组劳动，了解生产工艺和组织管理体系，也学习一些设备操作和维修技能。他们同工厂的技术人员和工人打成一片，为完成工厂生产任务作出了有益的贡献，工厂就给他们发了些劳务津贴。他们用自己的劳动第一次挣到钱，心里非常高兴，学习、工作更加卖力了。他们每天按时相约乘班车去工厂上班，从不迟到早退，得到了工厂领导和工人的一致好评。工厂实习生活使汪应洛和张娴如有了更多的接触，二人一起去工厂上班，一起参加劳动，加深了彼此的了解，产生了爱情。

三、提前毕业搞建设

新中国成立以来，经过全国人民的艰苦奋斗和多方面的努力，胜利地完成了争取国家财政经济状况根本好转的任务，圆满地结束了三年国民经济恢复时期。中国人民只用了三年时间便医治好了旧中国的千疮百孔，不但度过了新中国成立初期一段艰难的岁月，而且为有计划的经济建设创造了条件。

大规模的经济建设高潮就要到来，国家急需技术和管理干部，中央决定，交通大学在新中国成立后招收的首届大学生提前毕业，四年制学生改为三年毕业。本该 1953 年毕业的汪应洛、张娴如和他们的同学，1952 年就毕业了。党和政府对新中国的首批大学生寄予了很高的期望，学校也加强了对这些学生的教育和培养。1952 年 9 月，学校党组织讨论汪应洛的入党问题。张娴如作为要求进步的积极分子，也被邀请参加了汪应洛入党问题的党员大会。会上，汪应洛介绍了自己的家庭背景、社会关系和对党组织的认识后，党支部和汪应洛的入党介绍人介绍了对汪应洛的培养和考察情况，与会党员对汪应洛的思想认识、政治觉悟、学习和工作成绩给予了高度评价。

在入党志愿书中，汪应洛忠诚地表述了自己的入党动机和对党的认识。他写道：

通过对共产主义理论的学习，我认识到共产主义社会是最幸福、最理想的社会。这里没有阶级也没有剥削，生产力空前提高，劳动是最光荣最愉快的事。劳动人民再也不会受到歧视和压迫，人民的觉悟水平都提高到人类最高的道德标准。人民生活在团结友爱、积极劳动的社会里，过着和平的幸福的生活。为了共产主义事业的彻底实现，我有决心参加工人阶级的先锋队——中国共产党，用无产阶级的思想武装自己，做革命先烈的继承者，担负起保卫祖国和建设共产主义社会的神圣任务。

汪应洛说：

我坚信共产主义社会一定会到来的。中国共产党是真正代表人民最大利益的，党的政策是从群众中来又到群众中去的，因此必然会得到全国人民的支持而获得革命的最后胜利，过去的各种运动都充分说明了这一真理。同时我体验到，工人阶级的特征就是与大生产相结合的，由于生产力和生产关系得到了调整，所以生产是可以空前发展的，因此只有工人阶级的政党才能够领导全国人民走向共产主义社会。我坚决要放弃个人利益，批判非无产阶级立场和阶级利益，争取做一个光荣的共产党员，全心全意为劳动人民服务，为共产主义社会的实现奋斗到底。

汪应洛的入党介绍人史维祥对汪应洛做了这样的评价：

汪应洛同志出身于资产阶级家庭（现正走向没落），由于尚在青年阶段，又长期在学校中，所以剥削阶级的观点、思想等对其影响不深。通过长期党团的教育觉悟提高，能克服得较彻底，故在五反中与资产阶级斗争中表现得很坚决、主动。自入团一年多来，工作一贯的积极主动，作风亦能艰苦，如每晚工作到12时，很主动，说明有一定阶级觉悟，主要缺点为有点个人英雄主义，今后要继续努力，达到工人阶级化。

介绍人：史维祥

1952年8月20日

党支部会议讨论新党员入党的决议是：

支部大会认为汪应洛同志虽出身没落资产阶级家庭，但对其影响尚不是很深，在长期工作中未发现有严重的剥削阶级思想与行为。自入团以来进步很快，工作一贯积极负责，有主人翁态度，在每次中心工作中都积极响应党的号召，特别在“三反”、“五反”运动中对资产阶级的斗争及打虎工作中都立场很坚定，都发挥了革命的积极性，支部大会认为从行动中从他的对党的认识上都说明有无产阶级觉悟。另外汪同志存在着个人英雄主义的缺点，入党后要防止自满倾向，努力改造非无产阶级思想。同意他入党。

支部书记签字盖章：史维祥

1952年8月

党支部大会一致同意汪应洛加入中国共产党。

参加讨论汪应洛入党的支部大会，使张娴如心情十分激动。自己是一个洁身自好、矜持自信的女孩子，大学一年级时，和男同学接触不多，有点特立独行的味道，到了大学二年级，通过下厂实习，要求加入共青团，参与班级社会工作，对汪应洛有了好感，但从来没有了解过他的家庭情况和社会关系，更没有刻意了解同学和老师对他的看法。在这次党支部大会上，党员们对他的评价如此之高，更激起了她对汪应洛的好感和崇敬。一散会，她立即跑回宿舍，对她的女同学张宝琴讲述支部大会的热烈盛况，激动地说："真没想到汪应洛这个人竟这么好！"这时候，爱情的火花已把她与汪应洛融合在一起了！

不久中共交通大学党委会批准汪应洛加入中国共产党，党委的审批意见是：

同意支部意见，批准汪应洛同志为中共候补党员。

汪同志已具备了一定的阶级觉悟，今后还需在党的教育下努力学习，提高阶级觉悟，克服个人英雄主义，树立正确的群众观点，密切与群众的关系，更好地为党的事业奋斗到底。

候补期一年，自1952年9月3日至1953年9月3日。

中共交通大学党委会

党委书记签字盖章：李培楠

1952年9月3日

对于汪应洛的家庭情况，张娴如过去不太了解，也没有刻意去了解这些情况。她比较单纯，觉得只要他本人好，又能谈得来，就可以做朋友，对家庭问题考虑不多。通过参加讨论汪应洛入党的党员大会，她对汪应洛的家庭才有了一些了解。当她知道汪应洛父亲新中国成立后与友人合伙经营天胜实业公司、侨商公司等民族工业，家境比较富裕时，对汪应洛有了更深刻的认识。在她的印象中，有钱人比较高傲，难以相处，她的一个富豪亲戚就是这样，她就不喜欢同他们有过多来往。而汪应洛虽出身民族资产阶级家庭，但他没有一点富家公子哥儿的不良习气。他勤奋好学，思想进步，待人谦和，生活简朴，平时衣着简单，冬天常穿一件对襟大棉袄，与周围同学相比，显得有些土气。他工作认真，喜欢帮助别人，是一位值得依赖和依靠的好同学。她也了解到，汪应洛的父亲是一位受过美术专业教育，热爱中华传统文化，具有浓厚儒家思想的文化人，他当过中学教师，做过国民政府财政部的职员，因厌恶国民党腐败无能，弃政从商，又在地下共产党人的引导和支持下举办民族工业，生产国家急需的化工产品，其思想和政治倾向还是比较开明的。汪应洛作为新中国培养的大学生，能够正确处理家庭关系，既防止和消除资产阶级思想对自己的影响，又注重从家庭民族资本主义的生产经营方式中汲取生产组织方面的有用经验，丰富自己的专业知识，为新中国的经济建设服务，确实是难能可贵的。这是一个十分理想的终身伴侣，于是张娴如决定立即同汪应洛确定恋人关系。

没有花前月下的卿卿我我，没有悠柔缠绵的书信往来，在平凡而又紧张的学习生活中自然而然摩擦出的感情火花逐渐升温成爱情之炬。就在即将毕业分配之际，张娴如以交换一支钢笔的形式，成了汪应洛的未婚妻。

汪应洛毕业后留在交通大学任教，张娴如被分配到上海电机厂工作。上海电机厂原先在市区，后来搬到郊区，离学校较远。张娴如在工厂里吃住。工厂共青团组织和她谈话，知道她正在积极申请加入中国共产党，就对她重点加以培养，有意识地给她压担子，让她承担较多的社会工作。她积极要求进步，工作特别卖力。一方面，她要熟悉并开展自身的业务工作，另一方面还要承担多种社会工作。新中国刚成立，全国都在学习苏联的生产和管理经验，工厂领导要她给技术人员教授俄语。她本人学习俄语的时间不长，便一边自学，一边给技术人员讲课。她还承担了工人业余学校的教学任务，工作之余，给工人读报，讲时事，还给工人教语文、算术，开展扫盲工作。她和工人打成了一片，受到了工人的欢迎和爱戴。她每天工作很忙碌，晚上回到宿舍，还要学习业务知识，有时星期天来到交通大学，汪应洛也总是忙忙碌碌，难得有时间一起玩耍。一对恋人就这样在各自的岗位上工作着、奋斗着。

在难得经常在一起的情况下，张娴如以一个姑娘特有的方式，向汪应洛表达自己的感情。她特地到照相馆照了一张照片，在背后写了这样一段话："应洛同志：经过党和人民的教育和培养，今天我终于成为一个人民的干部了。我要向工人阶级学习，以实际行动争取入党。你看着吧！"她把照片送给了汪应洛，也把一位姑娘的爱和决心送给了自己的恋人。

汪应洛（右一）与交通大学北美校友会会长李玉和院士夫妇在20世纪80年代上海交通大学门前合影

第四章

哈工大研究生学习经历

一、成为首名管理学研究生

1952年，汪应洛（中）在哈尔滨工业大学向苏联专家学习期间与同学合影

1952年11月份，教育部下达通知，要求各个大学派一批骨干到哈尔滨工业大学（简称哈工大）去学习。当时全国都在学习苏联，教育部聘请了一批苏联专家教授在哈工大办研究生班。哈尔滨有一批白俄人①，有比较好的学习俄语的语言环境，便于学生较快掌握俄语。交通大学选派汪应洛等十多位年轻教师去哈工大学习。到交通大学上班才两个月，汪应洛又要去哈尔滨跟苏联专家读研究生，这对已确定了恋爱关系的张娴如来说，既高兴又恋恋不舍。虽然毕业后一个在学校，一个在工厂，离得比较远，见面不容易，但毕竟都在上海市，星期天总可以抽点时间团聚一下。现在汪应洛要去哈尔滨上学，见面就更不容易了。张娴如心里充满了矛盾。但想到这是

① 指20世纪上半叶流亡于中国上海和东北等地的俄裔居民。

祖国建设的需要，也是有志青年大展宏图、立志报国的好机会，便决然支持汪应洛去读研究生。

汪应洛前往哈尔滨报到，张娴如到火车站去送他。汪应洛的父亲、母亲和妹妹汪应模也到火车站送行。他们坐在候车室的坐椅上，默默地望着不远处漫步惜别的两个年轻人，老人完全理解两个孩子此时此刻的心情，亲情让位于恋情，没有打扰他们，让他们在这宝贵的时间里尽量多待一会儿。汪应洛和张娴如此时既有难舍难分的感情流露，更多的是激情澎湃的相互鼓励和珍重嘱咐。汪应洛上了火车，随着汽笛一声长鸣，他辞别了情深似海的恋人及双亲，踏上了更辉煌的人生旅途。

望着远去的列车，母亲对小妹汪应模说："叫一辆车，把你张姐送回家！"转身又对张娴如说："星期天到家里来玩吧！"汪应模叫了一辆三轮车，陪张娴如回家。张娴如心里很过意不去，应模比自己小一岁，还亲自陪送自己回家，实在有点承受不起，同时也感受到汪应洛父母对自己的关照和疼爱。

到了星期天，张娴如从工厂出来，按照汪应洛留给她的地址，坐公交车找到汪应洛的家。第一次来到汪应洛家，汪应洛的父母和小妹热情地招待张娴如，嘘寒问暖，递茶送果，气氛十分活跃。张娴如深深地感到了两位老人对自己的接纳和疼爱，第一次来到汪应洛家，她就立刻融入了这个和谐的家庭里了！

到哈工大学习的人各个专业都有，相当于各大学派出的留学生。到了哈工大以后，根据苏联专家教授的业务构成和研究生的课程设置，给学员分配专业。苏联教授中有一个管理学专家。交通大学选送的学员中没有专门学习管理学的，汪应洛是机械系毕业的，但学过一年工业管理工程，于是便分配汪应洛做苏联管理专家研究生。同他一起跟苏联专家阿布拉莫夫学习管理学的，还有华南理工大学来的叶春生、哈工大的洪宝华和哈工大俄语专业的孙梦菊。

研究生的学习和生活是非常艰苦而紧张的。汪应洛从温暖的上海来到天寒地冻的哈尔滨，对当地的气候环境很不适应。他只带了几件单薄的冬衣，冻得受不了。当地同学就给他出招，教他加强运动锻炼，一方面抵御寒冷，同时也能促进肠胃消化。因为在上海，主要吃大米，而在哈尔滨主要吃杂粮。新中国成立初期，国家经济困难，群众生活艰苦，就是这些国家视为珍宝的研究生，生活供应也很差，早饭是包谷碴子，中午饭是高粱米，晚饭是稀粥，蔬菜只有土豆和大白菜。粗糙的饭菜难消化，把汪应洛的胃吃坏了。为了应付这种困难的生活环境，汪应洛加强体育锻炼，学会了滑冰，经过一个阶段的调整，他逐渐适应了哈尔滨的寒冷气候，身体也逐渐强壮起来。

学校要求学生在一年内掌握俄语，后面的两年时间集中学习专业课。汪应洛有较好的英语基础，但没有接触过俄语，学习俄语一切都是从零开始。好在外语学习有许多相通的地方，较好的英语基础为他学好俄语创造了不少有利条件，当然也带来了一些相应的麻烦，如常常把俄语和英语的语法词汇记混淆。为了尽快掌握俄语，他认真跟苏联专家学习，也向俄语水平较高的同学学习，业余时间还去找学校周围的白俄人补习俄文，锻炼俄语会话交流的能力，同时尽量利用哈工大较好的学习氛围，锻炼自己的俄语视听和会话能力，较快地掌握了俄语，达到了运用自如的程度，受到了苏联专家和同学们的好评。

汪应洛几乎把一切时间和精力都用在了学习上，很少外出休闲和游玩。哈工大每个星期六晚上都有舞会，俄罗斯的老师们都去跳舞玩耍，汪应洛从来不进舞场，节假日仍在教室或宿舍学习。学校一年有两个假期，汪应洛只是暑假回上海一次，寒假全留在哈工大补习功课，就是暑假回上海，也只是小住几天，便匆匆返回学校。

1954 年暑假，汪应洛回到上海，同张娴如领了结婚证，还没有来得及操办婚礼，哈工大就发来电报，说是松花江发大水，哈尔滨闹水灾，让他立即返校抗洪救灾。汪应洛立即坐火车往哈尔滨赶。作为学生，经济条件不好，他买的是硬座火车票，沿途交通状况不好，多处有洪灾，火车走走停停，在路上走了十多天才到达哈尔滨，吃了不少苦头。回到学校，顾不上休息，他就投入到紧张的抗洪救灾和学习工作中去了。

1952年，汪应洛（前左二）在哈尔滨工业大学师从苏联专家学习期间合影

这次学校发电报催他返校，汪应洛事后得知，除了确实因为哈尔滨遭水灾需要学生返校抗洪救灾的因素外，还涉及他与张娴如的婚姻问题。张娴如当时正积极申请加入中国共产党，她把自己要和汪应洛结婚的事告诉了上海电机厂的党组织。可能上海电机厂党组织与哈工大党组织有沟通，哈工大党组织对汪应洛的这桩婚事有疑虑，所以急电召汪应洛回哈尔滨。原来，上海电机厂党组织在审查张娴如的历史时，发现她在高中临毕业前，参与班上办的一个油印刊物，刻蜡板、写稿件。组织上对于这个刊物的性质和背景没有搞清楚，正在调查之中。哈工大党组织对共产党员汪应洛的婚姻问题比较关注，不希望汪应洛立即结婚，所以急电召他回校。这个情况汪应洛和张娴如本人完全不知道。新中国成立前夕，上海社会十分混乱，国民党为维持其摇摇欲坠的腐朽政权，在各个机关、工厂、学校千方百计组织反动社团，发展成员，纠集反动力量，进行各种阴谋破坏活动，企图阻止解放大军攻克上海。而共产党的地下组织也积极地组织进步力量，与国民党反动派进行针锋相对的斗争。地下党组织秘密组织工人纠察队，开展护厂活动，保卫机器设备，防

止国民党当局逃窜之时进行破坏。地下党在各个学校建立秘密组织，团结进步学生开展革命活动，利用散发传单、集会游行等形式揭露国民党的反动本质，号召广大群众与国民党反动派进行斗争，迎接上海解放。后来查证落实，张娴如参与编印的刊物是中国共产党地下组织的外围刊物，其宗旨是团结和组织一批进步青年开展爱国活动，迎接上海解放。事情最后搞清楚了，1955 年，汪应洛研究生毕业后，与张娴如正式结婚。后来过了几十年，张娴如和她的高中同学谈起这件事时，有位同学说："你怎么不早来找我啊，我帮你去找咱们班的同学尉健行，是他组织干的，我们是地下党员！"张娴如说："我哪里知道这些情况啊！"尉健行在新中国成立当过中央组织部部长、监察部部长，中共第十四届中央政治局委员，书记处书记，中纪委常委、书记。

汪应洛在哈工大读研究生的三年里，不但学习任务重，还担任了繁重的社会工作。他担任研究生班的学生会主席，经常要同其他专业的同学打交道，组织开展一些文娱活动和联谊活动，帮助同学解决学习和生活上的困难。他还承担了哈工大管理学科学生的部分教学任务，编写了一本《企业组织与计划》教材。这是汪应洛的第一本管理学著作，也是中国管理科学方面的第一本教材。这本《企业组织与计划》，既吸纳了苏联管理科学教科书的精髓，又加入了汪应洛在多个工厂实习时的经验总结，在理论和实践相结合方面比他学习的苏联教材更高一筹，尤其是在探讨管理科学为新中国经济建设服务方面有精辟的见解，成为汪应洛日后编著高等学校管理教育企业生产组织教科书的基础。

汪应洛和张娴如这段时间里各自都很忙，相互很少联系。汪应洛偶尔给张娴如写封信，也只是寥寥数语，报个平安而已，并且老是这几句话："你好吗？我很忙！祝你工作顺利……"张娴如收到汪应洛的唯一一封长信，就是他寄来的《企业组织与计划》教材。她明白，这是汪应洛给她的"学习成绩单"。她虽然读不懂但仍然看得很认真。从这本书里，她看到了汪应洛在管理科学方面的天赋，也感知到他在这一领域将有不凡的成就和建树，她要为汪应洛的成功鼓劲加油！

苏联专家的治学精神是非常严肃和认真的，他们要求学生树立牢固的专业思想，要始终不渝地热爱自己的专业，并为之奋斗终生，要为学习继承和发展本专业作出贡献。这种治学思想为汪应洛在管理科学领域持之以恒、不断开拓创新奠定了基础。

研究生阶段的学习，有两点使汪应洛印象最为深刻，并影响着他一生的教学和科研工作：一是理论联系实践，理论指导实践，为实践服务；二是拓宽专业领域，以提高本专业的综合效能。

被派到哈工大任教的教授，都是苏联国内十分优秀的专家。苏联政府要尽快为新中国培养一批技术人才，以适应新中国即将开始的大规模的经济建设，增强社会主义阵营的力量。苏联专家授课非常认真，他们知识渊博，业务熟练，教案编排严密细致，板书程序都在教案中事先设计完整，上课时有条不紊，便于学生抄录和理解。专家们上课总是西装革履，仪表堂堂，表现出课堂的肃穆和庄严。他们也要求学生衣着整齐、举止文雅，有时还检查学生的手绢，看是否干净清洁。专家们视教室为神圣的殿堂，视教学为传经布道，这种严肃认真的教学方法为促进学生的求知欲和培养学生科研精神打下了良好的基础。

汪应洛用一年的时间学习俄语，第二年开始学习专业课。刚开始，他在机械系学习企业生产组织，属于机械系的一门学科。授课专家名为阿布拉莫夫，是一位著名的苏联教授，也是苏联卫国战争的英雄。第二年，汪应洛在工程经济系学习，莫斯科经济学院的柳巴夫斯基教授教授经济管理，学习的不只是单纯的工科内容了。

苏联专家教学很重视理论联系实际，把课堂上讲授的知识拿到生产实际中去应用、去充实，培养学生对生产实际的管理和运作能力。苏联专家带领汪应洛和生产组织专业的研究生先后到哈尔滨、沈阳、大连三个城市的机床厂去实习，要求研究生的论文要到企业中结合实际去做，撰写的论文既要有学术价值，也要有应用价值。在苏联专家的精心培养下，加上自己三年的艰苦奋斗，汪应洛以优异的成绩通过了毕业论文答辩，成为苏联专家柳巴夫斯基教授所带的四个研究生中唯一一个通过毕业答辩的学生，也成为新中国第一批培养的管理科学专业人才中的第一位研究生。这为汪应洛成为中国管理学领域的领军人物奠定了基础。

汪应洛1955年在哈尔滨工业大学进行研究生毕业答辩

在哈工大研究生毕业后，汪应洛回到交通大学和张娴如结婚了。婚礼十分简单，是在一个星期六的晚上举行的。第二天是星期天，汪应洛和张娴如一起去拜见了张娴如的父母，当时张娴如的一位同事的爱人不在家，他们就借住在这位同志的家里。过了三天，汪应洛就回交通大学了，张娴如也回厂里上班了。

二、撰写首部企业管理学著作

在苏联教授的指导下，汪应洛结合在哈尔滨几个大型工厂的实习经验，撰写了新中国第一部管理科学学术著作，并给哈工大工业管理工程专业学生进行了讲授，受到学生们的欢迎和苏联教授的好评。

这部《企业组织与计划》讲稿，共有十一章。

第一章：绪言，课程对象与任务，第二章：社会主义工业企业及其组织与计划的基本原则；第三章：生产过程及生产类型；第四章：流水作业组织；第五章：机械制造企业的生产结构；第六章：社会主义机械制造企业的管理组织；第七章：生产技术准备组织；第八章：技术检查组织；第九章：基本生产服务组织；第十章：技术定额制定原理；第十一章：劳动组织与工资制度。

这部管理学著作，提出了我国社会主义工业企业管理的基本理论，规划了社会主义工业企业管理的组织机构、实施流程和发展方向，具有很强的操作性和实用性，对迅猛发展的社会主义建设高潮培养急需的管理人才发挥了很好的作用。

汪应洛在这部著作的序言里写道：

社会主义工业企业组织是建筑在消灭了生产资料私有制而代之以生产资料公有制的社会主义生产方式的基础上，在这里，人们在生产过程中相互关系的特征乃是不受剥削的同志合作和社会主义互助，在这里生产关系完全适合于生产力的性质，因而也保证了社会主义工业企业的无限发展，这比之根据资本主义生产方式的规律而发展起来的资本主义企业优越得多了。社会主义社会以前各个社会的生产方式，尤其是资本主义生产方式的基本特征就是生产资料的私有制，剥削别人劳动的必然性以及把劳动力也变为商品等。在帝国主义阶段，生产力和生产关系的矛盾，生产的社会性和生产资料私人占有形式的矛盾及劳动与资本的矛盾更加尖锐化，这些不调和的矛盾阻碍了社会的发展和各个企业的发展。工业企业组织与计划是一门经济科学，它研究社会主义经济法则在企业活动中的具体表现，研究党和政府根据企业工作中高度技术的基础上制定的有计划的、合乎经济原则的和能获得高生产率的决议，以及在企业的生产经济活动中执行这些决议的措施和方法。

汪应洛认为，工业企业组织与计划这个学科，研究对象有两个：一是研究社会主义经济法则在企业活动中的具体表现；二是研究党和政府关于提高劳动生产率和计划管理的决议，并决定贯彻决议的方法。研究企业组织与计划这门学科的方法是马列主义的辩证法，其特征是：①自然界中各个对象或各个现象都是互相密切联系着，互相依赖着，互相制约着；②自然界是处在不断运动和不断变化的状态；③发展过程是由逐渐的量变进到质变；④事物内在矛盾的斗争是发展过程的具体内容。汪应洛强调，研究工业企业组织与计划，不能孤立地看问题，要看到工业企业是国民经济的一部分，是和社会主义的扩大再生产的任务紧密联系着的，一个企业不能完成任务，就会影响其他企业，同时也会影响整个国民经济。研究这门学科，不能单纯地从理论上去研究，要结合企业活动，有系统地研究，分析和综合先进的生产方法，并联系和运用先进的科学技术成就。企业组织与计划也是发展着的，根据不同的历史条件出现了各种不同的企业组织、计划形式和方法，并决定了它进一步发展的方向和道路。由于生产规模的扩大和生产量的增长，企业组织和计划的形式和方法必然会产生根本的变化，例如，由于生产计划的大量扩大，就不得不改变原来产品移动路线的形式和主要生产过程组织的方法，从而建立起新的组织和计划工作。企业组织和计划在形式上和方法上的发展，始终存在着新与旧的斗争，先进与落后的斗争，因此，必须勇于帮助新生的、先进的力量，支持生产革新者，努力创造更科学、更先进的生产组织和方法，创造更好的生产效率和效益。

在《企业组织与计划》一书中，汪应洛论述了社会主义企业管理的基本原则。第一，政治与经济领导的统一——党的政策是根据对客观经济法则的认识与利用制定的，它保证了社会主义经济的不断发展。因之，经济和政治不是孤立地分开，而是联系一致的。整个企业的经济活动都服从于党的政策，有科学预见，才能有效地领导企业活动，并保证迅速完成任务。第二，民主制度和集中制——资本主义企业集中领导于一个管理机构，是剥削和压迫工人的工具，根本无民主可言。社会主义企业是人民所有，负责企业管理工作的是人民的勤务员。企业领导者虽是由国家指派，但他是以人民的利益出发来进行领导的。在企业活动中，工人群众都参与了管理，一切计划、规程和制度等都要通过工人的讨论，广泛吸收群众的意见，然后才决定执行。而且广大群众对企业领导者的经营还进行着监督，可以在会议上提出批评。这都充分表现出社会主义企业管理的高度民主性。至于集中性则表现在国家的一切领导工作，都是执行着"下级服从上级"的原则，每一个企业都有一个统一的集中机构来管理，这个管理机构引导着其自己所属的各个环节的活动，并保证统一的国家计划的完成。第三，一长负责制（简称"一长制"）——每一个工作人员，只有一个直接领导者，这就是"一长制"。企业中每一部分的领导者在其所管理的工作方面握有全权，直接对上级领导者负责，这就消灭了无人负责或不负责任的现象。由于有了"一长制"的统一领导，就可能把各种不同意见综合成一个统一的正确意图，从而成功地推动工作。实行社会主义企业的"一长制"，必须具备下列条件：①保证正确地选择干部，分配干部和检查执行情况；②确定地规定每一工作人员的地位；③保证领导者和群众的密切关系；④巩固领导者的威信；⑤企业领导干部要精通生产技术与经济知识。第四，生产区域管理制。其特征如下：①一切自上而下的工业管理机构都是按生产的特征而建立，并且考虑企业、车间的分布情形而建立；②保证领导上的"一长制"、领导工作的有效性和具体性，消灭管理上采用职能制的混乱现象。在生产管理中的职能机构只是生产领导者的工作机构，其只是为该区域的领导者整理文件、资料，协助解决各种问题。上级职能机构不能不通过下级区域领导者而直接指挥下级职能机构。第五，经济核算制。这是借助于价值法则，以保证社会主义经济不断发展的方法。在经济核算制下，企业必须本着独立经营、消除浪费（节约劳动与时间，改善经营等）的原则，不依靠国家的补贴而开展经济活动。经济核算制把整个企业的生产经济活动成果和每个工作者的物质利益结合起来。

《企业组织与计划》对机械制造企业管理机构的组织做了科学的设置，对各个组织的职能做了明确分工，这种组织机构的设置直到今天仍然被各个企业广泛采用着。汪应洛认为，厂长是企业的全权领导者，他代表国家管理企业，在“一长制”的基础上来实现其全部权力与责任。厂长应是一个专家，通晓技术、政治、经济和财政业务等。厂长应对企业负如下责任：①合理利用企业资产；②完成国家计划的各项指标；③领导整个企业的生产经济活动；④保证优质量的产品；⑤对企业遵守财政纪律负完全责任；⑥保护企业所有财产。厂长直接领导的管理职能机构主要如下：①计划经济科——编制工厂的生产技术财务计划；②劳动工资科——按各部门需要编制劳动计划，组织劳动力，规定工资等级，规定技术定额，采用先进的工资制度，分析劳动计划的完成，组织社会主义劳动竞赛和推广生产先进经验；③会计科——固定资产登记，一切收支费用计算，计算实际成本，发放工资，监督资金消费和财务制度之遵守等；④技术检查科——检查产品及零件质量，检查原材料、半成品质量；⑤基本建设科——负责工厂的基本建设工作；⑥人事科（或称干部科）——选择、分配干部，处理干部材料、人事调动等；⑦保卫科——负责厂内消防及一般警卫事宜。

工厂总工程师相当于第一副厂长，在企业中领导生产技术方面的工作，对产品的质量、设备的合理利用和生产计划的完成负责，并领导技术准备、新产品的设计和生产、新机器的采用、工艺过程的决定、召开生产技术会议等一切生产技术事宜。总工程师领导以下科室：①生产调度科——编制月、旬、日以至于班组小时的作业计划，检查计划的执行情况，配合车间进行生产调度工作以保证生产的正常进行，并管理半成品仓库；②设计科——设计新产品和改进旧产品，对新产品的试制进行监督，并保证工作图纸制作等；

③制造技术科（工艺科）——在最新科学成就的基础上，根据基本生产要求拟定工艺过程及其他技术文件，设计必需的特种工、夹具等，并对车间技术规程的遵守进行监督检查；④工具科——负责及时供应车间各种优良品质的工具（刀具、量具、夹具等），并检查其使用情况；⑤机械科——保证所有设备的正常工作，负责设备的大修、小修及其重新安装；⑥动力科——保证正常供应各种动力并领导电器设备的使用。

为满足工厂的后勤供应需要，企业还可设以下部门：①材料供应科；②销售科；③运输科；④总务科；⑤福利科。

在大型工厂中，流水线生产工艺是一种比较先进的、高效率的生产方式。汪应洛认为，在设计流水线时必须要考虑产品的数量及每一工序的节拍及同期性，计算设备需要量、设备的负荷率、生产周期的长短、传动带的速度、传送带的面积及必需的工人人数等。在设计流水线时，首先要审查产品的结构和工艺规程。

汪应洛在《企业组织与计划》中，对企业生产技术准备的计划工作、技术检查的方式方法和提高产品质量的途径、工时定额制定的方法、劳动组织与工资制度的制订和实施等都有精辟的论述和科学实用的定量计算，这些企业管理学的基本理论和实施办法至今仍是各个企业进行生产组织和产品营销的常用法则，充分证明了这部学术著作的科学性与实用性。

三、重建交大管理教育

汪应洛回到学校，立即投入到紧张的教学工作中去。

交通大学唐文治校长早在 1916 年 7 月就设置了四年制的铁路管理专业。1921 年 4 月，铁路管理专业奉命移并于北京学校（为该校之大学部，原有管理科改为专门部）。1922 年 7 月，铁路管理科又迁回上海校内。1927 年 9 月，铁路管理科更名为交通管理科，分车务、财务二门。1928 年夏，交通管理科扩充为交通管理学院。1929 年 6 月，交通管理学院更名为铁道管理学院。1931 年，铁道管理学院更名为管理学院，除原铁路管理门外，新增实业管理、公务管理、财务管理三门。交通大学本部迁渝后，1942 年 8 月设立管理系，1943 年渝校增设运输管理、财务管理、工业管理系。交通大学本部迁回上海后，1946 年建立工学院，下设有工业管理系，还建立管理学院，下设运输管理系、财务管理系、电信管理系、航空管理系。1947 年，将航海科扩大为航海管理系，1948 年增设电信管理专修科。至1949年，交通大学管理学院院长是钟伟成，有学生600余人。1951 年 6 月 11 日，华东教育部决定交通大学院、系调整，撤销了管理学院，将所属电信管理系调整至电机系，工业管理工程系调整至机械系，运输管理系调整至北方交通大学，财务管理系调整至上海财经学院。时代的进步改变了交通大学管理学教育的旧体制，欧美管理学理论受到质疑和批判，组织机构解体，教师队伍涣散，新中国经济蓬勃发展，急需大批管理人才。

发展国民经济第一个五年计划（1953～1957 年）的编制和实施，为发展中国社会主义工业化奠定了初步基础，是实现过渡时期总路线的一个重大步骤，在中国经济发展史上占有重要的地位。“156 项工程”的目的，主要是填补中国工业的空白，改善工业的部门结构，为提高工业建设的自力更生能力，建立比较完整的基础工业体系和国防工业体系的骨干，为实现社会主义工业化打下牢固的基础。

作为苏联专家培养的新中国第一位管理工程研究生，汪应洛肩负着构建适应新中国蓬勃发展的经济建设需要的管理科学教育体系的重任。他一回到交通大学，便立即着手组织管理工程教学队伍，一方面，他动员改行流散到其他专业的管理学教师归队，同时聘请海外归来的管理学专家加盟任教。1956 年，有一批海外华人科学家回到祖国，其中有一位学者叫邵士斌，他是在美国搞运筹学和质量管理的专家。运筹学是20世纪40年代出现的，在50年代还是新兴学科。对于海外归来的专家学者，当时出于政治原因的考虑，一般人还不敢过多地同他们交往。汪应洛从管理学科的发展需要出发，努力吸收外国的先进科技成果和经验，主动把邵士斌从交通大学其他教研室联系过来，同他一起开展管理工程研究和教学。邵士斌一参与生产组织与计划教学，就开始给学生讲大课。他还大胆启用有志于从事管理学研究和教学的新人李怀祖，壮大这门学科的教学力量。

管理学教学属于机械工业经济和组织专业，该专业设有生产组织及安全防火教研室，教师有汪应洛、周志诚、李鹏兴、严智渊、张锡藩、李怀祖。汪应洛和李怀祖后来西迁西安。该专业学习期限为五年，开设的课程有政治经济学、高等数学、物理、化学、工程画、理论力学、材料力学、机械原理、机械零件、机床与工具、切削原理、机制工艺学、热工学、电工学、工业经济学、企业组织与计划、技术定额、工业统计学、工业簿记核算、自动化生产的组织、财政与信贷、机械化计算技术及其他有关课程。学生分配方向主要是机械制造企业、机械工业部及设计院，他们分管企业与车间的生产组织工作，挖掘生产潜力，编订与执行计划和进行最后的检查分析，以提高经营的经济效果，对保证国家计划的完成起着巨大作用。在设计院中，经济工程师从事工厂设计和机器设计的经济理论工作，发挥生产技术准备的组织作用，使工厂及新型机器提前投入到生产中去。

交通大学从1955年恢复了企业管理方面的两门课程："生产组织与计划"和"企业安全与防火技术"，并成立了生产组织教研室，教研室的负责人是新中国成立前留学美国的周志诚和刚从哈工大由苏联专家执教的工业经济研究生班毕业的研究生汪应洛。这两门课程按照苏联的专业教学模式设置，教材基本是从俄文教材翻译过来的。受教于苏联专家的汪应洛进行苏联模式的管理学教育得心应手，恢复管理学教育的工作大张旗鼓地开展起来了。

1955 年，苏联帮助中国建设的 156 项重大工程在全国各地热火朝天地进行着。汪应洛带领学生下厂进行教学实践，看到这些按苏联模式兴建的大型企业十分兴奋，这是新中国实现工业化的骨干力量，是促进国民经济发展，强国富民的希望所在。新型的工厂，先进的设备需要大量的工程技术人员和高水平的技术工人去操作，更需要高端管理人才去营运，否则再好的条件、再好的设备也难发挥应有的作用，难以产出高质量的产品和效益。汪应洛感到了加快培养管理人才的重要性和紧迫性。他全身心地投入到管理学的研究和教学中，夜以继日地工作着、钻研着，在发扬交通大学管理教育优良传统的基础上，学习苏联的先进经验，创新教学方式，加紧为社会主义建设事业培养管理人才。

课程开设三四年后，“反右”、“大跃进”运动开始了，20 世纪 60 年代国家又贯彻了“鞍钢宪法”。所谓“鞍钢宪法”，是对鞍山钢铁公司企业管理基本经验的概括和总结。1960 年 3 月 22 日，中共中央批转中共鞍山市委《关于工业战线上的技术革新和技术革命运动开展情况的报告》，毛泽东在为中央所写的指示中把鞍钢的经验称为“鞍钢宪法”。他说，鞍钢创造了不同于“马钢宪法”（苏联一个大钢厂的一套权威性的管理办法）的“鞍钢宪法”，要求一切大中企业、大中城市学习这一经验，有领导地开展大规模的技术革新和技术革命运动。“鞍钢宪法”的主要内容是：加强中国共产党的领导，坚持政治挂帅，大搞群众运动，实行“两参、一改、三结合”，大搞技术革新和技术革命运动。“两参”就是干部参加生产劳动，工人参加企业管理；“一改”就是改革不合理的规章制度；“三结合”就是企业领导干部、技术或管理人员和工人相结合。“鞍钢宪法”所规定的许多思想，成为相当长时期内我国工业管理的指导原则。这种指导原则同苏联管理学教材的内容大相径庭，学校里不时出现取消

“生产组织与计划”和“企业安全与防火技术”课程的声音。作为教研室主任，汪应洛一直坚持开设“生产组织与计划”这门课程。汪应洛认为，管理是工业生产必不可少的重要一环，是保证技术和设备发挥潜能，产生最大效益的科学支撑。加强管理学教育，培养高端管理人才是促进我国工业化进程，加快社会主义建设步伐的重要举措。他组建了“自动化生产组织”专业，积极组织教师去企业调查，开展管理研究工作，使这门课程在各种阻力中继续艰难地向前发展。

第五章

迁校西安 支援西部建设

一、响应号召迁西安

1965 年，彭康校长（中立）在西安交通大学军训汇报会上讲话，汪应洛（右一）在主席台上就座

高等教育部（简称高教部）党组上报中央“关于沿海城市高等学校 1955 年基本建设任务处理方案”的报告中，提出了将交通大学等学校逐步内迁的意见后，林枫、陈毅、陈云等领导同志分别作了批示，表示同意，并经刘少奇、朱德、彭真、邓小平等领导圈阅后退周恩来总理办公室。交通大学内迁问题在中央最高领导层内正式确定。

1954 年，由于台湾海峡形势紧张，中央作出了关于沿海工厂学校内迁的战略决策。1955 年 4 月初，高教部根据中央决策，形成部务会议文件——《1955 年到 1957 年高等学校院系调整及新建学校计划（草案）》，明确提出：“将上海交通大学内迁西安，于 1955

年在西安开始基本建设，自 1956 年起分批内迁，最大发展规模为 12 000 人。”彭康校长迅速在校党委会和校务委员会上传达了中央关于交通大学“全部西迁”的决定；4 月中旬，总务长任梦林、基建科科长王则茂前往西安踏看并选择校址。5 月中旬，彭康校长电请朱物华、程孝刚、周志宏、钟兆琳、朱麟五等著名教授、系主任来西安，共同察看、商议并选定校址，5 月下旬，通过了《交通大学校务委员会关于迁校问题的决议》。该决议指出：“中华人民共和国国务院根据我国在社会主义建设中，国民经济、特别是工业的分布和发展速度，对文教事业要作新的安排。在新的安排中，同时也考虑国防的因素。因此决定我校迁往西安，并在两年内基本完成迁校任务。我们一致认为国务院的这个决定是正确的”，“1955 年和 1956 年入学班级以及该等班级的教师和相当的职工，于 1956 学年度起在西安新址进行教学，其余的师生于 1957 年暑假前基本完成搬迁任务。”

汪应洛积极响应党中央和交通大学党委的号召，积极准备随校搬迁西安。然而，关于交通大学西迁问题，部分人有不同意见，认为交通大学不应该西迁，也不愿意西迁。有人说，交通大学迁往西安，就等于花五块钱去买一块烧饼吃，得不偿失。当时交通大学徐家汇门口卖大饼油条，学校教职工大部分都住在校外，上班时顺路在门口花 5 分钱就买一份大饼夹油条，边走边吃，到西安去不划算。两种不同意见发生了激烈的争论。国务院、高教部召开专门会议讨论交通大学迁校问题。国务院曾为此召开了两次常委扩大会议。周恩来总理听取了交通大学领导的汇报之后，当晚又找几位老教授到中南海交谈，座谈会从晚上 7 时一直开到第二天凌晨 2 时。周恩来先在西华厅寓所召集包括交通大学彭康、苏庄在内的少数领导同志开会，接着在国务院召开的关于交通大学迁校问题会议上作了长篇精辟的讲话。高教部杨秀峰部长专程飞沪，亲自传达周恩来关于迁校问题的讲话，并负责处理交通大学迁校事宜。

1956 年 7 月 3 日，高教部党组书记杨秀峰呈文“国务院二办并报总理"："关于交通大学内迁问题，根据总理指示我部党组进行了研究并征求了上海市委的意见，都认为仍按去年全国文教工作会议决定内迁西安较好"，"就交通大学内迁工作来看，当然有些困难。教职员工中留恋上海的思想情绪开始时相当普遍，经过一年来的工作，基本上已经解决。目前绝大多数教职员工能够服从国家及学校发展的利益，学生也都积极拥护迁校的决定，只有极个别的学生要求转学退学。学校搬迁工作已经开始。"对此呈文，范长江在批转给陈毅副总理时指出，高教部认为交通大学不迁也有困难，似可同意。7月7日，陈毅副总理阅批："总理：请考虑准其将交大西迁。"周恩来总理给杨秀峰部长口头指示："同意搬，必须留一个机电底子，以为南洋公学之续。"7月22日，杨秀峰部长在给"国务院二办并转报总理的呈文"上批注："总理指示：同意（交大）搬，必须留一个机电底子，以为南洋公学之续。"

为了顺利地搞好交通大学西迁工作，校长彭康于1956年3月7日给高教部杨秀峰部长写信，汇报内迁动员工作情况，提出交通大学西迁涉及260多位干部、教师、工人的爱人工作转移问题，必须妥善解决，请高教部党组转报中央组织部、宣传部给予支持。同时，交通大学向中共上海市委学校工作部打报告，"有266位教职工的爱人分布在以下各地区：上海215人，江苏省17人，安徽省2人，浙江省4人，山东省3人，四川省3人，湖南省1人，河南省2人，贵州省1人，东北8人，福建省2人，武汉2人，北京4人，朝鲜1人。要求各省市支持。"

对于汪应洛响应党的号召，积极西迁的行动，交通大学给予了大力支持，学校将他爱人张娴如从上海电机厂调入交通大学，以便同时内迁西安。当时张娴如已经怀孕，学校便照顾她在家休息，等待生产，不用上班，一直等到1956年生下孩子，休完产假以后才到校上班。

交通大学西迁是一件在全国影响很大的事情，不但国家高层领导十分重视这件事，也引起有关省市领导和全国各大主流新闻媒体的高度关注。《人民日报》《陕西日报》《西安日报》和上海各大新闻媒体都在连续报道交通大学迁校的有关新闻。1956 年 7 月 7 日，《人民日报》发出《交通大学七月中旬开始迁往西安》的报道，文章说："看看教师们好像在搬家，实际上却是一次愉快的旅行。学校已经为他们定了舒适的火车卧铺，全部行李和家用杂物也由学校派专人运送，教师们一切不必自己费心。他们只要在出发前把行李打好包放在宿舍里，到达西安后就可以在新居领到自己所有的东西。""徐桂芳副教授和他的妻子、母亲和五个孩子都已经领到了搬家费。在西安的新居里，将有学校供给的床、椅、桌、书柜等用具。现在，他已经开始考虑下学期教研组和夜大学的教学任务了。""据最近从西安新校址来的总务人员说，那边可容纳四千多学生上课的教室大楼的最高一层已经砌好，底层也开始粉刷了。教师们的四幢宿舍已经建好了三幢。在这里，每家约有卧室、起居室、厨房、盥洗室等五个房间。教师住宅区的百货公司、南北杂货店、小菜场、绸布店、理发店等也已经开始建造，争取 7 月底完工。""同时交通大学一年级学生也将同教师们一起迁往西安。"

1956 年 9 月 12 日，《人民日报》发出《交通大学在西安开学》的报道，文章说："据新华社西安 11 日电，交通大学西安新校 4000 多师生 10 日举行开学典礼。""交通大学副校长苏庄在开学典礼上宣布：交通大学首批迁校任务已经基本上完成，学校已在西安建设了面积 16 万多平方公尺的教学和生活用房，二年级学生决定在 12 日正式上课。苏庄希望全校师生要为建设祖国的大西北贡献力量。""为庆祝交通大学在西安开学，10 日下午，陕西师范学院、西北俄文专科学校、西安航空学院等 9 个学校派学生同交通大学师生联欢。"

1957 年 6 月 22 日，《陕西日报》发出报道："交通大学校长彭康主张交大全迁西安，他说：这对支援西北建设和学校本身的发展都是有利的"，"西安许多工程界人士畅谈知心话，热烈欢迎交大全部迁来西安”。《西安日报》发表新华社上海21日电:《交通大学校长彭康主张交大全部迁西安》及《交通大学西安部分邀请本市工程师座谈西安建设，到会的工程师们一致欢迎交大全部迁来西安》。6月23日，《陕西日报》发表文章《西安市二届人代大会二次会议致交大全体员工的一封信》。《光明日报》刊登《西安工程技术界人士认为:“交大”全搬西安利多弊少》一文。《文汇报》发表“本报讯”，题目是:《工程界人士赞同交大西迁，上海机电工业愿与交大仍保持协作关系》。

二、大房换小高风尚

1958年8月暑假期间，汪应洛、张娴如随同机械制造系四年级学生及电力工程系留在上海的学生全部迁来西安。

同先前到达西安的教职工一样，作为讲师级别的汪应洛，一到西安就住进了一厨、一卫、三个卧室的一套大居室，他和张娴如感到无比愉快和幸福。学校开学了，汪应洛和张娴如投入到紧张的教学准备工作中。没过多久，留在上海的儿子小时奇就哭闹着要爸爸妈妈，汪应洛的母亲只好先把小时奇送到西安来。汪应洛的父母原先准备过一段时间，等汪应洛和张娴如把西安的生活和工作安顿顺当以后，一起带小时奇来西安居住，可是小时奇想妈妈，爷爷汪石清身体又欠佳，奶奶只好一人带小时奇来西安了。

这一年，全国正在开展“大跃进”和“人民公社化”运动。中共八大二次会议正式通过“鼓足干劲，力争上游，多快好省地建设社会主义的总路线”。这条总路线的基本思路是，通过充分发动群众，鼓起人们的干劲儿，实现经济的调整发展。这条总路线的提出，反映了广大人民群众迫切要求改变我国落后面貌的愿望，也表达了中国人民尽快跻身世界经济发达国家行列的强烈信心。这条总路线以发展生产力为主要目标，这同实现工作重点转移的要求是相适应的。然而这条总路线却忽视了客观的经济规律。它不重视综合平衡，必然造成比例严重失调；它只强调精神激励，忽视了物质利益原则；它强调力争高速度，而离开质量和效益不按客观经济规律办事。为实现高速度，国家在两大产业部门采取了相应的对策和措施。

在工业部门，主要是全民动员，大炼钢铁。毛泽东认为，有了更多的钢铁，就可以做到用机器装备各个部门，实现工业化和农业机械化。1958 年 6 月 22 日，毛泽东在一个批示中曾说："粮食、钢铁、机械是三件最重要的事。有了这三件，别的也就会有了。"于是，"以钢为纲"、"让钢铁元帅升帐"成了发展工业的基本方针。在这个方针的指导下，全国城乡大建土高炉，千军万马齐上阵大炼钢铁。

在这种形势下，当年大中学校师生也都参加到大炼钢铁中去。交通大学也不例外，各个系都要建土高炉，炼钢铁。实际上是把能收集到的废钢烂铁放进高炉中去熔炼，来完成上级号召的大炼钢铁任务。张娴如是锻压专业教研室的，她的专业与大炼钢铁更近一些，于是成了大炼钢铁的骨干力量之一。她和大家一起建土高炉，把废钢放进土高炉去冶炼，把炼出的钢块拿到锻压实验室去锻打，希望把它锻成好钢。作为一名党支部书记，她在工作中处处带头，遇到困难就争先恐后地去解决。她以孱弱的手臂拿着大铁钳夹住烧红的铁块，在锻锤下锻打。因为铁坯的质量不好，锻打时往往会被砸成碎块，飞溅开来，十分危险。为了完成任务，她和同事们经常要加班加点地干，经常顾不上回家照顾婆婆和孩子。汪应洛是机械系副主任，既要安排教学，又要操心大炼钢铁等各种社会活动，更是忙得不可开交，难以顾家。汪应洛的母亲带着小时奇待在家里。天气逐渐冷了，屋内没有暖气，家里又不好生火，只得到食堂去买点东西吃。时间一长，她的心脏病就犯了，卧床不起。医生说她是水土不服，她只好回上海去。

于是，张娴如请了个小保姆来带孩子。但小保姆不会带孩子，汪应洛和张娴如也不会带孩子。小时奇在上海时是由奶奶照管的，一切都好。现在来到西安，爸爸妈妈忙，顾不上照顾他，小保姆也不会照顾他，所以经常生病，动不动就发高烧达 41 度。孩子生病，张娴如只好放下工作送他去西京医院看急诊。医生给孩子打了退烧针，让回家休息。可没过多长时间，孩子就又发烧了，张娴如就又带孩子去西京医院看急诊，这样反复了许多次。

小时奇两岁半的时候，张娴如把他送进了幼儿园全托。交通大学幼儿园条件不错，孩子在幼儿园过得很快活。幼儿园照顾孩子很周到，按时给孩子洗澡、理发，孩子的身体状况也很好，可是星期天一回家，孩子就生病。张娴如也搞不清是怎么回事。幼儿园的保健大夫来家访，看到张娴如给孩子穿得太厚，说是把孩子捂出病来了。张娴如从上海来到西安，觉得西安比较冷，怕冻着孩子，所以总给孩子穿得很多。男孩子火气旺，穿衣服太多了就容易感冒生病。听了大夫的话，张娴如看到孩子在幼儿园里穿那么单的衣服，盖那么薄的被子，身体没事，回到家怕孩子冻着，多穿衣，盖厚被子，反倒把孩子搞病了，感到自己缺乏育儿知识，平时又忙于工作，没有积累下带孩子的经验，心里感到很内疚。

随着调到西安的教职员工不断增加，再加上西安其他院校的一些专业并入交通大学，新建校区的教职工宿舍显得有些紧张了。汪应洛和张娴如一到西安，就分配到了一套三居室带厨房、卫生间的房子，现在孩子的爷爷奶奶不能来西安同他们一起居住，住房就显得比较宽畅了。汪应洛非常感谢党和政府对交通大学西迁西安人员的种种关怀和照顾。现在，他看到有些同志的住房比较紧张，而自己的住房显得宽余，就同张娴如商议，向学校申请给自己换一套较小的住房，把这套大房子让给更需要住房的同志去住。张娴如同意汪应洛的意见，于是他们就主动向学校提出了调房申请。

对于汪应洛的这种替组织分忧、为同志着想的高尚风格，学校领导给予了高度评价。当时学校两居室的房子也比较少，一时还难以马上调换，让他们等一等再说。过了不久，学校房产管理人员告诉他们，三楼有一套两居室的住户刚搬走，叫他们去看一看房子，愿不愿意搬过去。汪应洛和张娴如过去一看，这套房子条件比较差，还不是南北通风，比自己住在二楼的三居室差远了。但他们一心想为急需大套房子的同志解决困难，自己住差一点没关系，便毅然决然地搬到了三楼那套两居室的房子里去住。事后，有人议论汪应洛和张娴如放弃大套房子去住小房子的做法有点傻，汪应洛听到这样的议论，不以为然地说："孩子的爷爷奶奶不来西安住了，我们住那么大的房子说不过去，应该让人口多的同志去住！"

主要由于"大跃进"和"反右倾"的错误，加上当时的自然灾害和苏联政府背信弃义地撕毁合同，强迫中国还债，我国国民经济从 1959 年起发生严重困难，国家和人民遭到重大损失。1961 年 1 月 14 日召开的中共八届九中全会，制定了对国民经济实行"调整、巩固、充实、提高"的方针。

交通大学党委认真学习贯彻党的"八字方针"。通过学习，联系实际，认清形势，把学习与调查研究、总结经验密切联系起来。彭康校长亲自主抓这项工作，他在 1962 年 7 月校第三次党代会的工作报告中总结出学校工作的一些基本经验教训：① 学校的规模和发展，必须充分考虑到校外和校内的条件，必须与国民经济的发展相适应。② 正确全面地贯彻执行党的教育方针。要处理好两个关系。第一，明确学校的基本任务是培养专门人才，处理好学校基本任务与一个时期全民的政治任务（包括社会实践）的关系。第二，要正确处理好学校内部教学与生产劳动、科学研究的关系。学校必须坚持以教学为主，使教师、学生以主要精力和时间教好学好。③ 学校工作必须正确执行群众路线，正确处理群众运动和群众路线的关系。④ 认真按照规律办事，教学工作主要是传授知识的过程，要遵循掌握知识的客观规律，才能保证教学质量。⑤ 必须正确处理党与知识分子的关系，正确执行党对知识分子的政策。⑥ 应该切实加强党的思想政治工作。⑦ 注意改进党的领导作风和领导方法，使之与新形势、新任务相适应，进一步加强和巩固党的领导。

学校采取了一系列措施，以恢复正常的教学秩序，保证师生员工的身体健康。学校适当控制了办学规模，调整了专业设置；从教材入手，提高教学质量和水平；尊重教学规律，稳定教学秩序；压缩人员编制，实行精兵简政；抓生活，保健康。学校党委坚决贯彻劳逸结合的方针，一手抓工作，一手抓生活，改善师生员工的健康状况。学校领导亲自抓职工和学生食堂，在物资匮乏的现实情况下，尽量使教职员工生活得好一些。学校还建立了校内、外农副业生产基地，以生产蔬菜、副食品为主，利用校内未基建使用的空地，种植蔬菜和早熟作物；并建立养猪场、豆腐房、酱油厂等，在周至县学校农场和麟游县建立农业生产基地，以补贴师生的劳动和实习用粮。

在国家“三年经济困难”时期，学校各项工作的步伐也放慢了。学生减轻了学习负担，教职工的有些工作也停顿了。学校不少人得了水肿病。为了照顾这些人，学校就给他们发一点豆渣补充营养。由于营养不良，再加上工作劳累，汪应洛也有点水肿了。他是讲师，是教学骨干，学校为了照顾他，每隔一段时间就给他特供一斤酱油。当时社会上物资供应奇缺，学校难以照顾教学骨干和年老体弱的教职工，只有拿自己校办酱油厂的产品向大家献爱心了。张娴如作为一名共产党员，体谅国家和学校的困难，更是勤俭持家，省吃俭用，千方百计维护这种捉襟见肘的困难日子。她怀了女儿，家里缺煤少粮，开不了火，汪应洛就拿个小牛奶锅，里面放上水和鸡蛋，到附近的商店秋林公司去烤火取暖，顺便把鸡蛋放在人家火炉上煮熟端回家让张娴如吃。张娴如不忍心独自享用，说我们一人吃一半吧！汪应洛坚决自己不吃，让张娴如把整个鸡蛋都吃下，以补身子。在困难的日子，交通大学两位忠心耿耿、爱党爱国的教学科研骨干就这样相依为命，共渡难关。

第六章

“文化大革命”丢失的十年

一、“文化大革命”受迫害

正当汪应洛领着他的团队在兰州化肥厂和炼油厂进行现代管理学用于生产实践项目研究时，一场政治风暴突然来临了。

1965 年 11 月 10 日，上海《文汇报》发表了由江青、张春桥等策划，姚文元执笔并署名的文章《评新编历史剧〈海瑞罢官〉》，从而拉开了“文化大革命”的序幕，为发动“文化大革命”制造了舆论。

1966 年 5 月 16 日，党中央政治局扩大会议通过了会前由毛泽东主持制定的《中国共产党中央委员会的通知》，即《五·一六通知》。通知中说：“混进党里、政府里、军队里和各种文化界的资产阶级代表人物，是一批反革命的修正主义分子，一旦时机成熟，他们就会要夺取政权，由无产阶级专政变为资产阶级专政。这些人物，有些已被我们识破了，有些则还没有被识破，有些正在受到我们的信用，被培养为我们的接班人，例如赫鲁晓夫那样的人物，他们正睡在我们的身旁，各级党委必须充分注意这一点。”通知以中发［66］261 号文件发至县团级。一场史无前例的“文化大革命”由此而起。

1966 年 6 月 2 日的不少大字报按照“极左”的思路，无限上纲上线，说“交大党委是一条黑线”，“反毛泽东思想”，“招降纳叛，结党营私”。学校秩序大乱，全校被迫停课。

6 月 3 日凌晨，陕西省委派省委书记处书记严克伦带领省委工作组进驻西安交通大学。工作组提出“反对上街游行”，“反对派代表赴京”等口号，引起一些学生的反感。6 月 4 日，学生王永婷贴出大字报说“校党委抛出凌雨轩是大阴谋”。810–41班学生李世英说西安交通大学工作组“不高举毛泽东思想的伟大红旗，却布置同学去主攻‘三家村’极力转移斗争矛头；同时称彭康为‘同志’，和彭康大搞合二为一，还企图挑起群众斗群众”。6月5日，李世英等贴出“坚决赶走工作组”的大字报。6月6日，西安交通大学校园贴出“冒牌的工作组”、“省委——交大党委反党黑帮十大阴谋”、“工作组的十大罪状”等大字报，有的学生在行政楼402室与严克伦辩论。电制43班学生丁传鹤在学生第10宿舍旁边的报亭前摆了一张桌子，草拟了一份给党中央、毛泽东的电报：“敬爱的党中央、毛主席：我校文化大革命形势大好，情况极为复杂，问题严重。我们急需党中央亲临领导。请速回电。——西安交通大学电制43班丁传鹤、周明奇等1683人。1966.6.6”征求签名，共有1683人签名。学校广播台播放着《红军想念毛主席》《毛主席派人来》等歌曲，学校气氛十分紧张。

6月6日发生的事情后来被称为“六·六事件”，由省委西安交通大学工作组定“六·六事件”为“反革命事件”，在教职员工和学生中开展“查上当，放包袱”运动，对有些学生进行批斗，李世英服安眠药自杀后被救活。6月16日，《人民日报》发表社论，其中写道：“这场文化大革命，对于那些被资产阶级代表人物篡夺了领导权的部门和单位来说，是一个夺权的斗争，是一个变资产阶级专政为无产阶级专政的斗争。这个斗争，决不能采取改良主义的办法，决不能搞‘和平过渡’，决不能搞‘合二而一’，而必须采取彻底革命的办法，必须把一切牛鬼蛇神统统揪出来，把他们斗臭、斗垮、斗倒。”6月17日，陕西省委向全省和西北地区公开发布撤销西安交通大学党委，定彭康、林星、凌雨轩为反党、反社会主义、反毛泽东思想的“三反”分子的大布告。陕西省委决定：“撤销西安交通大学党委书记彭康的一切职务，并对西安交通大学党委进行改组，在西安交通大学党委改组期间，由省委交大工作团党委代行校党委的职权。”

7月9日，西安交通大学学生会劳动生活部部长、动力系学生王永婷因“六·六事件”，被工作团多次组织批斗，跳楼自杀身亡。7月18日，毛泽东从武汉回到北京。他在听取了有关派到大专院校工作组的汇报后，于25日在接见各中央局书记和中央“文化大革命”小组成员时说：工作组“起坏作用，阻碍运动”，“不要工作组，要由革命师生自己搞革命”。8月3日，西北局和陕西省委传达毛泽东决定撤销工作组的决定，宣布“工作组不大适合大中小学校，决定撤销；以严克伦为首的交大工作组犯了方向性、路线性错误”。

西安交通大学工作团停止工作后，西安交通大学“文化大革命委员会”（“文化大革命总会”）掌权，校内出现了成百个战斗队、兵团、调查组、通讯社等自发组织。有些组织片面理解毛泽东关于“革命不是请客吃饭，不是做文章，不是绘画绣花，不能那样雅致，那样从容不迫，文质彬彬，那样温良恭俭让。革命是暴动，是一个阶级推翻一个阶级的暴烈的行动”的论述，鼓吹“老子英雄儿好汉，老子反动儿混蛋”的反动血统论，混淆人民内部矛盾和敌我矛盾的界限，大搞押人游街、戴高帽子、罚跪、勒令“黑帮”劳动、搞活人展览、破“四旧”、抄家等，使许多领导干部、知识分子和普通群众深受其害。

汪应洛在这种形势下也受到了冲击，遭到大字报的攻击，还被同其他领导干部和教授、讲师一道关进了“牛棚”。“文化大革命”中被定为地主、富农、反革命、坏分子、右派分子、叛徒、特务、走资本主义当权派、资本家的统称为“牛鬼蛇神”，关押“牛鬼蛇神”的房子称为“牛棚”。汪应洛他们是被集中看管在教学楼的大教室或会议室、办公室中的。

大字报中对汪应洛定的“罪名”有三条：走资派、资产阶级反动学术权威、资产阶级孝子贤孙。这些罪名的来源是这样的：他是西安交通大学机械工程系副系主任，属于“当权派”。“文化大革命”

初期，造反派夺权，打倒一大片，不论你有没有问题，“当权派”一律“靠边站”，并被冠以“走资本主义道路”的罪名，汪应洛自然在劫难逃了。他是新中国成立以来坚持研究和发展管理科学的领军人物，多有建树，是这门学科的“权威”，便又给戴上了“资产阶级反动学术权威”的帽子。他出身资产阶级家庭，父亲汪石清是新中国成立前夕中共地下党引导下兴办民族工业的工厂主，造反派便将身为共产党员且与家庭来往不多的汪应洛称为“资产阶级孝子贤孙”。

大字报中揭发汪应洛的所谓“罪行”，有一条是他包庇重用“坏人”邵士斌和李怀祖等人。邵士斌是留美回国的运筹学和质量管理专家。新中国成立初期，汪应洛组建交通大学管理科学教学队伍，在人员极缺的情况下，调邵士斌到教研室来给学生授课。交通大学西迁时，邵士斌留在了上海。时过十多年，汪应洛调邵士斌参加管理工程教学被扣上了“崇洋媚外”的帽子。李怀祖是交通大学毕业留校的教师，1957 年因言论问题被错划为“右派”，受到了不公平待遇，汪应洛唯贤是举，大胆启用人才，被说成是包庇重用坏人。“文化大革命”前，组织上给李怀祖摘掉了“右派”帽子。一贯同情和重用李怀祖的汪应洛非常高兴，握着李怀祖的手说：“恭喜你摘了帽子！”这件事又被造反派作为汪应洛的一条“罪状”揭发了出来。

李怀祖生于 1933 年 3 月 7 日，江西临川人，1951 年夏考入交通大学机械系。1952 年院系调整，分配到机械制造专业学习，1955 年毕业留校在机械制造系生产组织教研室任助教。1957 年年初，学校派李怀祖到清华大学举办的全国大学教师自动化进修班学习，一年后回校，1958 年随校西迁西安。李怀祖聪颖能干，才华横溢，敢于开拓，但因言论问题，受到不公平对待。汪应洛慧眼识珠，大胆启用李怀祖，为管理科学的发展培养和笼络了一个难得的人才。

李怀祖先后在学校的机械工厂和生产组织教研室参加劳动及从事技术和研究工作。西安交通大学管理教育重建后，他参与学校系统工程研究所和管理工程系的组建。1983 年 10 月至 1984 年 10 月由学校派往加拿大阿尔贝塔大学和曼尼托巴大学等校进修。1984 年 11 月西安交通大学恢复管理学院，李怀祖在管理学院任教，1986 年评为教授，1984 ～ 1993 年担任管理学院副院长，1991 年经教育部评定担任博士生指导教师，先后担任西安交通大学学位委员会委员、系统工程学会理事、中国古代管理思想研究会理事、西安交通大学现代管理研究所所长。李怀祖主编的《决策理论导引》是国内较早介绍行为决策理论的书籍，指出直感思维对管理者的重要性，强调不能否定经验决策。他在国内最早注意到中国管理研究方法不够规范，管理教育与研究与国际存在差距，并潜心于该领域的研究。他的著作《管理研究方法论》是中国大学广泛采用的管理类博士研究生教材。他是我国较早开展系统工程实践的学者之一，在 1983 年教育部与加拿大国际开发署大规模管理教育合作项目中，负责西安交通大学与阿尔贝塔大学合作，积极引进、吸收国外先进的管理教育理念和教学内容，进而推动了 MBA 与 EMBA 专业学位教育在中国的实施。他负责多项社会经济发展规划和政策分析课题，其科研和教学成果获得国家教委多项奖励。他共指导 60 余名博士生和 30 多位硕士生，发表 100 多篇学术论文。

对于造反派强加的那些罪名，汪应洛泰然处之，他坚信这些不实之词总会被推翻的，眼前的社会乱象是暂时的。在批判会上，对于造反派提出的问题，汪应洛总是实事求是地回答和解释，既不文过饰非，也不无限上纲，这样往往招致拳脚相加，但他仍然不改初衷，沉着应对。他被勒令参加各种体力劳动，打扫卫生、搬运物资，拉板车、扛麻

汪应洛（右）与李怀祖在一起

袋、样样都干。他一贯重视参加生产实践，体力劳动对他来说并非难事，因而乐于参加，努力去干，他出色的表现受到了大家的称赞。强烈的爱国情怀和执著的事业心，支撑着他在逆境中顽强地学习着、劳动着、生活着。

二、相濡以沫渡难关

作为学校一个教研室的党支部书记，张娴如也受到了冲击，在这乱哄哄的政治氛围中，被造反派勒令打扫厕所，一次又一次地写检讨。这时候，她顾不上自己的苦难和委屈，更多的是操心汪应洛的安危。因为她听说，同汪应洛关在一个"牛棚"中的一个教师不堪受辱，逃了出去。他在外边衣食无着，在饭店吃饭要用粮票，买点心也要粮票，住旅舍要证件，这些东西他都没有，走投无路最后在蓝田地区自杀。他死后，学校还开他的批判会，说他自绝于人民。于是，张娴如带着女儿去看望汪应洛。她走到关押汪应洛的教学楼里一个大教室门口，向看管"牛棚"的学生说，想见见汪应洛。这个学生还是有同情心的，也知道汪应洛是老师，不是什么"反动派"、"反革命"，就同意她见汪应洛，说："你们到旁边那个教室里去说说话，时间别太长了！"汪应洛从"牛棚"里出来，在另外一个教室里见到了张娴如和女儿。他高兴地抱起女儿亲了又亲，显得很活跃、很自然，不停地逗女儿玩。张娴如说："你要保重，不要想不开呀！"汪应洛豁达地说："不会想不开的！这种情况时间不会很长的，一切会好的！"看到汪应洛的自信和坚强意志，张娴如心里得到了些许安慰。

对于"文化大革命"发生的一切，汪应洛的认识有一个变化过程。刚开始，出于对毛主席的崇敬和热爱，他认为“文化大革命”是毛主席亲自发动和领导的，那自然是正确的，对学生“停课闹革命”也没有多少抵触情绪。造反派冲击自己，也就比较多地从自身检查错误和问题。为了不同运动闹对立，有时还违心地写些检查材料。随着运动的深入发展，汪应洛感觉到这场运动有问题，“文化大革命”搞得“天下大乱”，国民经济停滞不前了。作为一个研究管理科学的学者，深知经济濒临崩溃会对国家造成多么严重的后果，他希望国家不再这样乱下去了。学生们搞运动，教师不能上课了，汪应洛“靠边站”了。他利用这段时间偷偷地看书、学习，研究系统工程，回顾和整理他在兰州化肥厂和兰州炼油厂搞生产自动化组织试点时积累的材料。当时他的工资只有 30 多元，一家人挤在一间小房子里，生活十分清贫，身体健康也受到了影响，但他始终有一个信念：我们的国家不会长期这样走下去的，这种不正常状态迟早会结束的，前途是光明的。

“文化大革命”对孩子们的心灵也造成了很大创伤。汪应洛的儿子小时奇上到小学三年级时，“文化大革命”开始了。他被归入“黑五类”，经常受到别的孩子的欺负。有一次，小时奇在院子里玩，一个孩子拿弹弓弹小时奇，小时奇也不敢反抗。张娴如赶快跑过去制止那个孩子，说：“你怎么能拿弹弓弹人家呢？把人家眼睛弄伤了怎么办？”她把小时奇拉回家里，看到小时奇气得要命，便安慰他：“算了，别生气了，以后少到外边去玩！一切都会好起来的！”小时奇是个很懂事的孩子，学校停课了，就自己学习，尽量把功课补起来。后来，他去下乡插队，在农村不敢公开复习功课，自己就想办法偷偷学习。到了 1977 年国家恢复高考，小时奇以优异的成绩考上了西安交通大学。

造反派看到实在查不出汪应洛有什么问题，便慢慢地放松了对他的看管，星期天中午还允许他回家吃饭。对汪应洛监管的松动，使张娴如看到了生活的希望，也更加深了她对汪应洛的思念。每到星期日，张娴如就坐卧不安地期盼汪应洛早点回家团聚，这种心情不敢公开表露出来，怕别人借机找岔子，惹麻烦。她假装忙来忙去地干活，一会儿到外面晾衣服，一会儿到外面找东西，其实是往汪应洛回家的路上张望，看他回来了没有。当汪应洛的身影出现在她的视线里时，就赶紧回屋摆好饭菜，虚掩房门，等候汪应洛进屋。汪应洛回到家里，总是一副开心豁达的样子，似乎是外出公干凯旋，从不把在外所受的苦痛带回家中，不让家里人替他担心。他坚信，这种是非颠倒的日子是不会长久的，他对党和国家的前途依然充满了信心。

三、战备疏散到岐山

过了一个阶段，造反派解除了对汪应洛的看管，他回到了机械系的群众队伍中来了！虽然受了不少的打击和苦难，汪应洛没有气馁，没有消沉，又和同学们一起在力所能及的范围内开展起教育革命的探索和研究来。有的学生组织要下厂去“同工农相结合”，他就跟随学生下到工厂，一边参加劳动，一边观察和了解工厂的生产运行和管理情况，为他的系统工程课题研究默默地收集资料，同时伺机指导学生学习一些生产技能和生产组织知识，以弥补他们荒废了的学业。

1969 年 12 月 16 日，西安交通大学工宣队、军宣队、校革委会领导小组召开扩大会议，形成了《关于贯彻执行省革委会〈关于认真作好大中城市人员、物资疏散工作紧急通知〉的几点意见（草案）》。草案阐述了学校人员疏散、学校物资、档案、资料疏散和应注意的几个问题。该文件指出，西安交通大学现有的 3089 人（包括临时工）中除 1363 人留校坚持日常工作外，其余 1762 人疏散到学校农场或农村，教职员工疏散费用由单位集体负责，随行家属一切费用自理，要求 12 月底疏散完毕。这次疏散究竟要下去多长时间，还会不会回学校，没有明确的说法。汪应洛和张娴如做好了在农村长期待下去的心理准备，带着做饭的火炉及用具，提着装有日常生活用品和衣物的箱子，带着两个孩子作为先头梯队被疏散到岐山县五丈原公社的一个村子里。

岐山县以境内有岐山而得名，地处八百里秦川西部，南接秦岭，北枕千山，中为广阔的平原，渭水悠悠东流去，漳水蜿蜒贯其腹。岐山是中华民族古老文化的发祥地之一，为炎帝生息、周室肇基之地。“周原膴膴，堇荼如饴”，西周王朝的国都就建立在周原之上。

由于国家战备情况的发生，汪应洛和张娴如全家被疏散到岐山五丈原下的古战场村落中。

汪应洛先头到达，就给后续到达的同志安排住宿。他把大家一户一户安排好之后，给自己剩下了一户人家的柴房。这间柴房近一半堆着柴禾，里边盘了一个大炕，靠门只剩一点空间了。汪应洛忙前忙后地为大家安排住房，张娴如带着两个孩子在柴房里等着他。天快黑时，汪应洛带着一个铺盖卷回到了张娴如和孩子跟前。张娴如问他：“怎么只有一个铺盖卷，另一个呢？”汪应洛说：“只顾忙着给大家安排房子，另一个卷铺盖不见了。”张娴如说：“那赶快去找呀，晚上还要盖它呢！”汪应洛说：“找不着算了，可能被别人拿走了。拿走就拿走吧，再喊叫这件事会影响关系的！”他把铺盖卷放在炕上，把带来的箱子等物品也都放在炕上，又出去忙着关照别的同志了。

在这陌生的农村柴房内，张娴如带着两个孩子，心里很害怕。柴房的门没有门栓，只用一根绳子系着，万一晚上闯进野狗什么的怎么办呢？她越想越害怕，但还得故作镇定，因为还有两个孩子，不能给他们增添压力。等了好久，汪应洛才忙完了外边的事情回到柴房。他打开铺盖卷，一家四口挤在一起休息了。屋里太冷，他们将身上穿的棉衣盖在被子上，将就着度过了一个又一个寒冷的夜晚。

在农村里，汪应洛整天忙前忙后，白天同农民一起种地干活，晚上同农民或同事促膝谈心，尽管生活艰苦，环境恶劣，但他仍想利用这段时间多了解一些中国农村社会的真实情况，为管理科学的研究积累一些第一手资料。有一天，汪应洛急着要到外面去办一件事，想赶快吃点东西赶路，但使用的煤炭炉子火不旺，添煤扇风也不起作用，锅里的水烧不开。他催促张娴如下面条，张娴如说水不开，不能下面条。汪应洛心里急，说："没事，下面条吧！"便呼啦一下把面条放进锅里。煮了好半天，锅里的水开不了，把面条煮成了一锅粥。旁边的人打趣地说："你汪应洛干的好事，这煮的是什么面条呀！"汪应洛顾不了那么多，稀里糊涂吃了一碗就走了。

不久，汪应洛被抽调去搞农村"四清"，作为农村社会主义教育运动工作组成员去参与新的工作了。张娴如带着俩孩子仍然留在五丈原农村。

1963 年 5 月 20 日，《中共中央关于目前农村工作若干问题的决定（草案）》发表，决定中提出要在全国农村开展社会主义教育运动。运动重点是在农村社、队认真清理账目、清理仓库、清理财物、清理工分，所以社会主义教育运动又被称为"四清"运动。汪应洛被从疏散地抽调参加"四清"工作队，是组织对他政治上的信任和工作能力的肯定。

为了不虚度时光，张娴如尽量为农民多做些事情。她有理发的手艺，就主动给农民理发。农村卫生条件差，孩子们头发里有虱子，她也不嫌弃，就把他们的头发理成光葫芦。有的孩子羡慕城里来的孩子的发型，她就给他们理成小分头或小平头。孩子们很高兴，还向大人们炫耀自己的发型："你看，婶婶给我理的头好看不好看！"看到孩子们得意的笑容，张娴如也得到了劳动的欣慰和满足。大人的行动对孩子产生了很大的影响，给他们灌输了热爱劳动、关爱他人、勤俭节约的好思想。张娴如给乡亲们理发的时候，儿子时奇就在旁边帮忙，慢慢地他也学会了理发技术，长大以后，他经常帮别人理发，就是后来到美国留学，也还帮同学们理发。这样做一方面可节约开支，更重要的是，义务理发拉近了海外游子之间的亲情。

父母关爱他人的行动，对孩子们产生了良好的影响。当时农村物资供应紧张，许多东西凭证供应，每户每月只发半斤或一斤肉票。为买半斤肉到城镇商店跑一趟，有人怕麻烦，经常托去城镇的人代买。有一次，儿子时奇去买肉，邻居郭阿姨把肉票交给时奇，让他代买回来。时奇买了两份肉回来，给张娴如说："肉铺卖肉要好坏搭配，一块肥一点，好一点，一块差一点，把好一点的给郭阿姨吧！"张娴如看到儿子懂事了，长大了，心里很高兴，说："好吧，应该这样，先人后己嘛！"

农村的艰苦生活也使女儿养成了勤俭节约的好习惯。回城以后，女儿看见卖冰棍的，很想吃冰棍，张娴如看到孩子贪馋冰棍的样子，就想给她买一根。当时一根冰棍 4 分钱。女儿说："我不要吃冰棍。我一天吃一根冰棍，得花 4 分钱，一个月得花一块二,一年就是十几块，太费钱了。"小小的孩子就懂得了节俭，这是受了家庭环境的熏陶和影响。女儿现在美国工作，至今仍然保持着勤俭持家的好习惯。

四、加紧工作挽损失

张娴如随学校人员下放大荔时得过传染性肝炎，肝肿大了 7 厘米，在疏散到岐山期间，肝炎复发，不得不回到学校。汪应洛在"四清"工作队的工作告一段落，也回到了学校。

"文化大革命"给汪应洛造成了巨大的身体创伤和精神创伤。年富力强、如日中天的他正是大展宏图、科技报国的大好年华，无奈难展才华，反而身受磨难，使他日日抱恨壮志难酬。随着形势的变化，汪应洛终于等来了重新工作的机会。长期压抑的激情释放出巨大的力量，他要努力把“文化大革命”耽误的时间抢回来，把被中断的创建具有中国特色的管理教育重新启动起来。他千方百计地收集、整理“文化大革命”浩劫后残存的教学图书资料，利用各种渠道了解国内外管理学科近年来的发展动态，同已经恢复工作的管理专业同行研讨在新形势下开展管理专业教学与研究的思路和办法，他夜以继日地工作，常常忙得顾不上处理家里的事情。

汪应洛工作很忙，而张娴如从疏散地回校后身体一直不舒服，但没有想到病情会有多严重，就只在家里卧床休息。有一天，学校医院里的一位护士来探望张娴如，发现她脸色发黄，身上皮肤都是黄颜色，就叫她到医院去检查。汪应洛用自行车把张娴如推到医院，因为学校有急事，就又骑着自行车回学校去了。医生给张娴如做了检查，发现黄疸指数升高了 10 倍，就留她住院治疗。

到了晚上 7 点钟，医生见只有张娴如一个人在病床上躺着，就问：“这时候了，家属怎么还没来办手续，把你一个人丢在这儿！”张娴如无可奈何地说：“我也没办法同他联系。他不在家里，也不知道他在什么地方！”过了一会儿，汪应洛骑着自行车送饭来了。他安慰了一下张娴如，叫她不要紧张，好好休息，病很快就会好的。其实他已知道了张娴如的病情，医生说怀疑是胆汁淤积型肝硬化，他心里很害怕，但他在神情上一点也没流露出来，平静地给张娴如喂饭，整理床位。等张娴如吃完饭，已经 8 点多钟了，汪应洛自己还没吃饭，他只有回到家里自己做饭吃。张娴如很体谅他，知道他很忙，在当时的政治形势下，他不能撇下工作来完全照顾她，更何况家里还有一大堆事要他管，儿子下乡插队去了，女儿还小，一个人在家里，他还得管孩子，给女儿做饭。于是她对汪应洛说：“你尽量少到医院来吧，把孩子照顾好，也要注意自己的身体！”汪应洛安慰她：“家里的事你放心，只管好好养病，其他事不用你操心！”那几天，汪应洛就一个人在学校、家里和医院之间来回跑，一直把张娴如照顾到出院。

第七章

教书育人 开创管理教育

一、机械系“三驾马车”

“文化大革命”期间，大学的教学和科研工作都停顿了。“文化大革命”后期，西安交通大学招了几届工农兵学员，但教学秩序很不正常。学生大量的时间是在工厂劳动。“文化大革命”结束后，西安交通大学机械工程系组成了新的行政领导班子，史维祥任系主任，全面负责机械工程系的工作。汪应洛任系副主任，主管系科研工作。陶钟任系副主任，主管教学。1977 年，国家正式在全国恢复了高考制度，1977 级和 1978 级学生正式入学。“拨乱反正”，百废待兴，学校急需恢复和建立一套科学可行的规章制度。汪应洛发挥他管理专家的优势，同大家一起努力工作，在比较短的时间内把全系教学科研的有关规章制度恢复和健全起来；根据国民经济发展的新形势，制订了新的教学计划和教学大纲，编写了新教材；在科研方面，组织各教研室确定了新的科研方向；根据国家的要求，组织机械工程系各教研室与有关工矿企业、政府机关开展产学研合作，确定科研项目，组织科研团队，使机械工程系的教学和科研很快走上了正轨。“文化大革命”结束后，在教学秩序恢复、重建和创新方面，机械工程系不但在西安交通大学校内走在前面，在全国高校机械专业系统中也起到了表率和示范作用。

在机械工程系科研工作方面，汪应洛给各个专业都安排了明确的科研方向和切实可行的科研项目。金相专业在周惠久教授的带领下，继续加强金属强度理论、低碳马氏体的机理研究与在石油工业中的应用，取得了突破性成果，被誉为全国高校科研“五朵金花”之一。为此，教育部为该专业拨款建立了一座大楼。机械制造专业科研工作树起了“八面大旗”，即八个科研方向，如提高机床工作精度，机械自动化、齿轮加工原理及液压驱动研究等方面，在全国高校中都走在最前面。铸造专业在铸件缺陷的机理研究、球墨铸铁及失蜡铸造等新工艺的研究都取得了很好的成绩。焊接专业的科研在全国同行中名列前茅，脉冲弧焊、新型焊机设计、板材焊缝焊接、自动跟踪设备等科研项目都取得了骄人的成绩，为企业解决了不少焊接难题，产生了很大的社会效益和经济效益。锻造专业教研室在这个时期还成立了计算机模具设计研究室，为企业模具设计做了大量工作，受到工矿企业的欢迎。直到现在，模具设计仍然是锻造专业科研的主攻方向之一。汪应洛副主任主抓西安交通大学机械工程系的科研工作，使其机、电、动三个经典专业之一的机械工程系在“文化大革命”后重现辉煌，继续保持全国机械工程学科的领先地位。

20 世纪 80 年代中期，汪应洛教授访问加拿大多伦多大学

为了不断提升机械工程系的教学水平和增强科研实力，多出成果，史维祥、汪应洛、陶钟三位领导团结一致，密切配合，忘我工作。为了一个课题，为了一项工程，为了一本教材，他们往往废寝忘食，夜以继日地在一起谋划、研究和论证。常常在夜幕降临、华灯初放的时候，史维祥、汪应洛、陶钟才从寂静的机械工程系办公

楼缓步而下，各自推着停放在办公楼旁的自行车步行回家，边走边谈，仍然沉浸在对工作的思考与研讨中。他们三人都是苏联专家培养的研究生，所以教师们用苏联歌曲《三驾马车》比喻他们是西安交通大学机械工程系的“三驾马车”。

汪应洛（右二）教授率工业工程代表团访问日本

汪应洛作为主管机械系科研工作的副主任，在工作中注意“抓大放小”，运筹帷幄，充分发挥各个教学科研人员的积极性，使得各项工作都能协调地向前发展。学校召开关于科研工作的会议，汪应洛一般都要亲自去参加，掌握全校科研工作的总部署和总安排，指导机械系的科研工作与全校科研工作步调一致。对于系内科研工作的具体事务，他放手让秘书去干。学校划拨下来的科研经费，汪应洛只定个分配原则，让系科研秘书赵卓贤去具体分配。赵卓贤召集各个教研室主任开会，根据各教研室承担科研任务的多少和科研人员的组成情况，根据工作需要分割科研经费，汪应洛一般不过多干预。这样，一方面培养了系里工作人员的工作能力，也为自己腾出了较多时间从事科研工作。国家制定“七五规划”，要求西安交通大学派人赴京征求科研题目。这是一个与国家有关部门直接打交道的好机会，对于这种名利兼收的事情，汪应洛总是推举他人。他派赵卓贤带领各专业人员赴京征求课题。赵卓贤说："我去不合适，我连个教研室主任都不是，现在又不做科研秘书了，你叫我领着教研室主任们到北京去公干，实在不敢当！还是你去吧。"汪应洛说："我了解你，你能干好这件事，你去吧！"汪应洛放手让下属大胆工作，使赵卓贤十分感动。他精心安排，认真组织，圆满地完成了这次赴京出差任务。

1978 年 7 月，钱学森、许国志和王寿云联名在《文汇报》整版发表名为《组织管理技术——系统工程》的文章，为管理科学正名。文章明确提出，管理是一门学科。在介绍这门学科时，文章从美国的泰勒管理学讲起，阐述管理学科的发展过程，说明了运筹学及各种组织管理学的要义。文章提出中国应该恢复管理学，在大学里要恢复管理学教育，不光要设立管理学院系，还要办管理学科的大学。一直从事管理学研究的汪应洛敏锐地感到，发展管理教育的春天来到了。于是在 1978 年年底，他联络西安交通大学、大连理工大学、华中科技大学、天津大学、清华大学五所大学在西安交通大学开会，会议在行政楼 312 室举行，参加会议的有天津大学留美回国的刘豹、大连理工大学搞控制专业的王众托等人。会议研究讨论了发展我国管理教育的思路和措施，决定在这些学校率先成立系统工程研究所。这是一次具有里程碑意义的会议，它拉开了"文化大革命"后国内大力发展管理教育的帷幕，为各个大学纷纷设立管理教育学科，成立管理学院发挥了引导和示范作用。会后，西安交通大学成立了系统工程研究所，胡保生任所长，汪应洛任副所长。汪应洛以系统工程研究所的名义，把"文化大革命"中流散到各单位的管理教学和科研人员聚拢起来，为西安交大管理教育与研究树起了大旗，组织起了团队。

早在 1968 年 7 月 21 日，毛泽东就发出了著名的"七二一指示"："大学还是要办的，我这里主要说的是理工科大学还要办，但学制要缩短，教育要革命，要无产阶级政治挂帅，走上海机床厂从工人中培养技术人员的道路。要从有实践经验的工人农民中间选拔学生，到学校学几年以后，又回到生产实践中去。”毛泽东的指示为理工大学开展管理教育创造了有利的条件。汪应洛充分利用这个有利条件，抓紧恢复西安交通大学的管理教育。他积极向教育部申请管理教育招生计划。教育部许多领导都是西安交通大学校友，如教育部副部长黄辛白、研究生司司长、高教司司长、人事司司长等。汪应洛同这些校友很熟悉，保持着密切的联系。在这些校友的支持下，教育部于 1981 年批准西安交通大学招收管理工程学生。当时，在学科目录中还没有管理学科这个名称，西安交通大学就以管理工程名义在全国首家招收了管理工程本科学生。汪应洛趁势前进，又向教育部申请开办管理硕士生教育和管理博士生教育取得成功，西安交通大学的管理教育始终走在全国高等学校的最前边，培养出了中国大陆第一位管理工程博士席酉民。

二、学科发展绘蓝图

在不断完善西安交通大学管理教育体系的同时，汪应洛从国家大局出发，对我国管理科学的现状、发展前景、人才需求等方面进行了深入的调查研究。他认为，我国已进入全面的建设小康社会关键阶段，根据特定的国情和需求，我国政府提出，要把科技进步和创新作为经济社会发展的首要推动力，把提高自主创新能力作为调整经济结构和发展方式、提高国家竞争力的中心环节，把建设创新型国家作为面向未来的重大战略。目前，我国工业化、城镇化进程继续加快，市场化、国际化程度不断提高，我国在更广阔的领域和更深的层面上展现出了进入发展新阶段的特征：一是工业化进程继续呈现出重化工业部门发展加快的态势，并开始尝试向自动化阶段发展；二是城市化继续快速发展，劳动力和资本等生产要素向回报率高的城市区域特别是大都市圈集聚；三是城市化特别是生产要素市场化程度继续提高，但改革继续处于攻坚阶段；四是经济国际化水平继续提高，国际竞争压力和风险明显加大；五是生活方式转型升级和社会结构发生变化，社会利益关系更趋复杂多样。在这样的形势下，社会对管理人才提出了新的要求，管理教育应与时俱进，创新教育模式，加大人才培养力度，使管理科学在促进实现创新型国家进程中发挥更大的作用。汪应洛在《中国大陆管理科学学科发展战略》一文中，高屋建瓴地对这一问题做了科学的论述，受到国家有关部门和学术界的高度重视。

《中国大陆管理科学学科发展战略》从四个方面对我国管理科学学科发展方向和战略进行了论述，为我国管理科学学科的健康发展奠定了理论基础。

1. 管理科学学科战略目标的确定

管理是一个决策和控制过程。管理者通过授权、委托和承担社会责任，引导组织成员迎接环境不断创造出的新的挑战和风险，持续改进，不断创新，从而在兼顾组织成员个人目标的同时达成组织的整体目标。

管理理论要形成管理科学，首先就要建立一系列能从理论角度解释描述管理问题的概念。为了使概念科学化，首先又必须对应于经验性的事实和状况，具有可操作性。近一百年来，管理理论的发展已为管理科学学科体系的形成奠定了基础。在两种主要的管理理论体系中，强调左半脑思维的以技术为主要内涵的科学管理理论构成了实用管理学的基础。强调右半脑思维的以人的因素为主要基础的行为理论将成为管理社会学的主要组成部分。当代科学和技术的发展，推动了管理方法、技术、知识的发展，为管理科学学科体系的形成创造了条件。

汪应洛认为，管理科学是一门应用多学科与多领域的理论、方法、技术和知识，研究人类利用稀缺资源实现组织目标的管理活动的有限理性和寻求满意的社会行为及规律的综合性交叉科学。鉴于管理科学是管理领域知识的系统化，根植于自然科学与社会科学两大门类知识体系交叉边缘的土壤之中，与实践活动紧密相连，以及有其相对独立的分类等特点，使得管理科学对社会经济发展起着重要作用。这种作用主要表现在以下方面。

（1）人类进入文明社会以来，特别是在工业革命与信息革命的发展及融合过程中，管理与技术有机结合使社会生产成本价格进一步降低，面向市场的产品选择更加宽广。管理者和管理科学在帮助人类社会发展寻求新方式方面正在发挥越来越大的作用。

（2）综合要素生产率除科技水平外，其余均可纳入广义管理科学范围之内。科学技术水平提高再快，如果不能很好地利用，劳动者没有积极性，组织管理缺乏效率，就不能形成现实生产力，综合生产率仍将很低。在这些方面，管理科学将大有作为。

（3）通过宏观经济管理的政策、法规等有助于改善社会资源配置的不合理及低效率。而企业内部缺乏活力造成的低效率则可以通过改善企业组成结构，改革企业经营机制等企业管理的方法和手段来解决。改革开放以来，我国管理科学研究在促进社会经济发展、提高经济效率方面得到迅速的发展。国家自然科学基金委员会结合我国经济建设的实际要求立项资助一些重大、重点课题对加速社会主义市场经济体制的建立和完善，促进我国经济的迅速发展，起到了积极的推动作用。

汪应洛认为无论是在提高劳动生产率创造新生产力方面，还是在提高国家竞争力方面，以及为我国体制改革提供决策依据的作用方面，管理科学都应具有很大的作用。然而实际上却并非如此，致使管理科学实际所起的作用多数被划入“小”和“一般”之列。这种认知与实现间的差异，更要求我们尽快确立管理科学在社会发展中的战略地位。在目前的全球经济一体化，我国经济迅速发展并准备重返关贸总协定之时，管理真正成了支持经济发展和社会进步的“神经中枢”，其对于我国经济发展的影响将会比过去更加重大。

建立管理科学学科体系是管理科学学科体系战略研究的基础，为此独立构建了二层结构学科体系，将管理科学以基础理论、技术方法、实际应用三大方面作为第一层（最高层）结构，一直细划到有 86 个学科分支的主体结构体系的设立，有可能对学科发展起到指导和借鉴作用。

2. 管理科学学科发展环境分析

鉴于环境这一大系统的特征，汪应洛秉承系统论观点对 20 世纪 90 年代管理环境与管理发展进行了系统剖析，构建了管理过程模型以及管理发展系统结构，以此去揭示管理科学与政治社会环境、经济环境以及技术环境的关联，并确定在设置学科战略时需要采用“综合集成法”。这一方法包括：①发现、解决问题和决策的系统方法；②规划与设计管理战略的系统方法；③描述和解释这一复杂系统及其行为的系统方法。同时，将此三方面的方法进一步细化、落实，并给出了战略目标、战略、资源分配、协调、前馈、反馈等管理任务之间的关系及其处理准则，以此去指导战略的制定。

学科发展状况是属于“内部环境”（条件）分析的重要部分，统计资料表明，我国已有管理研究机构 1134 个、人员 33 032 人，分属于国家各部委、省（自治区、直辖市）以及大专院校三级。由时间序列分析看出，管理机构设置发展已度过高速建立阶段进入了稳定发展时期；对从事管理科学的人员知识结构与全国 R & D 活动同类人员相比较看，明显占有优势；具有博士学位者是其 4.5 倍，具有硕士学位者是其 6.5 倍。其中，在构成管理学科研究人员的三大部分中，高校研究队伍又明显处于优势地位。这种人力资源上的优势是制定战略的重要方面，是管理学科研究的“长处”。然后，从近年管理科学研究经费投入看，平均在5000万元水平上下，占全国自然科学研究费用总投入的比例很低，未能将这一人力资源“长处”充分发挥。再者，从经费来源结构看，国家下达41.2%，地方委托占39.8%，企业委托占3.6%，企业缺乏投资管理研究的积极性。

汪应洛的课题研究构造了5个问题程序性导向认知模型，以完成环境扫描、监视、预测、估价等分析阶段，并按此理论构架分析了管理学学科背景，指出由邓小平同志建设有中国特色的社会主义理论引发的一场新的思想解放运动，党的十四大确立的社会主义市场经济体制，十四届三中全会建立的社会主义市场经济体制的总体框架及其全方位结构性改革政策，大胆地借鉴和吸收了西方先进的经营管理方法，深化改革开放的新措施，世界地域性经济联盟状况，我国的外交成就，世界强国意识的普遍确立等条件与趋势为我国管理科学发展的6个自主变量，7个动力变量，6个敏感变量，6个节点变量，并排出了环境变量扫描的次序。排在第一范畴的关键量是对管理科学学科的重视程序。第二范畴的信息优先变量有依靠高校和研究机构研究管理理论，制定战略，加强企业战略管理机构改革，提高企业管理水平等5个变量。从而达到了较为系统地进行环境分析的目的。

通过对人类历史长期模式的反思和对21世纪初管理的预测与展望，汪应洛认为管理科学和管理工作已经历与工程技术及工程师工作相似的变化过程。计算机技术及专家系统等的迅速发展促进了管理者向下属的授权，下属则可以借助计算机辅助完成他们的工作。增加管理者自身创造性的方法，对管理教育提出了新的挑战。21世纪管理科学学科体系将日益成熟和完善，在指导管理业务并与之有机结合方面将发挥更重要的作用。

3. 管理科学学科发展战略的形成与设想

在管理科学学科战略的形成上，鉴于管理科学是驾驭知识的科学（元科学，metascience），它受宏观环境的作用，反过来又对其产生影响的特点，汪应洛在研究中借鉴了场理论（field theory）去处理。所谓场理论是强调个体环境中诸事物之间相互作用的重要性的一种心理学理论，用湍流场（turbulent field）描述动荡的环境有助于寻求管理科学学科发展的新范式——战略，利用场理论管理与动态演进系统的场结构去解释近年改革开放的情况，从本质上提出改革开放的状态与我国管理决策体系的认知模式有关。管理科学学科发展战略肩负着探寻人类组织适应于时代需要和发展模式的任务。作为科学本身及科学方法的公正客观性和追求实用目标与探索客观规律之间的差异和难度等，使得战略观念的形成更多地需要依靠思想的多元性和创造性。在战略选择中，采用组织设计权变理论，引入统治联盟（dominant coalition）概念，指出战略选择在组织结构中主要来源于权力。而组织结构的实质在于反映了统治联盟不容更改的秩序、安全、权力以及状态分布。现代社会中存在着三种机制：企业家机制、金融机制、管理机制。其中，管理机制的任务在于担负起现代社会行政管理、协调和分配运行的职责。从战略角度来看，大的权力（能量、势力）的崛起与新发现、新思想、机会的资本化相联系。而其跌落则与缺乏改革创新、经济发展的枯竭、僵化的管理模式、政治军事的过重负担有关。我国目前的改革开放是促进经济繁荣的最好途径，故应在进一步改革开放的趋势和社会主义市场经济体制的认识上，去构造中国的管理科学学科战略。我们有今天的改革结果绝非偶然。参照国际比较分析可以看出，我国改革开放的成功之处在于确立了社会主义市场经济体制并使之系统化、具体化。而这又缘于我国政府从来就没有照搬苏联的社会主义模式，相反总是致力于试验探索具有中国特色的社会主义建设，近 10 余年来不断地向着市场经济转移。而且，我国改革发展自觉或不自觉地符合动态演进系统理论的要求，今天我国已基本具备由计划经济转向市场经济的主要条件，在此前提下，按照场理论时序分析则可确立“企业改革—建立健全国内物资市场—改革宏观调控体系”的发展途径，在21世纪末初步建立起社会主义市场经济体制，然后再用几年时间去完善市场经济体制。此态势引导并制约着学科战略。

战略是始终围绕着目标而将要采取的重大行为的有序组合，目标就成为战略之“网”。汪应洛的研究确定了全面促进中国经济腾飞，提高社会经济效益，并以此为出发点，给出了有五重结构的目标体系，从而为学科战略的制定划出了边界。

管理科学学科发展战略构想的核心在于设置战略方案。设置战略方案的前提是确立方案设置的基本准则。汪应洛的研究确立了开放性、系统性、实践性三条准则。开放性准则是前提，后两条是构造战略方案的基本依据，在实践性准则下以“纯理论”与“纯实践”为两种极限状态，在学科体系准则下则以其体系结构中第一层（最高层）分类为划分界，将二者置于纵横分析坐标上，交互组合形成构造战略方案以供选择，此时再以学科发展阶段特征作为第一筛选准则，就初步选出了学科发展战略方案。

对于所确立的方案进行分支学科研究实力，分支学科发展需求，分支学科发展基础条件，学科发展的制约因素（研究人员、经费、工作支持条件、学科布局、成果应用、社会环境、经济环境、科技环境、文化环境）进行评价分析，并注重调查咨询面的代表性，结果评价出两大关键因素影响着所确立的学科发展战略。这两大因素是管理科学学科研究队伍的综合素质和环境，称为第二次筛选评价。

4. 管理科学学科发展战略的确立及政策建议

我国管理科学学科的发展战略是：适应社会主义经济体制，探索我国社会发展的新模式，努力吸收并尽快应用世界上先进的管理理论、方法和实际经验，发扬中国管理思想的优良传统，教育和培养大批管理人才投身于国民经济建设主战场，不断提高管理者的素质，创立具有中国特色的管理理论、方法和管理文化，促进中国现代管理模式的形成和管理实务水平的提高，在此基础上建立起具有中国特色的管理科学学科体系。

为了完善和支持这一战略，汪应洛在广泛吸取意见、参阅有关资料、结合自身认识的基础上，在《未来 10 年中国学科发展战略 · 管理科学》一书中就管理科学学科体系中各分支学科的研究重点，以及近一时期管理学科研究重点，进行了分析和归纳，提出了 40 余项具有方向性的重大研究领域及近期重点课题。这些领域及项目对于学科发展的指导，对于国家自然科学基金委员会及各管理部门立项资助管理学科均有着实际意义。

近年来，国家自然科学基金委员会在促进管理科学的发展上起着极为重要的推动作用，对管理学科资助规模稳定增长，资助强度有所增加，其中对中青年人才的资助逐年增加，资助中注重对基础性研究项目的支持，更注意加强对优先领域的重点资助。资助项目起到了为国家宏观政策制定和重大决策的民主化、科学化提供决策依据的作用；在科技管理与科技政策研究中做了开创性、基础性的工作，提高了理论研究水平，有力地推动了我国管理科学的学科建设；研究成果应用于实践对提高我国企业管理水平的作用明显，有的产生了显著的经济效益，稳定了研究队伍，加速了对高水平管理科学人才的培养。

第八章

分管系校科研管理工作

一、分管科研创辉煌

汪应洛与周志诚（中，上海交通大学）、许庆瑞（左，浙江大学）在西安交通大学聚会

1984年，经国务院批准，史维祥任西安交通大学校长，汪应洛任副校长及学校学术委员会副主任，主管学校科研工作，并协助校长抓学校学科建设（博士点、重点学科建设）及国家重点实验室建设等工作。汪应洛是一位“双肩挑干部”，他长期担任系、处行政领导，有较高的领导素质和丰富的行政工作经验。他又有很高的教学科研水平，踏实肯干，成绩卓著，主抓科研工作，得心应手，轻车熟路。他采取“见苗浇水”的措施，认真调查研究，及时发现有潜力的科研课题，从人力、物力、财力和工作条件多个方面予以大力扶持，使得研究课题顺利进展，早出成果。他不断拓展科研思路，培植交叉学科，努力创新，因而成果倍出，引人注目。

1985年，汪应洛精心组织成立了12个研究所、4个独立研究室和1个研究中心，构成了一个较完善的科研组织体系。在此基础上，他带领广大教师和职工努力奋斗，苦干实干，开创了学校科研工作新局面，取得了丰硕成果。在1988年度国家教委科技进步奖评选中，西安交通大学获奖21项。其中一等奖两项，位于国家教委直属高校第二位。由国家教委汇编的500万元以上的科研项目数量，西安交通大学当年名列全国第二；国家科技进步奖获得一等奖1项和国家自然科学奖三等奖2项（周惠久教授的“发挥金属材料强度潜力的理论研究——论强度、塑性、韧性的合理配合”和陈学俊教授的“管内气流两相流与沸腾传热特性的研究”），在国家教委工科院校中名列第三。在教学方面，西安交通大学在全国高校的教学排名总是名列前茅，荣获过一等奖、特等奖。1987年，西安交通大学的思想政治教育电化教育，获得全国特等奖，在高校中绝无仅有。在汪应洛主抓科研的其他年份，西安交通大学科研成果获奖数量和等级在各高校中也名列前茅。1985年，在全国首届高校科技成果交易会展览中，西安交通大学共展出99项，时任国务院总理职务的赵紫阳在西安交通大学展馆里停留了很长时间，仔细参观了各个项目展览，向工作人员了解学校的科研教学情况，对西安交通大学取得的丰硕成果大加赞赏，对获奖项目给予了高度评价。

汪应洛主管西安交通大学科研时的国家“七五”计划期间，西

1986年，汪应洛副校长出席高等工业学校管理工程类教育、教学研讨会

安交通大学全校共取得科技成果410项，其中达到国际水平的有115项，属于国内首创、国内领先的有178项，达到国内先进水平的有117项，获省、部级奖198项。在这些奖项中，有国家自然科学奖2项。共获国家发明奖5项，国家科技进步奖20项，获省、部、委级奖155项，其中获国家教委科技进步奖91项。专利登记总数159项，已获准授权的有119项。在国际刊物和国际学术会议上发表论文1531篇，在国内正式刊物上发表论文3015篇。

作为分管科研的副校长，汪应洛高瞻远瞩，大力拓展新的科研方向，开发新兴学科，增设博士点和国家级重点实验室，使西安交通大学的教学、科研在软件、硬件建设、体制和服务配套建设方面打下了坚实的基础，为西安交通大学科研工作出人才、出成果创造了良好的条件。在这一阶段，西安交通大学加强了电子材料、系统工程、人工智能、电子物理、半导体、核能发电等新兴学科建设，弥补了西安交通大学除机、电、动等传统学科外，一些新兴学科发展不够的缺点。改革开放后，国家重视研究生教学，成立了国务院学位委员会，聘请了大批国内各专业的专家评审博士点、硕士点，建立了我国的研究生培养体系。高等院校设置博士点、重点学科的多少，成为衡量学校等级的重要指标。1985年，国务院集中批准了第一批和第二批博士生导师，史维祥和汪应洛等被批准为博士生导师，为西安交通大学的博士点设立创造了条件。汪应洛着力狠抓博士点设置和重点学科建设，取得了显著成效。国家从1985年开始批准设立第一批博士后流动站，西安交通大学经国家科委批准，建立了一批博士后流动站，为学校开展科研工作搭建了平台。1986年，西安交通大学一次就上了9个博士点，使西安交通大学的博士点数量跃居全国高校第二，仅次于清华大学。在国家级重点实验室建设方面，西安交通大学第一次就被评上7个重点实验室、3个专业实验室，在全国工科院校中亦名列前茅。

为了加强国家级重点实验室建设，汪应洛积极出主意，想办法，找上级领导，争取兄弟院校的支持，千方百计地增加国家重点实验室数量。当时西安交通大学已有几个国家重点实验室，一个是陈学俊教授领导的热能工程国家重点实验室，一个是周惠久教授领导的材料强度国家重点实验室，还有一个电机工程系的绝缘国家重点实验室。机械制造专业是西安交通大学的支柱专业之一，机械制造教研室当时有“八面大旗”，也就是有八个学科都很突出，涵盖的领域很广。例如，以顾崇衔教授为主的制造工艺学科，以史维祥教授和杨含和教授为主的液压和自动化学科，以陶钟教授为主的精密机床学科，以乐兑谦教授为主的刀具学科等。这些专业的教授和科研人员都希望能建立一个国家级重点实验室，以便开拓本专业的科研新领域。屈梁生教授对此要求更为强烈。他说，西安交通大学机械制造专业水平全国排名第一，国外称雄，一提起机械制造专业，大家公认西安交通大学首屈一指。其他的一些专业有国家重点实验室，机械制造专业没有国家重点实验室说不过去。他督促学校领导要千方百计想办法去争取。当时，清华大学、华中科技大学的机械制造专业实力也比较强，他们也在积极争取设立本专业国家重点实验室。西安交通大学的材料强度国家重点实验室属于机械类型的，要再设立一个机械制造专业国家重点实验室就非常困难了。汪应洛就另辟蹊径，发展交叉学科，把机械制造、系统工程、管理工程组织起来，形成一个交叉学科，争取成立一个机械制造系统工程国家重点实验室。汪应洛亲自带领机械制造专业的权威学者顾崇衔教授、胡保生教授到国家计划委员会（简称国家计委）去汇报，去争取。他们向国家计委副主任张寿阐述这门交叉学科在国民经济建设中的重要地位和广阔的发展前景，尤其是在国家进行西部大开发的背景下，发展这门学科的现实意义。汪应洛他们又向主管这项工作的马德秀处长反映西安交通大学教授的意见和要求，争取得到他们的支持。科学的论证和积极进取的求实精神终于感动了主管领导和部门的决策取向，西安交通大学良好的人脉关系对此事也发挥了一定作用。张寿副主任是交通大学的校友，同时任西安交通大学校长的史维祥及汪应洛是交通大学的同届同学，曾在一个宿舍住过，史维祥还介绍张寿加入了中共地下党。马德秀也是交通大学的校友，了解交通大学的教学和科研实力，知道将这个国家重点实验室设在西安交通大学，会发挥更大的作用。天时、地利、人和，三者条件都具备，于是国家批准在西安交通大学设立控制、管理、机制三位一体的机械制造系统工程国家重点实验室。

汪应洛（左二）作为国家科委代表团成员访美

姚熹教授是中美恢复正常国家关系后，在美国取得博士学位的第一位中国学者。他在美国宾夕法尼亚大学进修时，在不到两年的时间内获得了固态科学哲学博士学位，其学位论文获该校 1982 年度材料科学最佳学位论文奖，是被遴选为 1982 年宾州地区材料科学的两篇最佳学位论文之一。姚熹在美国共发表论文 20 篇，对“弛豫型铁电陶瓷”等半导体材料研究取得了突破性的成绩，申请了 3 项发明专利。美国国家科学院主办的《美中交流通讯》称姚熹是“材料学领域的杰出学者”。美国科学院院士克奥斯教授在写给中国教育部部长的信中说：“我引以为荣地提请您注意姚熹的极其卓越的成就，……他的学位论文被答辩委员会的全体 5 位委员评为特优。”他的毕业论文是美国 1982 年材料学的最佳论文，获得过荣誉很高的罗斯·科芬·珀迪奖。美国宾夕法尼亚大学的校长、教授们对姚熹评价很高，称颂他才华横溢，对他学成回国奉献的精神十分赞赏。

为了给姚熹教授的电子材料类建一个专业实验室，汪应洛陪同姚熹一起去国家计委相关部门汇报材料。向国家计委申报建立电子材料专业实验室的单位很多，竞争十分激烈。汪应洛反复向国家计委负责同志阐述西安交通大学建立电子材料专业实验室的迫切性和所具备的有利条件，表达一定会办好专业实验室的信心和决心，使得负责这项工作的同志有了把电子材料专业实验室设在西安交通大学的意向。汪应洛和姚熹已订好了返回西安的飞机票，离飞机起飞时间不远了，他们总担心国家计委的同志的态度有变化，放心不下，又去找他商谈，等到交谈完毕，飞机已经飞走了，他俩只好在航空旅馆住了一宿，第二天才飞回西安。

国家计委最终批准把电子材料专业实验室建在西安交通大学，但是建设电子材料专业实验室的资金严重不足。当时，联合国给西安交通大学一笔基金，这笔基金本来计划分配给汪应洛主管的管理学院使用，为了尽快把电子材料专业实验室搞上去，汪应洛毅然决然地将这笔基金拨付给电子材料专业实验室，使这个项目得以尽快上马开建。

西安交通大学机械工程院院长卢秉恒是中国工程院院士，他在国内率先开拓光固化快速成形制造系统研究，开发出具有国际首创的紫外光快速成形机及有国际先进水平的机、光、电一体化快速制造设备和专用材料，形成了一套国内领先的产品快速开发系统，其中 5 种设备、3 类材料已形成产业化生产。该系统可以大大缩短机电产品开发周期，对提高我国制造业竞争能力起到了重要作用。当时国内搞快速成形的有三家，一家是清华大学，一家是华中科技大学，另外还有西安交通大学。这三家都在争取设立快速成形专业实验室。这三家中，清华大学牌子亮，又在北京，有许多有利条件；华中科技大学投入力量很大；竞争激烈，相比之下，这三家中西安交通大学处于弱势。为了争取到这个项目，汪应洛带领卢秉恒去找国家科委高技术司司长石定寰，给他当面汇报西安交通大学快速成形科研成果的进展情况和所取得的成绩，力陈卢秉恒在快速成形领域的建树和潜力。石定寰司长看到了西安交通大学在快速成形领域的广阔发展前景，便给有关方面做工作，最终国家把快速成形研究试点放在了西安交通大学。

西安交通大学传统学科实力很强，在全国高校中名列前茅，但新兴学科发展较慢，影响着西安交通大学在学术界的地位。汪应洛充分认识到了这一点，他在抓学科建设时，大力支持新兴学科的建设。郑南宁和他的老师宣国荣搞人工智能视觉课题，开始时困难很大，缺少设施，经费不足，影响了科研进展。汪应洛特意把全校科研经费集中使用，买了一台小型计算机，给人工智能视觉课题研究创造了必要的条件。当时不少人对这个做法不理解，有意见，认为这个课题没有得过什么奖项，花那么多钱为它买设备不值得。汪应洛高瞻远瞩，力排众议，采取实际措施支持这门新兴学科快速发展，取得了骄人的科研成果。

汪应洛对电子专业和核能专业也给予了大力支持，除了给经费建实验室，还多方面疏通关系，建立人才交流和信息网络，为专业的发展拓宽空间。他去找国家负责发展核能工业的副部长，向他反映西安交通大学核能发电专业的教学科研实力，建议西安交通大学与核能发电企业建立合作关系。现在，大亚湾核电站吸纳了许多西安交通大学核能发电专业的毕业生，把西安交通大学作为他们一个很重要的支持单位。西安交通大学计算机专业相对来说建立得比较晚，在国内长期拿不到博士点。汪应洛为了争取给计算机专业建立博士点，多次找国家计算机学科的几个主要负责人反映西安交通大学计算机专业的现状和前景，希望他们支持西安交通大学建立计算机博士点。有一次汪应洛在国务院学位委员会开会，正好同南京大学的徐家福教授住在一个房间。汪应洛就同他交谈我国计算机专业的人才培养问题，给他做工作，希望他支持西安交通大学设立计算机专业博士点。汪应洛还找到北京大学负责这项工作的教授，给她做工作，希望她为西安交通大学设立计算机专业博士点多帮忙。汪应洛的诚心感动了这几位负责人，在大家的帮助下，经过多年的努力，西安交通大学终于拿到了计算机专业博士点。为了扶持罗晋生、钱慰宗、孙健他们搞的电子物理和电子器件专业，汪应洛专门去国家计委为他们申请建立了国家实验室，还邀请美国专家张可男教授做他们的顾问。这个学科发展得非常好，钱慰宗、孙健他们与 4400 厂合作搞科研，为 4400 厂的发展作出很大贡献。现在，西安交通大学电子物理和电子器件专业在国内有了较高的地位。

到 1996 年，西安交通大学的各个实验室有固定人员、实验室技术人员和管理人员 230 多名，约占全校专职科研编制总数的 1/3，其中副高级职称以上的占 42%，还吸收了 550 多名客座研究人员。

通过竞争，在“七五”和“八五”期间，西安交通大学国家实验室承担了一批国家重大基础性研究课题。其中国家自然科学基金项目 111 项（包括重大项目和重点项目 7 项），国家高技术研究发展计划（“863”计划）33 项，国家重点科技攻关项目 31 项。国家科委还利用“863”计划资金在西安交通大学建设了一个“863”计划质量网点工程实验室和一个新材料实验研究中心。

西安交通大学所建的国家重点实验室取得了一大批既有学术价值又有很好应用前景的研究成果，10 年中共获得国家级科技奖 32 项，省、部级奖 180 项（均占全校获得的同类奖的 56%），专利授权 35 项。在国内外刊物及学术会议上发表论文近 3000 篇，出版专著 70 多部。

学校的国家实验室和部门开放实验室集中了学校的中国科学院和中国工程院院士，为学校教师队伍建设作出了成绩，在国家重点实验室工作的教授先后有 80 名被批准为博士生导师，其中 45 岁以下的有 5 名，中青年教师破格晋升教授的有 11 名。

1993年学校首届科技论文奖的两项特等奖均由国家实验室的教授（精细功能电子材料与器件国家专业实验室的姚熹院士和机械结构强度与振动国家重点实验室的王铁军）获得。1985～1996年，各国家实验室和部门开放实验室共培养硕士以上研究生800余名。

史维祥主政西安交通大学，汪应洛分管科研，创造了西安交通大学教学研究史上的辉煌一页，受到党和国家领导人的高度评价，受到全国各大媒体的热烈追捧。

《文汇报》1990年5月24日发表著名记者李其贵的报道，文章说西安交通大学双喜临门：四十年来全国第一次评选优秀教学成果奖中，荣获特等奖2项、优秀奖7项，名列全国高校榜首；在1989年度国家教委科技进步奖中，共获奖16项，其中一等奖3项、二等奖13项，获奖数在国家教委直属高校中继1987年后再次夺魁。

文章分析了西安交通大学教学和科研双获"最优"的原因，不仅是牌子老，力量雄厚，而是有更深一层的原因：这里的"英雄"——教师有施展才能的用武之地。西安交通大学一直坚持让大批有经验的教师上教学科研第一线。学校共有教师2200人，其中教学编制占到1500人，每学期在教学第一线的教师有49%是教授和副教授，比例之高是全国少有的。为了鼓励教师作出成绩，学校分别设立了诸如优秀教学奖、优秀教材奖、优秀成果奖、优秀班主任奖等。在评定职称方面，重表现，重实绩。规定凡43岁以下由讲师升副教授者、49岁以下由副教授升教授者不受各系比例限制，只要达标即可提升，指标由学校统一拨给。为了让青年教师加速成长，解决好师资可能出现"断层"的问题，学校采取了一系列措施，并积极开展青年教师教学优秀评选活动，如对获得博士学位刚回国任教的留学生，实行优惠政策；工科教师每人给1万元，理科教师每人给6千元课题启动费。

西安交通大学还想方设法为教师创造开阔眼界的机会。除了加强国际交流外，在国内首创了定期抽人去兄弟院校"留学"，学别人所长，补自己之短。从1988年开始，学校两次组织基础课和技术基础课教研室主任去清华大学“留学”。

学校尊重教师，信任教师，凡技术问题，学校党委不干预，业务上听老师的。近年来，学校先后对数学、理论力学、材料力学、电工学、机械原理、化学、制图等10门课程体系进行改革。这些改革都是在老教授、老专家及各系主任的指导下，在教师们共同研讨的基础上顺利进行的。

1990年3月28日，《文摘周报》发表了下列文章：

中国的大学

谁 占 鳌 头?！

高等院校以谁为优，其判断标准一直为人们所争论。传统上，人们往往根据某所大学的历史、规模判断是否名牌或非名牌。但一次又一次高等院校学术科研质量调查表明，人们观念上给高等院校打分有许多不公正之处。

中国管理科学研究院“高等学校比较研究”课题组的研究人员，最近根据国家教委科技司编的《高等学校科技统计资料汇编》中“获国家级成果奖”、“在外国和全国性刊物上发表的学术论文”和“专利批准”三项数据，排出了全国（不包括台湾、香港等地区）36所重点大学中，理、工、农、医类各高等学校第三次《学术榜》和综合次序。

19所理科重点大学前三名为南京大学、北京大学、复旦大学。第四名到第十名是武汉大学、南开大学、中山大学、北京师范大学、西北大学、华东师范大学、兰州大学、四川大学。其中北京师范大学和西北大学并列第七名，兰州大学和四川大学并列第十名。在52所工科重点大学中，清华大学以三项指标雄居第一名，第二名至第十名为：西安交通大学、浙江大学、天津大学、华中理工大学、大连理工大学、东南大学、上海交通大学、东北工学院、中南工业大学。10所农科重点大学中，按综合指标前三名是：北京农业大学、南京农业大学、华南农业大学。5所医科重点大学前三名是：北京医科大学、上海医科大学和华西医科大学。

为了比较理、工、农、医四类大学的实力，科研人员制定了一个全国重点大学三项指标平均值，超过三项指标平均值的前十名次序为清华大学、西安交通大学、南京大学、浙江大学、天津大学、华中理工大学、大连理工大学、上海交通大学、中南工业大学、哈尔滨工业大学、北京航空航天大学和重庆大学。其中，天津大学、华中理工大学并列第五名，中南工业大学、哈尔滨工业大学并列第八名。

这次的《学术榜》编排虽有局限性，但对中国各大学的实力评估基本上反映了当前中国各大学的科研实力。

1990年3月9日《文汇报》刊载文章，报道西安交通大学取得的成绩说："春节前，西安交大双喜临门，荣获全国教学优秀奖项目奖奖级之高，奖牌之多，均居全国重点高校之前列。在全国教委36所直属学校科研奖评选中，名次排名前列。"

1989年1月，国家教委高等工业学校教育研究协作组主办的《高等工程教育研究》用英文版向国外介绍了我国高等工业大学，介绍的次序为清华大学、西安交通大学、浙江大学、天津大学、上海交通大学等学校。众所周知，在我国"七五规划"中，1984年3月，国家锁定了10所重点建设的学校，在国家下发的文件中，学校排位次序为：北京大学、清华大学、复旦大学、西安交通大学、上海交通大学等。纵观上面所述，在我国工科高校排名次序中，当时西安交通大学总是紧接清华大学，排名第二位。

西安交通大学的教育质量是全国著名的。清华大学每年都要派代表团到西安交通大学教务处，交流教学和改革经验。西安交通大学教务处也会去清华大学学习，双方建立了对口交流平台。清华大学相关负责人说，西安交通大学是他们学校研究生招生最受欢迎的单位之一，因为西安交通大学教学质量的各个方面就是不一样。

1988 年 5 月，汪应洛（左二）在西安交通大学管理学院召开的中国生育计划研讨会上发言

二、服务企业搞研发

汪应洛致力研究的管理科学，是一门以管理创效益的科学，是一门为实践服务、提升实践效能的科学，是一门为国家政务建设和经济文化建设服务的科学，因而进行社会实践是汪应洛科研工作的重要一环。他带领西安交通大学科研团队走出校门，跨出省界，走向了全国。广东省是改革开放的前沿阵地，汪应洛首先把社会实践的队伍带进了广州和深圳。当时广州的市委秘书长是西安交通大学

校友，他热烈欢迎西安交通大学参与广州的开发和建设，对西安交通大学在广州的工作给予了大力支持和配合，使一系列科研工作得以顺利开展，很快打开了局面，取得了成效。汪应洛带领计算机专业的王以和、鲍嘉元等人帮助广州市政府建立起了计算机管理信息系统，大大提高了市政府的工作效率，提高了市政府的施政效能和管理水平，为全国政府机关现代化管理树立了样板。广州市政府对西安交通大学的这一科研项目给予了很高的评价。

在广州市政府的计算机管理信息系统研制取得成功后，汪应洛又带领计算机系的科研人员为广州市当时最大的两个宾馆——流化宾馆和白天鹅宾馆建立了信息管理系统。他和王以和等同志住在宾馆里面，一起调查研究，设计方案，指导施工，使工程顺利地按计划完成，极大地提高了宾馆的管理水平和服务质量。

广州气候炎热，对制冷工程的需求量很大。汪应洛便带领西安交通大学能动学院制冷教研室的同志同广州市的一个设计院合作，为广州市的一些企业、单位建立制冷系统。制冷教研室的同志在制冷系统建设中采用自己研发的新技术，并努力引进国际先进的设备和技术，使每个制冷工程都呈现出节能、低耗、耐用和成本低廉的优越性，受到了用户的欢迎和好评。许多单位都慕名前来同西安交通大学洽谈业务，寻求合作。为了适应广州市的广阔市场需求，西安交通大学在广州市买了一栋楼房，以便本校专家教授和工作人员来这里开展科研和施工。

深圳大开发一开始，西安交通大学就参与了进来。中国航空技术公司要在深圳开拓业务，它的老总是西安交通大学的校友，他希望西安交通大学与他们合作。汪应洛以中国航空技术公司的项目为切入点，把西安交通大学的科研与创新工作在深圳开展起来。西安交通大学派了一位校计算中心副主任来帮助中国航空技术公司建立起了计算中心，为中国航空技术公司在深圳的发展解决了关键性问题。西安交通大学还参与了中国航空技术公司在深圳的多个项目的研发和建设，为中国航空技术公司在深圳的快速发展起了很大的作用。现在，中国航空技术公司已成为深圳举足轻重的龙头科技企业之一。西安交通大学的王迪生教授还把他们在广州搞的涡旋式压缩机项目引进到深圳。汪应洛和王迪生在深圳和广州中间找了一个工厂跟他们合作，西安交通大学出技术，在那个地方生产涡旋式压缩机。西安交通大学在深圳的产学研工作开展得轰轰烈烈，为了便于工作，学校又在深圳买了一幢楼房，作为教师的科研和工作基地。

后来，汪应洛又带了一批以能动和机械系为主的教师到天津进行厂校联合开展科技开发活动。能动学院的教授帮助天津相关专业的企业工厂改进高压泵、深水泵生产工艺和技术，促使企业产品升级换代，研发适应国家经济建设和高科技发展需要的新产品。机械工程系的张娴如等教师帮助企业搞计算机设计模具。因为发展新技术，研发新产品，对模具的需要量很大，而模具生产周期比较长，所以在帮助企业开发新产品时，同时就把计算机设计模具这套技术带了过去。企业对这些新技术非常欢迎，积极配合学校教师开展技术攻关活动，使得科研项目较快地取得了成果。

汪应洛（前左）率西安交通大学科技代表团与天津市经济委员会签订科技合作协议

西安交通大学在天津的科技开发活动产生了广泛的影响，天津市有关部门的领导对西安交通大学的校企联合开发新产品活动给以高度评价，并提示天津大学和南开大学要学习西安交通大学的做法，走出校门，与企业合作搞科技开发，以加速天津的经济与科技发展。

汪应洛还选择南京作为校企合作的一个重点地区。当时南京市有个副市长是西安交通大学校友，通过他联系了一些企业进行技术合作。南京不少企业需要制冷、压缩机技术，西安交通大学机械、动力系就在这里开展广泛的社会服务活动。西安交通大学的社会服务活动对南京大学、南京工业大学产生了很大的影响，使得他们也开展起校企合作，服务社会的活动来。常州内燃机厂厂长沈铁平是西安交通大学校友，看到西安交通大学在南京开展校企合作成果辉煌，便去找汪应洛，要同西安交通大学进行技术合作，这样西安交通大学的社会实践基地又陆续延伸到常州、无锡等地，在社会上产生了很大的影响，同时，对于学校多出人才、多出科技成果起到了很好的作用。

“重实践”是西安交通大学的传统，汪应洛是这个优良传统的继承者和践行者。他在哈尔滨工业大学跟随苏联专家读研究生时，就注重深入工厂调查研究，检验和深化学的理论知识，他的研究生毕业论文就是在东北工厂中完成的。优秀的学习成绩和丰富的工厂实践使他在读研究生时期就写出了新中国成立后我国学者自己撰写的第一部管理学著作——《企业组织与计划》。在他以后的教学科研工作中，始终把理论与实践结合作为自己坚定不移的治学信条。这种信念的基础，是他爱党爱国的政治思想，是他淡泊名利的人格魅力，是他实事求是的科学态度，是他吃苦耐劳的奋斗精神。

第九章

创建管理工程学科和管理学院

一、兰州推广自动化

交通大学的管理学教学研究有着悠久的历史。早在盛宣怀创办南洋公学时，就把发展管理学科作为办学的主要内容之一。他在给清廷的奏折上写道：

环球各国学校如林，大率形上形下道与艺兼。惟法兰西之国政学堂，专教出使、政治、理财、理藩四门。而四门之中皆可兼学商务。经世大端，博通兼综。学堂系士绅所设，然外部为其教习，国家于是取才。臣今设立南洋公学，窃取国政之义，以行达战之实。于此次钦定专科，实居内政、外交、理财三事。

这段话的意思，是说南洋公学不同于以工科为主的北洋大学，而是以文科为主兼及“理财”。盛宣怀所讲的“理财”是包括工商业的经营管理在内。

20 世纪 80 年代初，国务院学位委员会批准的西安交通大学全体博士生导师合影（前排右起第六位为汪应洛，右起第七位为史维祥）

为了实现南洋公学的办学宗旨，1901年春，公学总理张元济奉盛宣怀之意，呈文在公学内设一特班，并起草章程十条。3月，盛宣怀批复南洋公学："……公学设此特系本达成馆初意，所取必须品学合格，为将来造就桢干大才之用。"同年7月，盛宣怀又行文照会南洋公学新任总理沈曾植，两次强调特班办学宗旨："系为应经济特科之选，以储国家梁栋之材。故宜专志政学，不必兼涉艺学，尤宜讲求中西贯通希合公理之学，不可偏蹈新奇乖僻混入异端之学。器识以正谊明道为宗，志趣以遗大投艰为事，经济以匡时济物为怀，文章以切理餍心为贵。""但望学成之后，能如曾李二星。"也就是说，特班培养人才的标准是造就曾国藩、李鸿章式的人物。

1901年4月，特班张榜招生，考试特别严格。经过两次考试，共录取学生42人，都是20～30岁的在中国文学方面有相当基础的人，有些人还有秀才、举人身份。特班的班主任由蔡元培担任，学制三年，教学分两期完成。前期的功课有英文、算学、格致化学，后期的功课为格致化学、地志、史学、政治学、理财学、名学。两期课程均以西学为重。特班培养出了许多经世治国之才，如李广平（叔同）、邵闻泰（力子）、黄炎培（楚南）、谢澄（无量）等著名人士。

交通大学一贯重视管理学科教学，教授大多为欧美管理学界的知名学者和中国在欧美留学归来的学者，学校管理学教材和教学程式也都是美国大学的模式，学术界称交通大学为"东方麻省理工学院"。

新中国成立后，社会上批判欧美的管理学教材和教学模式，说那是资本主义的东西。苏联大力援助中国的革命和建设，全国各行各业都学习苏联。国家选派了一大批年轻学生和教师到苏联去留学，学习苏联的科学技术和管理经验。交通大学派汪应洛到哈工大跟随苏联专家读管理学研究生。汪应洛学成毕业后，回到交通大学进行苏联模式的管理学教学和研究。当时中国正在进行发展国民经济的第一个五年计划，苏联帮助中国建设了156个重大工程项目，这些大企业都是按照苏联模式来管理的，需要大量的管理人才，从苏联学习管理学专业回来的人很受国家和企业的重视。教育部规定所有专业的教学大纲都要安排管理学课程。汪应洛是交通大学唯一学习过苏联管理学的，他讲课内容新，又比较实用，学生喜欢听。为了满足各专业的需要，学校便安排汪应洛给学生上大课。这几年，管理学教育在学校开展得非常好。

1958 年以后，特别是中苏关系恶化以后，中国批判苏联的修正主义，苏联的管理学理论也被批为修正主义的理论。学校管理学课程虽然没有停，但已不再受重视了。汪应洛感到，新中国成立前讲授美国的管理学教材，被批判为资本主义理论；新中国成立后讲授苏联的管理学理论，又被批判为修正主义；中国的管理学教育，非得另辟蹊径，创造自己的理论体系不可了。

1958 年“大跃进”时期，全国大搞“双革”（技术革新、技术革命）群众运动，机械工业部的许多企业“土洋并举”地建起了许多生产流水线、自动化生产线。1962 年后，国家实行“调整、巩固、充实、提高”的国民经济恢复政策，机械工业部按照提高经济效益的观点来整顿“双革”运动中的各种生产自动化项目。西安交通大学成立研究组，汪应洛安排组织李怀祖等人先后到大连电机厂、组合机床厂和西安电机厂调研，写出了技术经济分析报告并拟订了“自动化生产经济效果衡量标准”建议稿，提交机械工业部。在此基础上，由李怀祖作为主要执笔人，发表论文《新技术经济效果及其衡量指标》，提出了按“资本回收期”、“成本”等经济指标来评价新技术。这是一篇为数不多的敢于冲破当时“左”的“政治挂帅”、“算政治账”思潮束缚的研究论文。

从 1964 年开始，由中国科学院自动化研究所、化工部化工研究院和西安交通大学组成研究队伍实施兰州化肥厂自动化试点项目。汪应洛和胡保生教授、万百五教授及李怀祖等专家常驻兰州开展工作。他们日夜现场跟班进行劳动调研，观测记录生产运行数据，从技术和管理的角度，探索提高经济效益的途径。他们优化化肥厂炉子温度参数，优化生产工艺，有效地提高了化肥产量和质量。经过一年多的工作，参加科研人员除了撰写技术经济分析报告外，还根据现场实验结果1965年在《西安交通大学学报》上发表有关兰化五号变换炉生产优化的论文。

这篇题为《用“多组合试验”寻求连续生产过程静态最优问题》的论文，是由汪应洛领衔，西安交通大学的李怀祖、许国梁、郑叔良、谢志高，以及化工部化工自动研究所技术员崔绍铭，兰州化肥厂工人王永忠、吕蒲芳、董洁玉，一机部热工仪表研究所张岷秀等同志参与现场实验结果共同写成的。论文讨论了静态最优问题对自动化技术经济效果的影响，概述了寻求静态最优的方法，并着重介绍了用“多参数组合试验”搜索最优的方法。

我国化工、石油炼制、冶金等生产部门中，自动化技术日益广泛地被采用，人们希望它更好地为生产服务，取得更大的经济效果。而自动化技术本身，只有和生产实际紧密结合才能得到迅速发展。所以如何发挥自动化技术的经济潜力，是一项有实际意义的课题，寻求静态最优是充分发挥生产过程自动化的经济潜力的一个重要方面。汪应洛科研团队在兰州化肥厂实际生产中运用多参数组合试验法的结果，产量有较显著的提高，使自动调节系统的经济潜力得到充分的发挥。通过实践，对该方法进行了系统化和简化工作。实际应用表明，用多参数组合试验法寻找静态最优，可以在不增添设备，不花投资的条件下，发挥现有工艺过程的经济潜力，提高产量或降低消耗。此方法的优点是：

（1）对生产一般是有利的 试验在正常生产条件下进行。在搜索方向试验时，对某些参数加以小偏差扰动，技术经济指标的波动甚小，在全部试验次数中技术经济指标“变好”和“变坏”的次数大体相等，总的水平可维持原状；在工作试验时，每一步基本上都按梯度方向跨出，一般是使技术经济指标改善，纵使由于试验误差等原因，方向判断错误，也会立即受到生产实际的鉴别而被纠正。

（2）试验简便易行 不需要专门的试验装备。试验过程中计算分析简便，广大操作工人完全可能结合日常工作，亲自参加和完成这项试验。

因此，用多参数组合试验法寻找静态最优的方法，可以和生产实际结合得比较密切，直接、有效地在生产实际中应用，但它还存在一些缺点有待改进，主要有：

（1）搜索速度较慢 每次试数一定要记录输入、输出参数的稳态值。在一些时延和过渡过程较长的生产过程（特别是物理反应过程），试验时间会拖得很长，以致引起试验条件的变化，判断不出正确的梯度方向。

（2）对交互作用较大的多参数处理较困难，多参数组合试验法要求调节各参数，使之随时符合预定的试验点坐标。但当参数之间相互影响较大时，两个参数只有一个自由度，使它们的工作点同时符合预定的数值是困难的。在这种情况下，只能分批进行搜索试验。

多参数组合试验法应用中的几个问题。

（1）准确度。主要指梯度方向的准确度。影响准确度的原因有二：一是随机误差。为了克服随机误差的影响，希望每个试验点重复试验，试验次数越多准确度越高。二是试验条件变化引起的条件误差，条件误差使得各试验点输出值之间的差异，不能真正反映工作点变化对输出的影响，因而算出的系数和梯度方向必然有误差。为了克服条件误差的影响，希望完成试验的时间越短越好，也意味着试验点重复试验次数越少越好。可见，处理随机误差和条件误差的办法是有矛盾的。许多文献中只注意了消除随机误差的影响，强调增加重复试验次数，按若干次试验结果的平均值计算系数。从这次在变换生产中的应用情况看来，条件误差比随机误差的影响严重。方法本身就存在速度慢的缺点，变换气生产中，外部干扰较频繁，再要增加重复试验次数，条件误差必然更大。所以，课题组没有按平均输出值，而是按同一次的读数来计算梯度方向，简化了计算和试验过程，得到了符合实际的结果。

（2）同时搜索的参数数目。从“实验设计”原理来说，任意个参数的组合试验方案都可能提出，但是，参数多了，搜索方向试验需要的试验次数增加更快。条件误差的影响使梯度方向难以判定。所以，以同时处理二三个参数为宜，待搜索完毕后，再换入另一个或二三个参数进行搜索。

（3）寻求静态最优试验的时间间隔。多参数组合试验法便于经常搜索最优。但在人工进行试验的条件下，没有必要，也不可能频繁地进行搜索试验。在一次试验得出最优工作点范围以后，可以在一段时期内按此操作，直到工艺上有了改进或一些重要干扰参数发生较大变化时，再重新搜索最优。对于一些关键设备或工艺过程，极需要经常处于最优，则可较频繁进行试验，以至于可以考虑用自动装置和电子计算机来实现这套搜索静态最优的方法。

汪应洛、李怀祖等在兰州化肥厂优化生产工艺采用的“双法”中正交试验法，华罗庚教授在1968年大力提倡，并于1970年开始在全国大力推广。

兰州化肥厂自动化试点，是中国第一个自动化生产研究试点，也是汪应洛创建系统工程学科的开端。兰州自动化生产组织试点取得了初步的成效，受到了企业的欢迎和国家的重视。兰州化学工业总公司的林总经理对交通大学的自动化生产组织试验非常重视，给予了很大的支持和很高的评价。他后来调任国家计委副主席，对交通大学的管理工程研究一直很关注。正当这项研究有待深入进行的时候，“文化大革命”开始了，试点工作被中断，科研人员只好奉命撤回学校。由于兰州化肥厂的“技术经济分析”工作得到兰州化肥厂的认可，1971年，兰州化肥厂作为化工部计算机应用试点单位，又邀请西安交通大学研究组去继续工作。汪应洛又领着他的科研团队到兰州化肥厂和兰州炼油厂继续进行生产自动化组织课题研究，取得了丰硕成果。这项全国首创的大型自动化生产组织课题研究的成功，为他创立系统工程学科准备了一个案例。

二、创建“管理工程学科”

“文化大革命”的十年正是汪应洛年富力强的大好青春年华，是他精力最旺盛的十年，是最能出研究成果的十年。“十年浩劫”造成的损失使汪应洛痛心入骨，他下定决心要把失去的十年抢回来。

1978 年 3 月 18 日，全国科学大会在北京召开。邓小平作了重要讲话，阐明了马克思主义关于科学技术在社会发展中的地位、作用的基本原理，指出为社会主义服务的脑力劳动者是劳动人民的一部分，强调在我国造就宏大的科学技术队伍的必要性，彻底驳斥了“四人帮”打击迫害知识分子，破坏我国科学技术事业的种种谬论。华国锋作了“提高整个中华民族的科学技术水平”的报告，强调这是实现四个现代化的直接需要，也是在全国范围内造就有社会主义觉悟的、有文化的亿万劳动者，攀登科学技术高峰的战略任务。大会制定了《1978 年至 1985 年全国科学技术发展纲要（草案）》，表彰了先进工作者和先进集体，号召大家树雄心，立壮志，向科学技术现代化进军。

邓小平同志在开幕式上讲话。他指出，科学技术是生产力；中国绝大多数科学技术人员已经是工人阶级和劳动人民自己的知识分子，是工人阶级的一部分。

全国科学大会的春风吹散了笼罩在知识分子头上的阴霾，彻底摘掉了强加在广大科技人员和知识分子头上的“资产阶级”的帽子，极大地调动了广大科技人员的革命积极性，科学的春天来到了！这一年的 4 月 21 日，经陕西省革命委员会教育局核心小组同意，汪应洛被任命为西安交通大学科研处副处长。10月27日，陈吾愚代表西安交通大学党委在揭批林彪、“四人帮”罪行大会上，对由于林彪、“四人帮”诬蔑交通大学十七年是“黑线专政”，把广大校系干部打成“黑帮”“走资派”“黑班底”“反党反社会主义分子”因此受到迫害的庄礼庭、史维祥、陶钟（机械系）、汪应洛、蔡祖端、王玉璋、胡保生等领导同志予以彻底平反。12月18日至22日，中共十一届三中全会在北京举行，会议充分肯定必须完整、准确地掌握毛泽东思想的科学体系，高度评价关于实践是检验真理的唯一标准问题的讨论，确定了解放思想、实事求是、团结一致向前看的指导方针；果断地停止使用“以阶级斗争为纲”这个不适用于社会主义的口号，作出把工作重点转移到社会主义现代化建设上来和实行改革开放的决策。十一届三中全会是新中国成立以来中国共产党历史上具有深远意义的伟大转折。这次会议从根本上冲破了长期“左”倾错误的严重束缚，开始了系统的“拨乱反正”，端正了全党的指导思想，重新确立了马克思主义的思想路线、政治路线和组织路线，成为新的历史时期的开端。

汪应洛恢复了工作，就又着手恢复管理学科的建设。建设管理学科，汪应洛首先从系统工程开始，把系统工程的一些方法介绍到企业去。“文化大革命”结束后，企业在逐步恢复正常生产，急需先进的科学管理方法。汪应洛在全国机械工程学会恢复活动后的第一次会员大会上做了一个报告，题目是“系统工程在机械工业中的应用”，受到了与会同志的欢迎和重视。系统工程在机械工业部系统很快就推广开来了。汪应洛又给机械工业部司局级领导做了系统工程讲座，受到机械工业部的部长和领导的高度评价。机械工业部副部长陶享咸是西安交通大学老校友，他大力支持汪应洛在机械工业部系统的企业中推广系统工程。西安交通大学有两批人推广系统工程：一批是以胡保生教授为首的自动化系的科研人员，他们从搞自动化转到搞系统工程；另一批人就是汪应洛领导的搞管理学科的人搞系统工程。搞管理学科的人搞系统工程比较重视推广应用，用系统工程方法组织企业生产，提高企业的生产效率和经济效益。自动化专业的科研人员则侧重于系统工程理论研究，叫大系统理论。自动化专业和管理学专业两支科研队伍配合得很好，使得课题研究进展很快。当时全国有五所高校成立了系统工程研究所，西安交通大学系统工程研究所是成立最早的一所，自动化系科研力量较强，学校就请自动化系教授胡保生任系统工程研究所所长，时任西安交通大学科研处副处长的汪应洛任副所长。

那时候，国务院学位委员会有自动化学科组，没有管理工程学科组。搞管理工程专业的汪应洛作为国务院学位委员会学科评审组成员，只好参加自动化学科组。在全国率先搞系统工程研究的五所大学，即清华大学、西安交通大学、上海交通大学、华中工学院、大连理工大学，是全国比较有名的大学，这些大学的系统工程研究所的科研人员觉得系统工程在国际上发展得很快，我国应该加强系统工程研究和推广。汪应洛作为我国管理学科第一位研究生和领军人物，带头建议国务院学位委员会从自动化学科组中分出一个系统工程学科组。汪应洛的论证缜密，论据充分，富有远见卓识的建议得到了国务院学位委员会的认可，在国务院学位委员会中单独设立了系统工程学科组。

作为国务院学位委员会学科评审组成员，汪应洛与著名科学家钱学森有较多的工作联系，聆听过钱学森对科技和管理科学的诸多论述。

早在20世纪80年代初期，时任中国科学院学部委员的钱学森就支持开展系统工程研究。他曾经提出，中国应该发展管理科学，他还自告奋勇地说，假如中国科学院成立管理科学学部，他愿意去当管理科学学部主任。他认为中国需要科学的管理，他非常重视管理学科的发展。当时中国科学院学部的委员们没有接受他的这个建议，但国务院学位委员会的专家们很认同钱学森的思路。由于钱学森的建议，再加上汪应洛等一批管理专业搞系统工程专家的积极推动，国务院学位委员会下面设立了管理工程学科组，把汪应洛从系统工程学科组调去筹建管理工程学科组。汪应洛吸收了一批搞管理工程的教授参加管理工程学科组，考虑到管理和实践的关系很密切，必须取得企业的配合和支持，便请时任国家经委[①]主任的朱镕基任管理工程学科组组长，汪应洛任副组长，两人搭班子把管理工程学科组建立了起来。

管理工程学科的建设经过了一段艰难曲折的过程。汪应洛创造了“管理工程学科”这个名词，是国内外独一无二的。苏联和美国都没有这个名称。因为这个学科是管理与工业的结合，所以称之为“管理工程”。这个学科的建设在国内也经历了一段较为艰难的历程。开始时，人们对管理专业不是很了解，所以也不重视，不大支持。国务院学位委员会主要支持理工科学科建设，对管理学科也不太注重。汪应洛便在各种场合大力宣传管理学的重要性和对工矿企业提高生产效率和经济效益的巨大作用，争取社会各界的支持和重视，同时努力扩大管理工程学科的科研队伍。他觉得西安交通大学开展管理工程教育和研究起步最早，但响应者也就只有清华大学、哈工大等几个工科院校，没有庞大的科研队伍，这个学科是发展不起来的。于是，他便在组织管理工程研究团队上下工夫，想办法，同时努力丰富管理工程学科的研究内容，构建管理工程学科的理论体系。

三、创建管理学门类

1979 年，管理工程学科研究有了一个好机遇：美国政府邀请中国的管理学家去美国访问，与中国学者交流管理工程教育和研究经验。

上海机械学院是隶属于机械工业部的院校，也是钱学森所重视

① 即国家经济贸易委员会，现为中华人民共和国商务部。

和支持的高等院校。他们要办一个系统工程培训班，机械工业部就出钱请美国的麻省理工学院来帮助办这个培训班。钱学森邀请汪应洛去帮助上海机械学院办这个培训班。汪应洛就和上海机械学院一起接待美国麻省理工学院的院长和教授来上海访问。美国麻省理工学院代表团参观了上海机械学院后，汪应洛邀请代表团到西安交通大学来参观。代表团参观了西安交通大学以后，对西安交通大学的管理工程教学和研究很感兴趣，同时也看到了中国这个广阔的市场，于是便联合了美国麻省理工学院、哈佛大学、斯坦福大学、宾夕法尼亚大学、印第安纳大学五所大学的管理学院，联合邀请中国派一个管理学家代表团去美国访问，与中国管理学界进行交流，同时了解一些中国的国情。

汪应洛和上海机械学院就组团赴美国访问一事向机械工业部作了汇报。这是改革开放以来，机械工业部第一次组织代表团出国访问。中央很重视这次出访活动，出面组建了名义上的“中国管理学家代表团”，实际上主要是国家重要专家参加的赴美访问代表团，团长由国务院秘书长、国家计委主任薛暮桥担任，他是中国最重要的经济学家。副团长是中国社会科学院院长马洪。代表团成员有汪应洛、上海机械学院一位外语专业的副院长、中国人民大学王嘉谟、武汉大学一位从哈佛大学毕业的学经济学的吴教授；其他人员都是中央安排的，有中央办公厅的梅益、国家计委几个研究所的同志。国家计委外事局局长担任代表团的秘书，负责对外联系。代表团的整体工作都是国家计委的同志担任的。实质上，国家是要借此机会了解美国的企业和管理情况，了解美国的经济情况和美国大学的管理学教育情况。美国政府对中国这个代表团也比较重视，除了安排代表团参观访问了五所大学之外，还安排总统经济顾问和科学顾问与代表团会面。

通过这次赴美访问，汪应洛对美国的经济发展状况和美国高校管理教学情况有了较为全面的了解，为发展我国管理工程学科增加

1979 年，中国管理学家访美代表团在
美国国会大厦前合影（前排右一是汪应洛教授）

了不少感性认识，吸取了许多经验。美国斯坦福大学有一个战略研究所，是一个为国家服务的科研机构，通过参观这个研究所，汪应洛感到，作为一个国家或者企业的管理者，必须要有战略眼光，要有战略意识，这是非常重要的。美国麻省理工学院有一支很强的研究系统工程的科研队伍。他们强调学科交叉，管理学和工程学结合得很紧密。宾夕法尼亚大学是美国管理学研究领域经济实力比较强的大学，它注重管理要和经济密切结合。这次访问，使汪应洛对美国高校管理教育有了比较深入的了解，对这个学科教育的方向、课程设计、跟企业的关系都有了较为全面的认识，为发展我国管理学科打下了良好的基础。

在汪应洛的领导下，西安交通大学管理工程教学科研有了长足的发展。这个学科得到国务院学位委员会的认可后，得到了教育部的专门经费。西安交通大学管理工程学科拿到了第一个教育部重点学科。有了教育部重点学科，就有了教育部重点经费的支持。复旦大学的管理学把运筹学、数学都摆了进去，有他们的特色。他们找到汪应洛，希望参加到管理工程学科组里来。汪应洛表示欢迎，他希望扩大管理工程学科队伍，扩大学科交叉。复旦大学的运筹学科研力量是很强的，他们把管理学称为管理科学。复旦大学加入管理工程学科组后，汪应洛就把管理工程与管理科学合并，称为管理科学与工程。因为我们国家进行学科设置的时候，许多学科用“科学与工程”的称谓，如计算机科学与工程、自动化科学与工程等，使用“管理科学与工程”这一称谓，提高了管理学的理论水平，在学科建设上跨出了一大步。

管理科学与工程学科的建设，加强了学科组与朱镕基同志的联络，也加强了学科组与国家经委的联络。朱镕基同志担任学科组组长，但他工作忙，学科组的许多事情他难以亲自参与，具体工作由汪应洛负责。朱镕基同志非常支持学科组的工作，他专门召开了一次会议，安排和研究管理科学与工程学科组的工作。国家经委开会，也把学科组的成员请去，专门给学科组一批经费，帮助国家经委研究有关课题。这样，管理科学与工程学科组的学科建设把高校和经济建设部门联系了起来，取得了双赢的好效果。

1998年，国务院学位委员会管理科学与工程学科评议组全体成员合影

汪应洛抓管理科学与工程学科建设，取得了显著的成效，起到了表率与示范作用，其他高校都纷纷跟进，系统工程、工商管理几个学科也都建立起来了。这样，管理科学与工程学科就发展得非常迅速，引起了文科管理学界同志的羡慕，因为他们没有这个条件，没有得到这样的支持。

管理科学与工程学科建设也经历了一些曲折。有一段时间，为了走国际化道路，自1983年开始，根据中国－加拿大管理教育合作项目，在教育部的领导下，西安交通大学与加拿大阿尔贝塔大学进行管理教育交流和联合培养管理专业研究生。1983～1987年为第一执行周期，由加拿大国际开发总署资助经费，西安交通大学管理学院派出大批年轻教师出国进修或攻读学位，获得了一批计算机、缩微复印设备、缩微胶片和图书，并成立"中－加联合培养博士生（西安）中心"。加拿大八所大学同中国八所大学进行对等交流。西安交通大学同阿尔贝塔大学等五所大学建立了联系。另外，鉴于自身的潜力和特点，西安交通大学管理学院又同加拿大很有名的滑铁卢大学建立了合作关系。滑铁卢大学有系统工程系，当时我们国内只有西安交通大学有管理工程系和系统工程研究所，尽管这次中国与加拿大管理学院合作项目中没有系统工程项目，西安交通大学管理学院还是借此机会同滑铁卢大学建立了合作关系，扩大了合作范围。同加拿大的合作教育培养计划执行五年完成后，西安交通大学管理学院又同加拿大进行了五年研究合作项目，直到现在，还同阿尔贝塔大学进行一些项目的合作研究。

教育部、商务部与加拿大国际开发署设立的联合帮助中国培养管理人才项目，西安交通大学管理学院是中方几所大学的联系学校，汪应洛是中方这个项目的联系人。加拿大方面的负责人是麦吉尔大学的克若斯坦教授，他是美国麻省理工学院毕业的，与被誉为"中国麻省理工学院"的西安交通大学管理学院的院长汪应洛有特别密切的关系，所以几个大的项目都是在西安交通大学进行的。

20世纪90年代末，中国－加拿大国际管理学术会议在西安交大召开，加拿大驻华大使、教育部代表团等出席大会（左一为汪应洛教授）

汪应洛为了促成这些事情付出了很大的努力，但家里的事情就基本顾不上了。有一次，张娴如受凉害腰疼，躺在床上起不来。汪应洛回到家里，说他要乘飞机去加拿大，马上就走。张娴如说："你看我是这样，躺在床上起不来，你走了我怎么办？"汪应洛一边收拾行李，一边给张娴如解释。由于事情急迫，张娴如也没听清汪应洛说了些什么。她心里想，学校同加拿大正在搞教育合作，这是大事。汪应洛是这个合作项目的主要主持人，他不去是不行的，不能因为自己有病耽误了学校的大事，于是就向汪应洛说："你放心去吧，我自己会想办法照顾自己的！"面对张娴如的大度和体谅，汪应洛感到内疚和不安，他简单安排了一下家里的事情，便急匆匆地赶往机场去了。

中加联合培养博士班，为全国各学校培养了约100名博士。中加合作的一个国际学术会议，也是在西安交通大学召开的。加拿大很重视这个会议，加拿大驻华大使亲临现场参加会议。中国和加拿大的合作交流对西安交通大学管理学院初期的发展产生了很好的作用，西安交通大学管理学院当年的许多教师都去过加拿大，大多数去阿尔贝塔大学，还有一些去过滑铁卢大学。滑铁卢大学为西安交通大学培养了好几位博士。学术交流促进了西安交通大学管理学院的快速发展，加拿大的教授们称赞西安交通大学的发展速度比他们快，教学设备比他们好，比他们先进，学院规模也比他们大。

20 世纪 80 年代中期，汪应洛教授（右一）访问加拿大阿尔贝塔大学与该校校长在一起

但是，有一段时间，在国内政治气候的影响下，有人说管理教育崇洋媚外，不从中国实际出发，没有为中国的经济建设服务。这种声音一度还不小，教育部的有些领导也有这样的看法。汪应洛便组织了一个专门调查组，调查各个学校在管理教育方面所做的工作。经过一年多时间的细致调查研究，认为这种做法不是崇洋媚外，而是在学习国外先进经验，结合中国实际情况开展管理科学教育。调查组写了很厚一本调查报告呈送教育部，得到了教育部的认可，为高等院校管理教育摆脱了枷锁。因为教育部的个别领导对高校管理教育开展国际交流有看法，就会影响一些学校的领导，一旦学校领导对管理教育产生怀疑，势必影响这门学科的建设。这次事件的妥善解决，使各兄弟院校对西安交通大学管理教育的方向和成果更加认可和支持，汪应洛领导的教育部大学本科管理工程教学指导委员会和国务院学位委员会管理科学与工程学科组两大组织，都得到很

大的发展，全国有 100 多个学校都开展了这个学科的教学研究。

在管理学发展史上，理工科的管理教育与文史类的管理教育是各有侧重点的。理工科的“管理科学与工程”学科发展起来后，文科类的管理教育的同志来找汪应洛，希望加入到“管理科学与工程”学科中来。为了解决这个问题，汪应洛设想成立一个管理学门类，把理工科的管理教育与文科类的管理教育结合起来。

成立一个新学科门类是很困难的，国家学术界总共只分 11 个门类，工科包括许许多多的专业，也只算一个门类。要把管理学发展为一个门类，确实是不容易的。随着社会的发展，管理的重要性越来越突显出来，发展管理学既是百年大计，又是当务之急，汪应洛决心推动创建管理学门类。汪应洛找教育部的有关同志商议，他们觉得设立管理学门类这件事有可行性，但教育部办不了，他们没有这个权力来解决这么大的事情。汪应洛给时任国务院副总理的朱镕基写信，陈述自己的观点和请求。朱镕基比较了解管理学科的情况。汪应洛还给时任国务院学位委员会主任、教育部副部长李岚清写信，希望得到他的支持。李岚清是复旦大学管理系毕业的，对管理学的发展现状和远景比较了解。

在朱镕基和李岚清的支持下，国务院学位委员会同意设立了管

1994 年，汪应洛（前左四）与第四届中 – 加联合培养博士生合影

理学门类。在汪应洛的倡导和努力下，中国学术界的 11 个门类发展成了 12 个门类，管理学在国家学术界的地位显著提高。国务院学位委员会成立了管理学门类，不但使管理科学与工程进入了这个门类，后来工商管理及新兴起来的公共管理、农林管理、情报资料管理也都进入了这个门类，后来信息管理发展起来以后，给管理学门类增加了很好的内容。汪应洛推动创建的管理学门类，为我们国家的管理学发展开辟了一个广阔的天地。国家对管理学门类给予了高度重视和大力支持，建立了一些重点实验室。管理学科的发展对国家的经济建设发挥了很大作用，也为国家培养了一大批高级管理干部。陈德铭担任陕西省省长，他专门到西安交通大学来看望汪应洛。陈德铭是汪应洛的同行好友，南京大学管理学院院长周三多的博士生。

四、重建交大管理学院

为了给国家培养高层管理人才，汪应洛积极推动在大学成立管理学院。朱镕基同志一次在出国访问同外宾谈话时说道："我们国家最需要什么？我们最需要管理，需要管理，需要管理！"一连三次强调"我们需要管理"。朱镕基的谈话与汪应洛力求发展管理学科的思路完全一致，所以他极力向教育部陈述理由，推动我国成立管理学院，加快培养高级管理人才的速度。1984 年国家批准成立了 10 个管理学院，西安交通大学管理学院名列其中。汪应洛担任了西安交通大学管理学院首任院长。

汪应洛为西安交通大学管理学院做了一系列奠基性制度建设、办学条件建设工作，制定了遵循的校训：精勤求学，敦笃励志，果毅力行，忠恕任事。确定了学院使命：以创造和传播管理知识为己任，致力于为中国培养追求创新、富有社会责任感、具有国际视野的杰出管理人才。设计了学院发展宏图：未来我们要成为世界知名的管理学院，在管理研究方面处于前沿地位，在管理教育方面成为人才向往的地方，在社会服务方面更具有影响力。

汪应洛筹办管理学院，坚持三条办院理念：第一，着眼培养高层次管理人才；第二，加强理论研究，提高管理学科理论水平；第三，面向实际，开展社会服务。他认为，要培养高级管理人才，就要用符合我国实际情况的科学的管理理论开展教学，教给学生科学的管理方法。而具有中国特色的科学管理理论和管理方法需要不断地探索、研究和升华，因此，加强理论研究是管理学院能否健康发展的重要一环。同时，理论与实践结合是发展管理教育的必由之路，管理科学与其他理工学科不同，许多成果不是在实验室里能做出来的，必须通过社会实践来发挥它的作用，实现它的价值。

西安交通大学管理学院坚持与时俱进、开拓创新的办学理念，因此始终站在管理学科发展的最前沿。汪应洛注重学科发展，不断开拓新的研究领域。管理学院刚开办，汪应洛就以系统工程作为学院的研究重点，接着，学院开始研究决策理论、研究决策方法和决策支持系统。博士生席酉民研究决策理论取得了很大的成绩，李怀祖教授在决策理论研究方面也有很大建树。到了20世纪90年代，国际上出现了一种新情况，不少大型企业面临危机，甚至濒临破产。美国的王安公司是全球很大的电脑公司之一，创办者王安是交通大学校友。它原来的规模很大，但后来就不行了，基本上破产了。IBM公司是国际上有名的大公司，也一度面临危机，逼得它不得不转型。英国一家很大的银行也破产了。为什么一个很有实力的企业会很快倒闭呢？许多学者认为，主要是国内外形势发生了变化，环境发生了变化，这些企业的发展战略没有跟随形势的变化而变化，导致衰败或破产，所以，西安交通大学管理学院适应社会潮流，从20世纪90年代开始把研究重点转向发展战略研究，提出了“柔性战略理论”，其要害是企业发展战略不是刚性的，不是一成不变的，要随着形势的变化而变化。李垣教授在这一研究领域取得了卓越的成果。西安交通大学管理学院研究大数据，又是一次新的开拓创新。在大数据领域的管理问题研究方面，西安交通大学管理学院在国内是开展得比较早的，起了引领这一学科发展的作用。21 世纪开始，西安交通大学管理学院提出了“服务型制造”这个新概念，研究制造业和服务业融合发展的新课题。“服务型制造”是西安交通大学管理学院在国内最先提出来的。汪应洛认为，服务一方面是为人民群众的生活服务，同时也要为产业服务，为工业服务。中国最大的工业是制造业，为制造业服务，会有一个比较宽阔的发展道路。制造业与服务业相融合，既能推动现代服务业的发展，又能推动现代制造业的发展。刚开始人们对服务型制造理论还不太能理解，现在大家都基本上认可这一理论了。国家“十二五”发展计划也提到这个理论。机械工业部对服务型制造理论尤为重视，并大力加以推广应用，他们把服务型制造称为制造服务业，其本质是一回事。

在学科建设中，汪应洛重视学科交叉，他提出“学科交叉，知识融合，人员交流”的新思路。在西安交通大学管理学院中，有数学家，有计算机专家，有机械、电子类教授，大家合作攻关，有利于出成果。汪应洛要求管理研究人员既要精通管理专业，又要懂计算机技术，熟悉数学、运筹学等学科，要融合多种知识，成为复合

汪应洛（前左三）与西安交大首届 EMBA 专业学位研究生合影

型人才。西安交通大学管理学院有一大批复合型人才形成的研究团队，因而成果倍出，始终走在管理学科研究的最前端。

西安交通大学管理学院注重人员交流，从不闭关自守，同电子信息工程学院、数学与统计学院等经常进行人员交流、学术研究合作，吸取其他学科的最新知识和科研理念。通过人员交流，促进了学科交叉。西安交通大学管理学院与加拿大进行教育合作，对国际的金融体系、国际的会计体系有了比较多的了解。深圳在全国实行改革开放，需要具备这方面知识才能的人才，西安交通大学管理学院有的毕业生掌握这些知识，所以深圳非常欢迎西安交通大学的学生。

五、培养首位管理学博士

西安交通大学管理学院一成立，就承担了国家经济委员会培训全国厂长的任务。

中国大型企事业单位的领导，新中国成立初期不少是老革命、老干部，后来许多工科院校的毕业生进入了企业领导阶层，他们都不大擅长企业管理，制约了企业管理水平和经济效益的提高。汪应洛以管理学者的视角，看到了中国企业存在的缺陷，便在国家教育部的有关会议上，提出了从工程技术人员中培养企业领导者的建议。他的建议得到了有关部门的响应，国家经济委员会成立了全国厂长培训委员会，由国家经济委员会主任担任培训委员会主任，汪应洛担任副主任。在全国第一批管理学院成立后，汪应洛就极力促成各管理学院承担了全国厂长培训任务。西安交通大学管理学院在全国厂长培训工作中起了引导和示范作用，在国内外产生了很大影响。西安交通大学管理学院也为学校的发展提出了不少建设性意见和改革方案，受到学校领导和广大教职员工的重视和支持。1984 年，西安交通大学管理学院获得管理科学与工程一级学科博士授予权。1985 年学院建立经济管理系，招收技术经济专业本科生，管理工程系招收管理信息系统专业本科生。1986 年经济管理系招收工业外贸专业本科生。1987 年，管理学院培养出我国大陆第一位管理工程博士席酉民。1988 年经国家教委批准，学院管理科学与工程被评为国家重点学科，同年学院成立了旅游管理系，招收旅游管理专业本科生。1993 年学院成立工业工程专业，招收本科生。1994 年学院设立国际金融专业，开始招收本科生，同时招收首届会计学专业本科生。

汪应洛培养的中国大陆第一位管理工程博士席酉民，于 1996 年接任汪应洛成为西安交通大学管理学院第二任院长。席酉民成为我国管理工程领域最年轻的博士生导师，其后多次赴加拿大、美国、新加坡、日本等国及我国香港、澳门、台湾等地区开展合作研究与讲学，主要从事战略管理及政策分析、决策与决策支持系统、管理

20 世纪 90 年代初，汪应洛（右）与他培养的中国内地第一位管理工程博士席酉民在一起

行为与企业理论等领域的研究和教学，于 1987 年创立了和谐理论，并将其扩展成和谐管理理论。席酉民已培养硕士、博士生 100 多名，研究工作先后获国家教委“优秀青年教师基金”、“跨世纪人才重点跟踪支持基金”、国家自然科学基金委员会“优秀中青年人才专项基金”、“国家杰出青年科学基金”、“国家优秀创新团队基金”等的支持，主持和参加各类科研课题 60 余项，其中国家攻关、重大、重点项目 30 余项，出版学术著作 20 余部，在国内外学术期刊发表论文 300 余篇，曾获省部级以上科研成果奖 10 余项，并获得“做出突出贡献的中国博士学位获得者”、“全国优秀留学回国人员”、“国家级有突出贡献中青年专家”等荣誉称号，以及“中国青年科技奖”、“中国青年科学家奖”等综合性奖励。席酉民现兼任国务院学位委员会管理科学与工程学科评议组召集人、教育部工商管理教育指导委员会主任委员、教育部科技委委员兼管理学科部常务副主任、全国 MBA 教育指导委员会委员、国家自然科学基金委员会工商管理学科评审组组长、中国系统工程学会副理事长、中国管理现代化研究会副理事长、中国企业现代化研究会副会长，西安市人大常委，兼任《管理学家》（实践版、学术版）主编以及多家学术期刊编委等。席酉民曾任西安交通大学副校长，现任英国利物浦大学副校长、西交利物浦大学执行校长。

对于恩师汪应洛，席酉民在《我心中的汪老师》一文中情真意切地回忆了他近 30 年间受教受益于恩师的点点滴滴，读来让人感悟良深，获益良多。

我心中的汪老师

席酉民

回顾投奔师门的历程，在今天这个纪念和感恩的特殊日子里，汪老师在我心目中丰富多彩的形象，已经完全超越了我用语言所能表达和描述的极致，无奈之下用10个词素描了我心中的感受，与同门共勉。

客　观

我第一次知道汪应洛这个名字是在1981年西交大研究生招生简章上，第一次听到汪老师声音是在该年年底西交大向考生介绍政策之时。因为是外校考生和去得晚，只能站在当年行政楼401门口外聆听交大领导的激情演讲，快结束时，洪亮、铿锵声音透露的信息让我心凉，“我们了解交大考生，即使交大学生比外校考生低20分，我们也会选择，因为我们知道他们的功底”。我随即问旁边学生，这位讲话的领导是谁？“汪应洛”，这三个字令我心头一震，心想这次完了，因为他就是我选择的导师。然而，令人欣慰的是，尽管汪老师主观上相信交大学生，但却尊重客观事实，因为他首届招收的两位管理系统工程硕士生均来自外校，一位是我，一位是来自福州的郭克骄。

敏　锐

回顾汪老师一生的研究兴趣，有一点令人敬佩，那就是他始终以敏锐的目光捕捉着学科前沿。20世纪80年代，系统工程刚刚兴起，他不仅密切关注、深入研究、积极推广，而且将之与管理相结合，因而有了我们报考的管理系统工程专业，这在当年对很多人来说是非常陌生的名词，包括我们这些来自全国30多位报考的学生。我们可从生产组织管理、系统工程、管理工程、先进制造、知识经济、物流管理、服务外包，……这一系列知识演进的浪潮中，始终发现汪老师敏捷的身影、聆听他智慧的观点。

博　大

真正的大家不仅需要敏锐，更需要博大、高远，他们创造条件、把握机会。在我硕士研究生阶段，汪老师不仅研究和传播系统工程和管理工程，而且将之运用于中国许多具有重要影响的经济社会活动，如山西能源基地战略研究、国家教育发展战略研究、2000 年中国研究、三峡工程的评价与决策等。我有幸在硕士阶段就被他派往国家科委参加三峡工程研究，在博士阶段被派往国务院发展研究中心参与南海油田开发研究，等等。他这种大局观、大视野观不仅为国家作出了巨大贡献，也为学生提供了站在国家和国际高度学习和研究的机会，以及整合资源的条件和施展才能的舞台，使学生迅速进入科学前沿、健康成长、受益终生。

领　先

1984 年，我在天津与从南京开完会转道而来的汪老师见面，得知了经过国务院学位委员会评审、投票，西交大获得中国大陆首个也是当时唯一的管理工程博士点的喜讯，当时，身为副教授的汪老师也成为中国首位、当时唯一的管理工程博士生导师。记着我当时面临出国和留在国内工作的选择，汪老师的喜讯和鼓励使我决定留下来，开始了攻读和争取中国第一个管理工程博士的奋斗历程。也正是这一选择和汪老师给我创造的在国家科委、国家计委、国务院发展中心工作的机会以及汪老师和李老师的精心指导，才有了和谐管理理论的创立，有了我今日的事业路径。

宽　容

汪老师不仅是常身处领先地位、敏锐的学者，同时也是系统工程和管理工程的积极实践家，睿智、宽容的领导者。他在创建了西交大管理工程系、经济系之后，于 1984 年恢复了管理学院建制，作为首位院长，为西交大管理学科的领先地位奠定了扎实的基础；作为学校副校长，为学校发展奔波、争取机会和资源；作为众多学术组织的领导者、召集人，严于律己、宽以待人，赢得了同行的尊重和爱戴。在这一项项骄人成绩取得的过程中，使我感受最为深刻的是他的宽容和包容，有时在我看来甚至原则不够，但恰恰是这种宽容，造就了学术队伍的多样性，成就了知识组织的有效性以及融入其中的创造性。

智　慧

为了学校和学院事业以及学科发展，他长期不辞劳苦地奔波。超负荷的拼搏使汪老师1994年在京不幸中风，处于深度昏迷中。好在抢救及时，度过生命危险期。我第一次去京看他时，他一点知觉都没有。但他旺盛的生命力，使他奇迹般地从昏迷中恢复了过来，在后来的机能训练中进步很快，特别是智商测验时，令医师感到困惑的是，他虽然因脑部出血机能受损，但还处于恢复阶段的汪老师的智商已高过常人。汪老师的智慧仅此可见一斑，更不用说其事业发展过程中一次次明智的决策和出众的贡献了。

富　有

对不少人来说，财富意味着金钱。汪老师在金钱上不算富有，但我认为汪老师是最富有的人士之一。一方面是他对我国系统工程、管理科学学科发展的贡献是再多的金钱也难以比拟的；另外他对这些学科的推广、应用和教育的贡献和价值更是难以估量的；还有在座的来自全国各地、奋斗在各条战线上各位出色的弟子以及未到场的受汪老师启迪、影响成长起来的各界人才，不仅自身在为国家和世界创造着财富，而且通过自身的地位和作用放大着贡献和影响。从中我们不难体会到汪老师所拥有的财富！

责　任

一场大病，对很多人来说会改变人生价值观和生活观，更多地注意享受和保健。但我们看到的汪老师在腿脚不便的情况下、在近80高龄之时，还经常奔波于中国各地，参加各种各样的重要科技活动和国家咨询及政策分析，还在为他所心爱的学科、他所创建的管理学院呕心沥血。这些他所钟爱的事业的任何一次波动，都会令他不安和焦虑，他都会倾尽全力和心血为之保驾护航。这种责任感在这个日益浮躁、功利的年代更弥足珍贵，应是我们后辈永远学习的榜样！

淡　定

全球化和科技飞速发展的世界，似乎催生着浮躁、功利，幸福感降低；而科学、全球竞争力、幸福人生，更需要淡定、不断努力、理性面对功利、平静应对各种波澜。这不仅需要实力，还需要智慧，更需要修炼。汪老师成功的人生，与张娴如老师幸福平静的生活，让我们深深感悟到其背后的功力。身为后辈，从汪老师和张老师的幸福、成功的人生中，能够学习、感悟的宝贵财富太多，自我提升永无止境！

常　青

汪老师虽已高龄，但每次当我与他闲谈和交流时无不感到他思维敏捷、对新事物的关注和热情、观念上时尚、思维上的不断创新。作为年轻人，我们常常自叹不如。作为晚辈，我们对汪老师这种状态感到高兴，也深知与先生相比，活到老学到老的真正意义！历历在目的学习和生活片断，殷殷入心的师生情谊，使我为有这样的恩师而自豪和庆幸！在他老人家80诞辰之日，请允许我说一句一直以来想说而没有直接表达的肺腑之言：汪老师，谢谢您，您是我终身的楷模！衷心祝愿汪老师与张老师身体健康、幸福长寿，继续演绎夫妻恩爱、其乐融融的美丽画卷！

同时，真诚希望师弟、师妹们以汪老师为榜样，事业有成、幸福快乐！

六、儒雅夫子工作狂

汪应洛在单位日理万机，回到家里也忙个不停，是一位十足的好丈夫、好爸爸。他是一位慈善和蔼、细心能干的人，在家里，做饭洗衣，辅导孩子，家务杂事，样样都干。他做得一手好菜，连作为家庭主妇的张娴如也自叹弗如。孩子们都喜欢吃他做的菜。亲戚朋友来家聚餐，汪应洛和张娴如一同下厨操刀。客人们称赞好吃的菜，都出自汪应洛之手。张娴如说，汪应洛炒菜干脆利落，快捷灵活，火候掌握得好，又善于巧用味精，所以绿翠鲜嫩，美味可口。自己炒的菜往往比较烂，难以得到孩子们的青睐。所以日常做饭中高技术含量的活，全被汪应洛包揽了。

汪应洛受儒家思想影响，崇尚中和之美，说话做事从不走极端。张娴如问他："我过去的脾气挺坏的吧？"他轻淡地说："还行！"张娴如又说："我现在的脾气好多了！"他微笑着说："不错！"张娴如心里琢磨：他能说我过去的脾气"还行"，肯定是不大好了，看来今后还得多加改正。张娴如看他整天忙里忙外，心疼地问："你累吗？休息休息！"他说："还行！"他从来没说过自己累，在他的言辞里，没有"累坏了"这样的话。他评价别人，总是多看他的长处，一分为二，大多是"还可以"、"不错"之类的评语，没有"这人好得不得了"或"这人坏透了"之类的绝对言辞。教育孩子，总是正面引导，很少严厉批评。有一次，儿子不小心摔坏了一个热水瓶，当时热水瓶是家中的值钱之物，他没有责怪孩子，而是关切地问："烫着了没有？没烫着就好！"闯了祸的孩子本来心中很胆怯，看到父亲这样关爱自己，从此做事就更加小心谨慎了。

严于律己，宽以待人，使大家都觉得汪应洛可亲可敬。

有一次，张娴如对汪应洛说：“咱家那个钟点工干活大大咧咧，不仔细，你看这个地方都没有擦干净！”汪应洛说：“你不要责怪她，就说这个地方要擦一擦就行了嘛！”第二天，张娴如告诉钟点工：“把这个地方也擦一擦。”钟点工很不好意思地说：“我怎么把这个地方漏掉了，不好意思！”以后她打扫卫生时，再也没有发生留死角的现象。

对于孩子，汪应洛既不严厉批评，也不无原则地溺爱，总是循循善诱，正面引导，启发他们的自觉性。“文化大革命”中，学校停课了，他就教育孩子自学，引导孩子读《十万个为什么》等健康有益的书籍。他让孩子在墙上贴着中国地图、世界地图和中国历史大系表，使他们耳濡目染，获得多方面的知识。他教育孩子不要死读书，要独立思考，举一反三，抓住要害，融会贯通。他关心孩子，但不迁就孩子，注意培养孩子的独立生活能力，让他们靠自身努力创造好的前途。受大人的影响，两个孩子从小就很懂事。张娴如坐在小凳子上在搓板上费力地洗床单，儿子看见了，就过来说：“妈妈你别洗了，我来洗！”张娴如说：“你还是去看书吧，你的时间宝贵啊！”儿子说：“洗衣服正好让我换换脑子……”

儿子考研究生时，与他的同班同学一起考西安交通大学的同一个专业，但两个人中只能录取一个。儿子各门功课都及格，达到70多分，属于中等成绩，而他的同学有“99”，却有一门不及格。两个人难分高低，究竟录取谁就看领导的态度了。当时汪应洛任西安交通大学科研处副处长，分管研究生工作。他没有录取自己的儿子，而是录取了儿子的同班同学。张娴如对此有些想不通，但汪应洛已经这么办了，她也没办法，就希望在学校研究生扩招时，顺理成章地把儿子招进交通大学。后来，汪应洛让儿子考到上海去读研究生，一方面免去了不必要的嫌疑，另外还可以让儿子照顾远在上海的奶奶。汪应洛有好几次机会可以调回上海去照顾老人家，但为了管理教育事业，他屡屡放弃了调回上海的机会，对没能更多地侍奉老人心存诸多愧疚。他让儿子考到上海读研究生，顺便照顾老人，使自己的心里得到了安慰。

儿子汪时奇写了这样一篇文章：

家　父

在我的记忆中，家父一贯正直、慈祥、关爱、真诚、宽容、善于启发、勤于鼓励、从不打骂责罚。

在我的学生期，与虎妈相反，家父从未逼迫学习，从未具体检查作业，始终注重培养兴趣，鼓励每一思想火花。

托幼时期，印象中的爸爸非常忙碌，我只能全托（仅星期日回家）。即使寒暑假在家，也少有父母陪伴，他们常工作至深夜方归。

早先，家住交大分配的 3 大间一套公房。而后，主动搬到 2 大间一套。爸爸的解释是，大公房应让给人口更多的人家居住。这给我启蒙了正直与关爱。

小学时，家父鼓励我看《十万个为什么》，并时常诱导我思考生活中的种种为什么。

电视剧中父母帮作业、关屋逼读等状况从未发生于我身上。于是，我既有好成绩，又有快乐童年（“文化大革命”的灾难除外）。

“文化大革命”初期，父亲被打成“走资派”，关进“牛棚”，我也成为“黑五类”子女，饱受磨难。但父亲从未放弃希望，带领全家坚持下来，并在坚持中从未中断学习、进取。

我和父母在一起的日子大多数在“文化大革命”中（其前尚幼，且全托较多；其后下乡当知青，接着大学、上海读研、工作，而后出国至今）。这期间，我也看到了父亲在逆境中的乐观的人生观。父亲常主动做家务，尤其是在大家都很累很苦时。

中学时，正当“文化大革命”之艰难岁月，家父买给我中国历史大系表、世界地图及中国地图，并建议我将大系表贴在床边，将两地图贴在卧室。久而久之，极大地丰富了未来的学习、工作与生活。

家父尤其注重我的独立思考能力。于是，我也养成了独立思考的习惯，一般不硬抄黑板，而是用我自己的简洁语言与符号记笔记（插：以至于别人无法抄我的笔记）。这也使对多数人来说枯燥的课堂成为我的乐趣源泉之一。例如，平行线8个角，我只记“小角互等，大小角互补”，而不理会内错角、外错角、同旁内角、同旁外角等名词及其相关定理。

大学时，家父强调不轻信书本及师言，独立思考，要有开放性思维、创新思维。这些使我终身受益。例如，自万有引力定律，我举一反三，认定两点作用必与距离平方成反比，并与各点强度成正比。这就涵盖了电力定律、磁力定律、光学基本定律等所有两点作用定律。而后，经场论充实，又推展到点与线、点与面、线与线、线与面、面与面等物理作用规律。又如，机械原理等工程课程中，满黑板的推导变成我笔记中寥寥几个张量符号。

大学毕业后，我虽离开家父，但开放性创新思维已深入骨髓。这使我得以在硕士生期间，发表学报论文，得发明奖。甚至在教课时，也教点创新思维及写论文的技巧。

我和妹妹都出国后，家父依然关心我们及家人的工作与生活，甚至在中风后，也未及时通知我们，唯恐影响我们的工作与生活，直至病情稳定后方告，且不要求我们中断工作及时回国。后来家父得肠癌做手术，也在病情稳定后告知，一如既往。

这些大恩大德，这些高风亮节，令我终生难忘。

汪应洛祖孙三代其乐融融

在女儿汪时华眼中，汪应洛是这样的爸爸：

父亲给我的印象是博学、慈爱、豁达、乐观。

父亲一有时间就读书或写东西。他读书过目不忘，又总能通过图书馆系统和其他途径找到书，所以读了很多书。

父亲对物质生活要求很低，但对书和仪器却会想尽办法去收集。1979年，父亲得到一个在美国进修学习的机会，这也给了他一个收集到大量书籍的机会。那时物质极贫乏，多数人用出国的机会买几大件几小件，而他带回最多的是书和一个便携计算机。为了带那些厚重的书腿上被磨破一大块皮。再说这功能极低的计算机，让妈妈和我学会并爱上了编程。

父亲始终保持严谨的治学态度。在进行山西能源规划的课题时，不知多少次赴山西煤矿调查收集数据，连春节和元旦都顾不上回家。父亲平时看起来很优雅，而工作却充满拼搏精神。父亲是典型的并行思维，可以同时做几件事还互不干扰，所以效率特别高。这也使他特别忙，一星期出差两三次是家常便饭。在家时也总是早出晚归，回到家又总是有人等着谈工作。即便这样他还是能挤出时间读书和写论文或书稿。

父亲忙的程度不亲眼看见很难想象。他72岁时到美国加利福尼亚州参加学术会议并访问几所大学，大约一周时间，因日程紧我全家不得不请假去和他团聚。许多以前的学生也准备好迎接，有些还远程飞来。可会议还没结束就接到国内的电话要立刻回国，以至于很多人没能遇上他。对父亲的学生而言这可能习以为常，而我的一位不认识父亲的朋友惊讶地说："这样的日程别说72岁，就是27岁也吃不消啊。"

父亲写作的速度也是飞快。据他自己说他一般清早5点多就会醒，他很喜欢在这时思考，所以动笔时已想成熟了。

父亲不重名利，评奖金时常把最高级别让给别人，他总会看到别人做了许多工作，而我常听到他的同事们说父亲的贡献是别人不能比的。

父亲担任副校长时，按规定可以分到更好的住房，但他和全家商量说我们现在住的已经不错了，现在好房子有限，我们让出一套就多一家能住。我们全家也一致同意。我们家里经常谈到的都是别的教师住房和生活条件如何差，希望他们的条件能得到改善。然而，当时我同事到我家都为一个副校长的住房如此简陋而惊讶。

父亲豁达乐观。“文化大革命”时父亲作为“走资派”住“牛棚”，很久才能见一次。但每次见面爸爸都是乐呵呵的。我竟然还感到很新奇，强烈要求住在爸爸的“牛棚”里，直到长大后才知道当时的恐怖。在一次体检查出有囊肿后医生说是重撞引起的，父亲很多天后才想起“文化大革命”挨批斗时被人踢过。父亲从不记仇，所以总有着轻松愉快的心情。同样，工作再忙，他也不觉得有压力，于是工作对他来说是享受。也正因为这种豁达乐观，使我们家中始终充满了温馨和融洽。我好像从没听到父母吵过嘴。

父亲志向高远，胸怀大度，即便对损害过他的人也照样重用，父亲认为每个人都有其长处，把这些长处都汇聚起来，就能为祖国建设和科技发展作出更大贡献。

父亲非常注重培养和提拔年轻人，让他们尽早成才，这样能最有效地发掘出他们的潜力。他从没担心过年轻人会取代自己的地位。相反，他早早从领导岗位退下让年轻人担纲，这不仅加快了社会发展进程，也使他所在的西安交大管理学院的年轻人更早进入领导层并在学术上焕发异彩，成为同龄人中当之无愧的佼佼者。

父亲一贯的宽容和对人的信任也延伸到家里。他从不打骂孩子，然而他的勤奋好学、善良正直、严于律已、宽以待人的品格为我们树立了榜样。他鼓励我们独立思考，鼓励创新，并培养我们吃苦耐劳的品质。这些都使我们终生受益。家里的气氛总是民主宽松的，从我小学四、五年级开始，家里的钱粮都是我代管的，我高考的志愿也都是自己决定的。

父亲待人诚恳，不分高低贵贱。他对司机，对修理工都很尊重，并尽量减少给他们添麻烦，因此，他们也对父亲特别好。做副校长时，有农民科技爱好者来求助，父亲虽然无法给予物质帮助，却也认真听其讲述并给以参考意见和鼓励。

对于同事，汪应洛总是宽大为怀，能以博大的胸怀团结一切能够团结的人，包括反对过自己的人及自己的竞争对手，组成尽量庞大的团队，共同发展我国的管理教育。

管理教育一度不被一些人所重视，甚至有人说“汪应洛搞的那一套不算科学”，汪应洛对这些议论从不放在心里，他仍然坚持不懈地推进管理教育与研究，用事实和成果吸引他们来参加管理科学的研究和应用。汪应洛主持筹建起国内首批管理学院——西安交通大学管理学院后，四处奔波，以其诚恳和耐心引进师资力量。他礼待年长教师，扶助年轻教师，以身作则进行管理教育，数十年如一日，桃李满天下，声名播四海。他的博士生王能民是这样推崇汪应洛的：

我的导师汪应洛教授

王能民

光阴如梭，似水流年。自我成为汪应洛教授的学生始，至今已有15年时光。最近临近春节，我的同门博士师兄弟在西安、北京等地多次相聚，共同回忆拜学于汪老师门下的美好岁月，感念老师对我们的教导、关心和支持。大家纷纷回忆起十多年来与汪老师相处的日子，一时千头万绪，太多的心情和感激难以用言语真切地表达。

（一）

我第一次见汪老师是在1999年下半年西安交通大学管理学院的博士生入学面试考场。我在上本科、硕士期间就知道西安交通大学管理学院在教学、科研、社会服务等方面都有其独到的方面，在国内享有盛誉；面试前我完全不知道是哪些专家参加面试，对于一个非西安交通大学本科、硕士的我，再加上我在南方农村长大，普通话也有失标准，在博士生入学面试环节时很是紧张。当时，面试现场一共有五位教授，尽管我在回答问题时说话有些结巴，但这五位教授都在认真倾听，其中有一位60多岁、身着一件灰色西装、精神饱满、气质儒雅的老人看出来我有些紧张，在我讲完后他很和蔼地讲：你讲得很好，然后还问了问我在哪长大、家里情况等，在和这位老人交流完以后我放松了很多，感觉很亲切。到我入学后，学院教务办的老师通知我去见导师汪应洛教授，我才第一次正式和汪老师见面，这时才发现我的导师就是在面试环节给我减压的先生。作为国内管理科学与工程第一位博士生导师，在我进入到汪老师门下时，先生已经培养了众多杰出的博士，他平易近人的风格一直保持着，平等地对待每一个人，也包括我这样一个没有任何业绩的小字辈，一直是鼓励学生。汪老师从教60余年，培养了难以计数的学生，桃李遍天下。作为汪老师的学生之一，我的业绩平凡，有一次和汪老师、师母还有几位师兄弟一块儿吃饭，其间我说了一句：汪老师，您的学生桃李满天下，我是您不成器的、没有成为桃子的学生。汪老师笑着讲了一句：你就是那个成为李子的学生。汪老师的鼓励，是我们师兄弟一直前行的动力。

汪应洛院士（右二）与弟子们探讨学术问题（左一为王能民）

（二）

汪老师对后辈提携不遗余力，甘当铺路石，很多学生之所以有杰出的成就都离不开汪老师在关键时候的提携。汪老师经常让自己的博士生加入到其他老师的团队中，通过合作指导，有很多年轻老师很快成长为学术中坚。我在2000年2月正式加入到汪老师团队后，汪老师让我参加了国家自然科学基金重大项目“先进制造模式及管理”的研究工作，项目负责人是孙林岩教授。后来师兄弟们告知：这个项目是汪老师作为申请人获得国家自然科学基金委员会的资助，在获得资助后，汪老师主动向基金委的同志提出推荐该项目的负责人改成孙林岩教授，正是在这个项目的资助下，孙林岩教授成长为先进制造模式及管理、工业工程与管理领域的著名学者。汪老师经常将学生推荐到国内外知名研究机构，和国内外著名的学者一块合作，为学生了解社会实际、国际一流的研究提供了便利。在2006年，我在汪老师的推荐下，获得了法国政府提供的博士后基金资助，有幸和国际知名的工业工程专家储诚斌教授一块合作从事相关的科学研究，正是这一机会规范了我的研究方法，开始在研究的国际化上取得了一点点进步，也正是这一年，我先后获得了国家自然科学基金项目和国家社会科学基金项目的资助。近几年来，在汪老师的推动下，黄伟、冯耕中、吴锋、袁治平、刘树林、田军、何正文、贾涛、杨臻等教授和我组建了一个小团队，致力于工程管理、大数据管理与供应链管理领域的研究，在这些领域也取得了一点点成绩，团队的研究成果每年平均能有10余篇论文在国际知名期刊发表、两到三项国家级研究基金资助，尽管这些成绩并不怎么突出，但汪老师在多个重要场合表扬和鼓励我们团队。正是汪老师的推动和鼓励，学院内形成了多个十分优秀的研究团队和良好科研氛围。

（三）

汪老师在科学研究方面具有敏锐的战略眼光，抓住国家与社会重大需求，不断创新。汪老师分析问题丝丝入扣，勤于笔耕，在系统工程、战略管理等研究领域取得了骄人成绩。限于自己的功力和辈分，我不敢妄评老师的学术思想和贡献，但老师理应当属国内外同行敬重的管理学大家。汪老师主持过多项国家科研项目，出版过数十本著作、教材和译著，发表过大量学术论文，其科研成果获得了国家级奖励。近年来，汪老师还在持续关心一些社会需求的重大问题，如大数据管理、制造强国等这一些前沿的研究课题。

汪老师十分重视人才培养，特别是20世纪80年代始，他承担了国内管理工程与工业工程等人才培养的开拓者的责任，在国内和一些兄弟院校，借鉴国际同行培养管理人才的经验，率先在国内培养管理人才，建立了管理工程、工业工程、工商管理等从本科、科学型硕士、应用型硕士到博士、博士后的完整的人才培养体系。近年来，中国工程建设需要大量的工程管理人才，汪老师联合中国工程院工程管理学部几位院士，和其他兄弟院校联合一起向国务院学位办提出开设工程管理专业硕士学位研究生的建议，经过几年的不懈努力，工程管理专业学位得以获批。

1978年的西安交通大学管理类专业尚没有独立建制，管理类专业教学是在机械工程系的一个教研室开设。在汪老师的推动下，西安交通大学管理系于1980年成立，汪老师是首任系主任、管理学科的带头人。在担任系主任（1984年系改成学院，西安交通大学管理学院是国内首批管理学院，汪老师任院长）期间，汪老师除做好自己的教学科研外，就是全身心地投入管理学科的建设与发展中。汪老师四处奔波，以其诚恳和耐心积极引进师资力量；汪老师礼待年长教师，扶持年轻教师，建立起充满活力的学术团队；汪老师和国家各大部委和陕西省政府相关部门多次沟通和交流，拓展学科发展空间，改善办学设施和教职工待遇，在他的努力下，西安交通大学管理学院在20世纪80年代就有了自己的独立教学楼，拥有了第一个管理工程博士点、第一个博士后流动站。西安交通大学管理学院成立之初专职教师不到20人，全院教职工具有很强的使命感和奋斗精神，大多数学生又有良好的素质和潜力，在汪老师的带领下，经过师生们的共同努力，西安交通大学管理学院已发展成为全国顶尖且有国际影响的管理学院，学科排名也稳固地位列于全国前列。

汪老师特别重视教学工作，在教学上身先士卒，投入了大量精力。他所著的那本《系统工程》自1982年出版后，近30年来一直受到高度评价，被数以千计的学校和单位采用，对我国的管理学研究和管理人才培养产生了巨大影响。甚至在汪老师于2003年当选院士后，仍然给管理学院的学生讲系统工程；当时我也是听众之一，在我旁边坐着一位很年轻的学生，听完讲座后，这位学生讲：汪老师讲课很精彩，声音也很好听。

在我心底，汪老师不仅研究能力强，而且教学好，是优秀的大学教师，更是我学习的榜样。

人海茫茫，能遇上汪老师，是我的幸运。十五年来，老师以其令人敬佩的人品和敬业精神，成为我前进道路上的引领者；老师对我的教导、关心、宽容和鼓励，犹如春风化雨、润物无声，使我从农家子弟成长为大学老师。师恩浩荡难以详尽言表，唯有以加倍的努力光耀师门，才是对汪老师最好的报答。

郭菊娥教授对汪应洛院士作了这样的评述：

三峡项目与汪院士

郭菊娥

我第一次见到汪应洛院士是1989年，那时汪老师早已是我国系统工程领域赫赫有名的带头人，在国内外享有盛誉。多年来随着跟随汪院士做课题和研讨问题次数的频繁，尤其是2008年年初我参加汪老师作为副组长“三峡工程财务与经济课题组阶段性评估报告”课题，对汪老师有了更深入的了解和从新认识。

追求科学——身体力行带动人

建设三峡工程是中华民族的百年梦想，随着2008年三峡工程主体工程的基本完工，对三峡工程原结论和建设方案进行评估，以及及时地总结经验和深化认识就显得非常重要。三峡工程的财务与经济课题组的评价工作又与生态和环境、枢纽建设、航运、电力、机电、移民等其他九个课题组高度相关，评价工作涉及财务科学、工程科学、信息科学、管理科学、服务科学、技术引进等三峡工程建设以来形成的诸多数据、文献、历史资料，课题任务艰巨而复杂。面对这些任务和挑战，汪院士重视客观事实，重视研究中精确数据的采集，不放过任何一个疑点，本着客观公正的原则和科学求实的精神，对待工作一丝不苟，许多重要的工作汪院士都亲历亲为。课题组常常为了一个具体数据开展多方面的调研，将收集来的数据互相印证。为了验证枢纽工程中土木工程量的一个具体数据，课题组兵分三路分别前往北京、宜昌和三峡库区调研。为了预测航运工程中航运量的具体数据，课题组分别前往重庆、武汉等多地调研。那段时间课题组的成员人人都是“空中飞人”，但汪老师总是飞的次数最多，精力最旺的那个人。汪老师以其严谨踏实的学风感染人，以其孜孜不倦追求科学的精神鞭策着课题组的每一个人。

良师益友——真才实学教育人

作为我国著名的管理科学家，汪院士将团队建设和人才培养置于非常重要的地位。“每一个院士都有自己的研究团队，我的团队就是西安交大管理学院，学院一半以上的教师参与过我的咨询项目。”汪应洛说，“我做出这么多重大咨询项目，依靠的不是个人的力量。”渊博、高远、大度，汪应洛在西安交大打造了一个团结的队伍，融汇了带有各种学科背景的管理学研究人才。在汪院士团队中工作过的人无不感慨在团队中的收获，正是因为在团队中的锤炼，使得我们在日后的工作中懂得了怎样合作、怎样协调、怎样整合资源来完成重大科学研究课题，而这些东西是书本上甚至学校里都不可能学到的。

在三峡工程项目调研阶段，汪院士给年轻人大量接触权威专家们的机会，汪老师派博士生张国兴和硕士生参加航运组的课题讨论会，派张国兴和方雯参加移民工程课题组的讨论。一位已经毕业的课题组博士曾说：我现在在任何大场面都不会胆怯，这样“胆子”的练就要得益于汪老师给了我机会，让我在中国工程院面对众多院士进行课题工作进展汇报。汪老师总是尽量创造一切条件和机会，把学生推向广阔的社会实践。他利用自己的社会交往和学术地位，极力推荐学生广泛接触专家，接触实际，增强实践能力和社会交往。当年课题组参与课题的年轻人有的已经走上了教育科研岗位，并在自己的岗位上取得了突出的成绩，有的已经在企业中担任中高层职位，每当在一起相聚的时候，大家无不感谢汪老师当年的培养。

淡泊名利——高尚品德感召人

三峡工程财务与经济课题组阶段性评估是一个大课题，年逾八旬的汪院士始终将国家的利益和对科学无止境的追求置于最重要的位置，而对名利却看得非常淡。他常常对我们说：我们国家曾经贫穷过，现在国家富强些了，我们要珍惜这来之不易的一切，通过我们的努力为国家的强势提供智力支持。正是在汪老师这种精神的感召下，课题组在有限的时间内高质量地完成了项目研究，并得到了很高的评价，为国家决策提供了重要支持。

汪老师也非常关心课题组年轻人的生活，像父亲一样关心着他们的成长。在三峡课题中，汪老师给每位博士每月发 2000 元的津贴，每位硕士发 1000 元的津贴。在课题组经费尚未到位的情况下，汪老师常常自掏腰包给每一位参与科研的博士生和硕士生发放津贴，课题经费有时甚至入不敷出，其高尚品德一直鼓舞着我们。

敏锐洞察——创新进取鼓舞人

在课题完成后，课题组成员后续以三峡工程的调研为基础，完成了论文“三峡库区发展低碳经济的战略思考”（汪应洛，张国兴，郭菊娥）。在论文写作中，他时常会问一些我们不曾注意到的重要问题“三峡工程完工后库区的移民安稳致富、生态环境建设和社会经济的协调发展这些战略问题你怎么看？目前库区土地、就业和生态矛盾突出，要保护生态环境需要深入思考。”汪老师高瞻把控、敏锐的洞察力给我们以深刻的影响，每当论文写不下去的时候，是他对我们的鼓励给了我们进一步写作的动力。他慷慨地把自己的科学知识、积累的经验教训毫无保留地传授给课题组每一位学者、博士。

汪老师的故事很多，每一个在他身边工作和学习过的师生都可以津津乐道几件轶事，每一个与他接触和共事过的人都可以娓娓道来若干趣闻。他以博学、睿智、宽厚，被人们所尊敬和热爱。追求科学，没有终点的旅程，是汪老师一生的追求！

汪应洛院士（右三）与陆佑楣院士、沈国舫院士等在三峡考察

七、身体健康亮红灯

1994年夏天，汪应洛在北京参加一个关于国家自然科学基金的重要会议。会议研讨国家的一项发展规划，有许多学科的专家参加这次会议。管理科学是国家制定长远规划的重要决策根据之一，汪应洛非常重视，组织了三位本学科的专家赴京参加会议。临行前，有一位同志因故不能参加会议，汪应洛感到自己肩上的担子更重了。会议专题发言时，只给每位专家20分钟时间，然后就是会议主持者进行提问和审核。大会发言的成败决定着本学科能否参与国家这项重大工程，汪应洛对此做了精心准备。在大会上发言时，汪应洛全神贯注，缜密思考，旁征博引，雄辩论证，从管理科学的角度阐明对这项工程的精辟见解和科学设想，赢得与会者的阵阵掌声。

发言完毕，汪应洛缓缓走下讲坛，突然感到身体有些酥软，人慢慢地倒了下去。有人惊慌地问："汪教授是不是摔倒了？"旁边的同志说："不对，慢慢倒下去，大概是中风了！"于是，大家准备要把汪应洛抬上小汽车送往医院。有个同志说："不能坐小汽车，窝在小车里对身体不好，得平躺着送医院，赶快叫120急救车！"大家搞急救的搞急救，叫救护车的叫救护车，参加会议中有位高级领导马上给中日友好医院打电话，让他们做好抢救病人的准备。汪应洛很快被送进了中日友好医院，早已做好准备的医生立即对汪应洛进行全面检查，最后确诊是脑出血，立刻采取了相应的急救措施，使病情得到稳定。

此时，张娴如在家中接到国家自然科学基金委员会一位负责同志的电话，他在电话中说："这次会议开得很好，汪老师的发言很受欢迎！”听了这位领导同志的话，张娴如感到有些奇怪，心里想：“跟我讲这个干什么？过去从来没有遇到过这种情况啊？”她心里有些疑惑，继续接着听电话。那位领导讲了一番会议的情况后，才说：“汪老师病了，现在住进了医院，医生说要考虑开颅，想征求一下你的意见，你看开还是不开？”张娴如一听这话，一下子浑身冒冷汗，半天说不出话来。过了好一会儿，张娴如才回过神来，在电话里向这位领导同志说：“我也不知道该怎么办，听医生的！”这时候，西安交通大学校长办公室主任马宽强赶到张娴如家中，说他也接到了北京来的电话，要立即送张娴如到北京去。今天没飞机了，明天一早他陪张娴如飞北京。

张娴如度过了一个真正的不眠之夜。她翻来覆去地睡不着，脑子里回忆着汪应洛赴京前的情景。汪应洛那几天实在太忙了，司机在家门口等着要送他去机场，但是左等右等总不见汪应洛回来，司机打电话催促说：“咱们赶快走吧，再晚就赶不上飞机了！”汪应洛还在办公室处理手里的工作，连饭也顾不上吃。张娴如在家里给他准备了个饭盒，里面装了些吃的东西，又给他提来皮鞋（他是穿着凉鞋去上班的）。张娴如知道，汪应洛是个很注重仪表的人，出席重要会议总是西装革履，他是穿着便装去上班的，因此赶紧收拾好服装等他回来换。司机焦急地等待着汪应洛，翘起脚尖向学校方向张望，突然高兴地喊道：“来啦来啦！”只见汪应洛骑着自行车急匆匆地回家来，他把自行车往旁边一靠，换上皮鞋，拿着张娴如给他准备好的服装用具和饭盒，钻进汽车向机场飞驰而去了。

张娴如心里想：汪应洛是累坏的！

第二天，张娴如在马宽强的陪同下飞往北京。在飞机上，她把一个废品袋一直在下巴下面接着：她紧张、晕机，头上不住地冒冷汗。下飞机后走进中日友好医院，她手里还端着那个废品袋，紧张得不时就想呕吐。医生给张娴如介绍了汪应洛的病情，最后说：“根据他目前的状况，最好不要开颅，让身体自己慢慢吸收溢血！”听了这话，张娴如紧张的心放下了一大半。

当时，汪应洛的神志还是清醒的，但半边肢体没有知觉。他在北京的学生得到消息，一个个都赶到医院来看望他，陪伴他。医生说，汪应洛瘫痪挺严重，哪怕你用针扎他，他的肢体都不会有反应。张娴如听了这话，又被吓得半天说不出话来。

汪应洛刚被送进中日友好医院，起先被安置在有好几个患者的大房间里，条件比较差。第二天，医院就给换了一个急救室，是给外宾用的，条件非常好，一人一个单间。汪应洛能得到这样的照顾，一方面是上级领导给医院打了招呼，另外还是因为汪应洛在西安交通大学的同事章德安帮的忙。章德安的女婿是中日友好医院急救室的副主任。章德安主动找张娴如告知这个关系。张娴如同章德安平时往来不多，只是一般的认识。她觉得有点奇怪：这个老先生才华横溢，但一直被压制得很厉害，因为他是章宗祥的儿子。

章宗祥是“五四”运动时遭青年学生围殴的著名人物，生于1879年，1962年去世，早年中过秀才，17岁时考入南洋公学，因学习成绩优异，1898年被南洋公学选派留学日本东京帝国大学，是南洋公学首批派出的6名留日学生之一，其中还有钱钟书夫人杨绛之父杨荫杭。章宗祥留日学成归国后，曾为清政府编过商法，还曾与董康联合纂拟《刑律草案》，为中国近代刑法典的开篇之作，被清政府赐进士出身，1916年派任驻日公使。当时的交通总长曹汝霖，前驻日公使陆宗舆，时任驻日公使章宗祥受清政府指示，先后向日本巨额借款，签订丧权辱国的不平等条约，激起全国人民的愤慨。1919年章宗祥回国述职，住在北京曹汝霖家——赵家楼，适逢“五四运动”，愤怒的学生游行围攻赵家楼，曹汝霖匿避，章宗祥被抓遭殴，受伤惨重。事后，章宗祥自知“众怒难犯”，不仅没就被殴一事提出控告，反而由其妻子代替自己具呈保释被捕学生，后又告病辞职，以便“侍奉老父，退居田间”。

章德安在“文化大革命”中受到了极大的打击与迫害，多次遭批斗，站在门口示众，被打得钻到烟囱中去逃命。章德安对张娴如说："我女婿在中日友好医院当副主任的事，我从来没给别人说过。对汪老师的事，我全力以赴。"他跟他女婿做了交代，果然给汪应洛帮了不少忙。

张娴如担心，汪应洛在北京治病，人生地不熟，肯定会遇到不少困难。不料情况正好相反，有许多人闻讯都来帮忙，其热情诚恳的态度，使张娴如十分感动。汪应洛的学生冯耕中，过去见了严肃的老师汪应洛，总是怕得腿发抖。但这次到北京看望汪应洛，亲热得像儿子一样。他的学生徐寅峰准备出国，到北京来办手续，专程到医院看望汪应洛。徐寅峰摸了摸汪应洛的脚，感到冰凉，不会动，就给他按摩、发功，还笑着说："你们看，汪老师脚现在好像软和了一些！"一个平时言辞不多的学生，一点都不嫌弃给患病的老师按摩脚丫子，这是老师人格魅力的闪光，这是学生高尚品质的表现，这是师生纯朴感情的结晶。

人们常说，同行是冤家。在汪应洛这里完全就不是这样了，同行是亲人，是朋友。北京许多学校的管理教育工作者纷纷来医院探视汪应洛，不但嘘寒问暖，还亲自替汪应洛捧茶送水，端屎倒尿。汪应洛在北京的几个学生天天分别给汪应洛送饭，说医院里的饭不一定合口味，他们要给汪老师做他最爱吃的饭菜。

汪应洛住的急救室，门上装有一块大玻璃，这是为了医生从外边观察患者动静而设置的。每到晚上，值班医生从门上玻璃向内一看，总见屋里热热闹闹的，大家又说又笑，简直不像个病房。医院规定探视患者在病房不能超过半小时，病房里也不多放凳子，也不允许从其他病房借凳子来，章德安的女婿对汪应洛开了例外，他经常靠在病房的栏杆上同汪应洛聊天。有一次他说："你知道吗，汪老师，我过去还听过你讲课呢！"其他来看望汪应洛的同学一听，好像似乎有过这么一回事，原来他们在西安交通大学管理学院与加拿大国际开发署合作办学时有过聚首。这么一说，大家感到分外亲切，便嘻嘻哈哈地交谈个不停。在这样的环境里，汪应洛心情很好，身体也恢复得很快。

汪应洛幽默地说："我这次生病真是选对了合适的时间，合适的地点！"张娴如不解地问："这怎么讲呢？"汪应洛说："你想，要是这一次不发病，我接着又要到新疆去开会。在那里发了病，那边条件就没有这么好了。"一位搞航天工程的专家去西康搞研究，突然发生脑出血，那边条件差，病后又不能坐飞机，不能及时到北京来，等到辗转到了中日友好医院时，人已经瘫痪了。这位专家的爱人是一位歌唱家，有一次她当着患者的面问张娴如："你爱人的病恢复得那么好，怎么我爱人就没希望了呢？"那位妻子叫航天专家照镜子，帮他校正姿势，告诉他要有信心，鼓励他赶快好起来，结果专家一照镜子，更没有信心了，开始绝食拒绝治疗。妻子赶快劝说他，鼓励他，他才愿意配合医生治疗。张娴如也感到庆幸，汪应洛在会场上发病，有那么多人在场，他一发病便一分钟也没耽误就得到了很好的救护，如果在别的地方发病，肯定救治得没有那么及时。即使在家里发了病，自己一个人也没有办法，后果也是不堪设想的。

汪应洛是个意志非常坚强的人，他尽力配合医生进行康复治疗，以使自己尽快恢复健康，继续投入工作。医生让他用手抓豆子，锻炼手指的功能。他开始时先练习抓药瓶，把药瓶从这边抓起来，然后放到那边去，经过几次训练，很快就熟练了。接着练习夹珠子，他比别人都夹得快，原来他会动脑筋，想办法。珠子上打了洞，用线穿起来。他夹珠子的时候，用筷子夹住珠子两端的洞，就能很稳地把珠子夹起来，旁边的人开玩笑说："你到底有病没病？你不是用手夹珠子，你是用自己的智慧夹珠子！"大家都在鼓励他。

医生让他练习抓豆子，就是把这个碗里的豆子一颗一颗抓起来放到另一个碗里，锻炼手指功能。练了不久，他就自己急着练习捉笔写字。张娴如说："你现在还练字做啥？"汪应洛说："这以后还用得上！”他先练习签名，开始手不听使唤，字写得歪七扭八，十分难看。练着练着，字就写得越来越正规了。接着他就练习写日记，起先一次只能写几个字，后来日记就越写越长。他不会自己吃饭，张娴如就一勺一勺地给他喂。看着汪应洛吃饭时笨拙的模样，张娴如难过得扭过头去，心想他以后可怎么办呀！然而汪应洛并不气馁，他尽力配合张娴如的动作，使吃饭越来越顺当。后来，来送饭的人也能很协调地给他喂饭了。看到学生们给汪应洛喂饭的亲切情景，张娴如心里很感动。她想，汪应洛平时对学生要求那么严格，甚至显得有点冷漠，现在他病了，学生们为啥会对他这么亲热，不怕脏，不嫌累，像侍候父母一样侍候他，张娴如深深地感到，师生之情深似海呀！

1994 年，汪应洛在京参加会议期间突发脑出血，在中日友好医院抢救，康复期间坚持锻炼，力争为党的教育事业再做贡献

后来，汪应洛到理疗室去做康复治疗，医生安排他一天做三种理疗，他要求医生给他把多种理疗合起来做，每天要做七八种，他心里急，希望早点好起来。刚开始练习走台阶，本来规定从很低的台阶开始练，他坚持要从高一点的台阶练起。医生让他坐电梯，他不要，他要练习爬楼梯。再后来，张娴如陪他练习走路，一步一步向前走，手脚配合不起来，像个牵线木偶一样。他不气馁，坚持一

步一步地练习。别人都休息了，他回到病房继续练。加上电疗等其他辅助治疗，汪应洛恢复得很快。

尽管汪应洛在中日友好医院受到了诸多优待和特殊照顾，但张娴如长期在急救室陪床照顾病人总不是办法。当汪应洛病情好转以后，张娴如便到附近一个学校的招待所去住。那里的条件比较差，张娴如晚上从医院回到招待所时，房间里的洗澡水早就没有了。炎热的夏天，一两个星期都洗不上澡，晚上只好没人的时候到学生宿舍洗碗的地方，用冷水擦擦身子，洗洗脚。有时电灯也坏了，黑咕隆咚的使她一夜睡不好觉。天一明，她赶紧往医院跑，担心汪应洛发生什么情况。等到汪应洛的病情过了危险期，就搬到一个相当于疗养的干部病房去进行康复锻炼。干部病房里有一张长沙发，张娴如晚上就睡在沙发上，虽然说辛苦一些，但能同汪应洛在一起，少了许多牵挂，心里还是感到很满足。在张娴如的精心护理下，汪应洛的身体一天比一天好，过了一个阶段，他决定回西安休养。在西安交通大学住宅楼的邻居听说汪应洛要回来，便烧好了稀饭，准备好了菜肴，欢迎汪应洛。他们一见汪应洛和张娴如满面春风地回来了，大家都非常高兴。张娴如扶着汪应洛，一步一步地踏着楼梯回到了自己的家中。

第十章

根据国家重大需求开展科学研究

一、丝路研究先行者

早在 20 多年前，汪应洛就对两千多年前的古丝绸之路给予了特别的关注，他以管理学专家的视角审视丝绸之路的深远历史意义和广阔的现实意义。他认为，汉代张骞打开大漠苦寒所隔绝的屏障缺口后，东方、西方都迎来了文明的进步与融合。丝绸、瓷器、造纸、印刷、制铁、凿井、火药、指南针……它们是商品，它们更是文明的使者，在分享中让不同民族、国度相互理解与欣赏。长安这座承载古老文明的都城，也得以从一次又一次礼尚往来的丝绸大交流中，成为世界历史上最璀璨的明珠之一。今天，我国实施声势浩大的“丝绸之路经济带和海上丝绸之路”战略工程，是汪应洛丝绸之路研究成果重大意义的雄辩佐证。

2001 年，汪应洛教授（左二）出席第四届管理国际会议

丝绸之路，简称丝路，是指西汉（公元前 202 ～ 138 年）时，由张骞出使西域开辟的以长安（今西安）为起点，经甘肃、新疆，到中亚、西亚，并连接地中海各国的陆上通道（这条道路也被称为

古丝绸之路

“西北丝绸之路”，以区别于日后另外两条冠以“丝绸之路”名称的交通路线）。因为由这条路西运的货物中以丝绸制品的影响最大，故得此名（而且有很多丝绸都是我们中国运的）。其基本走向定于两汉时期，包括南道、中道、北道三条路线。丝绸之路是历史上横贯欧亚大陆的贸易交通线，在历史上促进了欧亚非各国和中国的友好往来。中国是丝绸的故乡，在经由这条路线进行的贸易中，中国输出的商品以丝绸最具代表性。19 世纪下半期，德国地理学家李希霍芬就将这条陆上交通路线称为“丝绸之路”，此后中外史学家都赞成此说，沿用至今。张骞通西域后，正式开通了这条从中国通往欧、非大陆的陆路通道。这条道路，由西汉都城长安出发，经过河西走廊，然后分为两条路线：一条由阳关，经鄯善，沿昆仑山北麓西行。广义的丝绸之路指从上古开始陆续形成的，遍及欧亚大陆甚至包括北非和东非在内的长途商业贸易和文化交流线路的总称。除了上述的路线之外，还包括在南北朝时期形成，在明末发挥巨大作用的海上丝绸之路和与西北丝绸之路同时出现，在元末取代西北丝绸之路成为陆上交流通道的南方丝绸之路等。丝绸之路一词最早来自于德国地理学家李希霍芬 1877 年出版的《中国》，有时也简称为丝路。虽然丝绸之路是沿线各国共同促进经贸发展的产物，但很多人认为，中国的张骞两次通西域，开辟了中外交流的新纪元，并成功将东西方之间最后的珠帘掀开。从此，这条路线被作为“国道”踩了出来，各国使者、商人沿着张骞开通的道路，来往络绎不绝。这条东西通路，将中原、西域与阿拉伯、波斯湾紧密联系在一起。经过几个世纪的不断努力，丝绸之路向西伸展到了地中海。广义上丝路的东段已经到达了韩国、日本，西段至法国、荷兰。通过海路还可达意大利、埃及，成为亚洲和欧洲、非洲各国经济文化交流的友谊之路。

汪应洛研究发现，时至今日，虽然地理意义上的“丝绸之路”被蓝色通道、银色通道乃至无线网络所代替，但思想意义上的丝路精神却永不过时，那就是开放、平等、包容、尊重、互助……新思路却照样可以四通八达，延续文明的辉煌，走向文化的巅峰。1990年，汪应洛将自己对丝绸之路的研究成果与陶谦坎合作著文《开拓现代丝绸之路，实行东西双向对外经济开放》，发表于《亚太经济增长与中国沿海发展战略》。汪应洛的开拓现代丝绸之路的科学思想，20多年以后，在我国政府大力筹划和开拓丝绸之路经济带的宏伟蓝图中得到了体现。

汪应洛的研究成果认为，开拓现代丝绸之路，实行东西双向对外经济开放，对振兴中华、构建现代和谐社会有非常重要的战略意义。他认为，20世纪后期的世界，科学技术取得了日新月异的发展，由于新技术的发展，使人类活动的领域急剧扩大，从五大洲直到外层空间。人们的认识境界也随之骤然提高，科学技术的发展决定着现代的思维认识必须超越大洋和大陆，超越种族和国家。与此同时，人类的经济活动也日趋扩大，21世纪的全球经济发展战略的特点将是国际经济的大合作，因此在逐渐形成西太平洋地区经济协作系统的同时，加强亚洲和欧洲的经济合作，也有重要的现实意义。面临21世纪，中国应该实行全方位的对外开放。

实行全方位的对外经济合作，必须要有四通八达的交通运输网络，开拓现代丝绸之路，把中国东部沿海地区和地处内陆的西部和中部地区连接起来，并贯通欧亚大陆，将是具有重大战略意义的壮举。

开拓现代丝绸之路将大大促进我国和苏联、欧洲的经济联系，一旦欧亚两大洲经济合作的新格局出现，将对“南北”的经济合作有很大的推动作用，有利于形成世界经济新秩序。如果西太平洋经济协作系统和欧亚经济合作系统能够并驾齐驱，相辅相成，那么一个便于经济合作的新局面将会为全人类的发展作出重大贡献。特别是在当前，东部沿海在对美国、日本等西方国家实行开放政策的过程中暂时出现困境的情况下，实行东西双向对外经济开放更具有现实意义。

面临未来新技术革命的浪潮，高技术产业将迅猛发展，但高技术产业需要高效率的运输网络，利用现代丝绸之路的大陆桥和空中走廊，将会促进中国高科技产业的发展。

汪应洛指出，贯通欧亚大陆桥，实行东西双向对外经济开放，具有巨大潜在的经济效益。

从中国东部沿海的江苏省连云港，连接陇海铁路和兰新铁路，再修通北疆铁路，就可直达中俄边境阿拉山口，一旦与苏联境内的土西铁路接轨，就可形成贯通欧亚两大洲，从中国的连云港到德国的汉堡或荷兰的阿姆斯特丹的世界最长的大陆桥。同时，沿线建立起一条空中走廊和四通八达的公路网，那么这条现代丝绸之路，将把中国东部沿海地区和中部、西部、巴基斯坦、伊朗等国家联系起来，这条现代海陆空立体运输网络不但是中国通往欧洲的捷径，而且日本和东北亚、东南亚等太平洋地区都可以充分利用。

在陇海—兰新铁路沿线的陇海—兰新经济带，东起江苏的连云港市，西端是新疆维吾尔自治区的伊犁哈萨克自治州，夹于长江和黄河之间，连接11个省区，75个市，14个自治州，570个县（市），总面积约为360万平方公里，约占全国总面积的1/3，总人口2.5亿，约占全国总人口的1/4，横贯我国东部、中部和西部3个经济区。这一地带的资源非常丰富，矿产资源种类繁多，有开采价值的近百种，其储量居全国首位的就近一半，主要品种有煤炭、石油、铝、镍、铂、锌、铜、金、石棉。而非金属建材资源更为丰富，煤炭总储量占全国的60%；石油总储量约占全国的40%；水力资源总储量约1亿千瓦，占全国的15%，黄河上游已先后建起6座大型梯级水电站，总装机容量达1300万千瓦，充足的电力可以保证本地区经济的发展。本地带有富饶的农业资源。连云港等沿海地区的对虾、鱼类等海产品；江苏、山东、安徽、河南、陕西等地区盛产粮食、棉花，全国12个商品粮基地，本地带有4个，山东、河南是著名的产棉区，新疆是我国唯一的长绒棉产区；西部地区是我国最大的畜牧业基地，草原面积达18亿亩，占全国的40%，有可能成为世界动物蛋白的中心之一，全国五大牧区本地带占3个；还有众多的土特产品和名贵的中药材；本地带黄河中游是中华民族的主要发祥地，古迹名胜众多，旅游资源十分丰富。

长期以来，西部地区是国家内地建设的基地，投资巨大，形成了相当可观的工业基础，已具备规模宏大、门类齐全、富有特色的机械工业生产体系。全国机械工业的重要企业有一半以上分布在西部地区，加上这一地区在原材料和能源方面的优势更为明显，具备了巨大的出口潜力。同时，陇海—兰新地带的一些城市还拥有雄厚的技术和人才优势，其中西安有各类专业技术人员26万多人，占职工总数的20.4%，居全国前列，自然科学研究机构322所，科研人员38 000余人，高等学校40余所，居全国第四位。兰州的科技力量也比较雄厚，中国科学院有一批实力雄厚的研究所分布在兰州附近。所有这些资源对于发展新、高技术和高附加值的产业都具有重要的作用。

现在，西北各省区都在发挥自己的优势，加快改革开放的步伐，出现蓬勃发展的势头。新疆地大物博，能源、矿产业以及棉花、糖、盐等资源十分丰富，随着中苏关系好转，民族团结，推动了经济建设发展。最近，新疆维吾尔自治区政府提出“重点要大力发展盐、糖、棉纺和有色金属等高利润、高税收、高创汇”的战略决策。积极开发建设国家级棉花、甜菜生产基地。在政府的支持下，实行地方总承包，走开放经营、自我积累、自我发展的路子。乌鲁木齐市是新疆维吾尔自治区的首府，将采取东引西联、南北展开、挂靠生产、补偿贸易、技术转让、联营畅销等多种形式开展协作，现已初步取得成效。

通过研究，汪应洛看到，贯通欧亚大陆桥，前景可喜。

汪应洛科学地分析了我国这条现代“丝绸之路”与西伯利亚大陆桥相比，具有一系列得天独厚的优越条件。

（1）地理位置适中，运距短，经路便捷，对货运有吸引力。

（2）自然条件优越，气候适宜，为不冻港，可全年不间断作业。

（3）铁路沿线自然条件优良，便于营运管理。

（4）连云港正在建设成为良好的东端桥头堡。

（5）桥头多，各港站之间的运量可以相互调节。

经过科学的定性、定量研究分析、汪应洛提出了既具有前瞻性的建议。开拓现代丝绸之路虽然具有重要的战略意义，但也是一项巨大的系统工程，是一项十分艰巨复杂的任务，为此必须认真研究它的发展战略和解决困难的对策。

（1）大陆桥建设必须有总体规划，提高全线的通过能力。大陆桥由我国境内的陇海线、兰新线、北疆线组成，与苏联境内的土西铁路接轨。全线各段运量很不平衡，必须进行整体规划，提高全线通过能力。

（2）改善现代“丝绸之路”沿线地带的投资环境，加强区域合作，合理调整产业结构，充分挖掘这一广阔地带的资源潜力和科技潜力，多渠道筹集资金。陇海—兰新经济带包括了 11 个省、区，我国东、中、西部优势互补，联合开发，协调发展的态势已经展现，一个包括实现生产力要素合理组合、结构优化在内，按商品经济规律实现合理分工的商品联合市场正在逐渐兴起。一个东西双向对外开放的格局已见雏形。我们不仅应从全国经济社会总体发展战略的高度，而且要以亚太经济、太平洋乃至经济发展的战略趋势去评价、去展望、去预计它的重要作用和潜在的功能。东西双向对外的格局已经决定了它的发展必须同世界经济的发展联系起来，密切注意国际上的新动向和新机会，在国际竞争中求生存、求发展。在这次世界产业结构重组过程中，转移出的产品主要是相对劳动密集型产品，即资本、技术含量较高的劳动密集型产品，如机电产品等，从而与前几次世界经济结构重组过程中转移出的传统劳动密集型产品不同。另外，许多发达国家转移这些产品的主要动机就是要使其产业向着更高的技术水平转化，如果我们不意识到这点，就有导致和世界先进国家的差距越来越大的危险。因此，陇海—兰新经济带在大力发展能够创汇的相对劳动密集型产品的过程中，着手培育“国际化”产业，即产品的国际贸易程度，投资和技术转让程度高的产业。有关资料的预测表明，到 1995 年，出口量最大和增长率最高的将是微电子、计算机、通信设备、药品、服装等。

综上所述，开拓现代“丝绸之路”，贯通欧亚大陆桥，实现东西双向对外开放的事业，前途光明，大有可为，是改革和实现现代化的趋势所向，必将为我国的现代化建设带来巨大的经济效益。

通过国家西部大开发方针地贯彻及建设“丝绸之路经济带和海上丝绸之路”战略的实施，汪应洛 20 多年前提出的开拓现代丝绸之路的对策有些已变为现实，有的正紧锣密鼓地进行着。

二、立足需求搞科研

汪应洛面对国家需求，努力开展国家重大工程项目的可行性研究和工程经济及社会效益的评估，取得了丰硕的成果，也为发展管理工程科学提供了理论和实践支撑。

1. 系统工程应用于重大工程理论和规划

从 1978 年开始，汪应洛就在国内工程科技领域，力求将工程与管理紧密结合，运用系统工程理论和方法进行工程论证、发展规划、战略决策等方面的研究，核心的思想是强调用系统工程整体优化的思想解决重大工程与战略决策问题，在这一领域先后主持参加了十余项国家重大项目的研究。

（1）重大工程决策

汪应洛 1982 年受国家科委委托，承担三峡工程决策分析和决策支持系统的研究，并在当时论证过程中得到应用。20 世纪 90 年代初，他参加长江三峡工程重大科学技术研究专家组，主要研究三峡工程综合评价及决策分析。如当时激烈争论的坝高论证，综合各方意见，经过系统分析，综合研究发电、移民、航运、防洪等因素，优化计算后，他所负责的研究组提出坝高 185 米、蓄水高 175 米的建议方案，被工程采用。又如，关于工程投资与国力能否承受的研究，他对各方意见进行了综合剖析，得出了若干有价值的研究结论。例如，三峡工程投资估算应按国家当时规定的估算办法，不能都按西方传统的复利计算；三峡工程投资虽大，但并非一次投入，应按工程进度具体计算每年的资金投入量；三峡工程投资还可采取以电养电的方式。优化计算和综合权衡的结果表明，三峡工程投资是国力可以承受的。1995 年汪应洛出版专著《决策支持系统理论与实践》。该项目获国家教委科技进步一等奖。

（2）战略决策

汪应洛从 20 世纪 80 年代初期开始进行战略决策理论、方法及应用的研究。1980 年他参加由国务院组织的“山西能源重化工基地发展战略研究”，着重运用系统工程方法建立发展战略模型体系和进行决策分析，受到国务院技术经济研究中心和山西省的重视，并在实际规划中得到了应用。

当时关于山西煤炭生产计划问题，国家和地方有较大的分歧。国家有关部门要求加大生产计划，山西省觉得根据本省实际情况，计划太高，有不少问题，两方面争执不下，山西省对此感到有压力。国务院组织汪应洛科研团队参与对山西煤炭生产的科学分析和论证。汪应洛带领课题组赴山西进行深入细致的调查研究，上矿山，下煤井，查资料，搞访谈，大量收集资料，广泛听取意见，忙得以致春节也没有回西安过年。他们根据山西省当时的开采能力、运输能力和电力、水利等资源情况，优化出最佳方案。时任山西省委书记的霍士廉非常高兴，邀请汪应洛科研组成员赴山西座谈，汪应洛因工作太忙未能成行。霍士廉书记热情接见了西安交通大学科研组郭干慈等同志，对西安交通大学为山西省能源建设作出的贡献表示感谢，说西安交通大学在关键时刻给山西省帮了大忙。霍士廉在“文化大革命”前曾任陕西省委书记，对西安交通大学的教学质量和科研水平有比较深刻的了解。

20 世纪 80 年代汪应洛参与国务院发展研究中心组织的“2000 年的中国”及“中国地区协调发展战略与政策综合研究”，他在工作中的贡献受到“国务院发展研究中心”的嘉奖。20 世纪 80 年代初，汪应洛将战略管理中的有关理论应用到区域经济发展战略模型体系中，为一些省、区的区域发展规划提供了理论依据，1990 年出版专著《战略决策》，1995 年完成宜昌地区“城区供配电设计管理计算机智能决策支持系统”和“智能决策支持系统及信息处理”的研究与开发。

2. 战略管理创新研究与应用

汪应洛从 20 世纪 80 年代中期开始，开展战略理论和战略管理的研究，核心的思想是强调在复杂动态多变的环境下，战略管理者需要充分认识到战略的变化，需要制定柔性战略来提升战略的柔性，并将这一思想应用到地区战略和企业管理中。

（1）柔性战略

20 世纪 90 年代以来，针对骤变环境不确定程度高的特点，国际上开始关注一批大型企业濒临困境及由此引发的战略柔性问题。汪应洛经过多年研究，提出了柔性战略理论体系和以战略转换为纽带实现战略一体化管理的方法。围绕柔性战略这一领域和世界一流的伦敦商学院等一些国际著名研究机构合作，对国内外 600 余家企业进行了反复的调查研究，通过大样本的统计分析，得到一批有益的论点；1990 年出版《战略研究理论与企业战略》等。同时，他结合不同产品创新类型提出了相应的战略选择方案，受到国内外同行的重视。上述许多成果在国内海信、彩虹等一批大型企业中应用，效果显著。该成果于 2005 年获得了陕西省科技进步二等奖。

（2）“863” 高技术产业化战略

1986 年 3 月 3 日，王大珩、王淦昌、杨家墀、陈芳允四位科学家向国家提出要跟踪世界先进水平，发展中国高技术的建议，邓小平在这份《关于跟踪研究外国战略性高技术发展的建议》上，作出“此事宜速作决断，不可拖延” 的重要指示。在充分论证的基础上，党中央、国务院果断决策，于 1986 年 11 月启动实施了高技术研究发展计划，简称 “863 计划”。汪应洛将柔性战略理论应用于 “863” 高技术产业化过程和机制研究，针对当时 “863” 项目战略目标调整以及高技术产业化中的问题，通过对大量高技术产业化单位的调查研究、典型案例研究和中外高技术产业化的比较研究，对高技术产业化中的产权划分、成果归属、实现产业化途径及机制等实践中存在的亟待解决的关键问题进行了系统分析和实证研究，提出高技术产业化既要符合高技术研究与开发的规律，又要符合市场竞争规律。该项目是 1995 年受国家科委高技术司委托主持研究的。经国家科委组织鉴定并在实践中得到应用，对我国高技术发展战略的调整和完善起到了积极促进作用。该成果于 1997 年获陕西省科技进步二等奖。

3. 制造业发展战略及管理模式

汪应洛从 20 世纪 80 年代中期开始应用系统工程、战略管理的理论与方法研究制造业的先进管理模式与运作优化问题，将生产率工程、先进制造管理模式应用到制造业企业中，在陕西鼓风机厂、陕西汽车制造厂等企业取得了良好的经济效益与社会效益。其核心的思想是强调制造业面对资源配置与市场竞争全球化、个性化需求、市场快速变化等挑战，需要应用虚拟企业、战略合作、供应链管理等管理方法实现对市场需求的快速响应和资源的有效集成，我国制造业需要从制造环节向市场与研发等服务环节升级与转型。

（1）生产率工程

汪应洛 20 世纪 80 年代开展我国生产率工程研究。1992 年参加国家自然科学基金委“提高我国生产率”重大课题研究，将系统工程与工业工程相结合，提出生产率工程理论体系及提高工业生产率的系统化方法，在工业企业得到有效应用；2001 年出版专著《生产率工程》。1995 年获陕西省科技进步奖二等奖。

（2）先进制造模式及管理

汪应洛 1999 年开始承担国家自然科学基金重大项目“先进制造技术若干基础研究”（批准号：59990470–4）和科技部“九五”攻关项目“分散网络化制造及管理研究”。在研究中，以我国制造业现状、面临的机遇和挑战为切入点，深入研究了先进制造模式的内涵、特征及其演变机理；指出先进制造模式的基本特征是快速响应市场需求和制造资源快速有效集成；首次对国际上最具代表性的 63 种先进制造模式进行了系统、科学的分析、比较和分类研究。在充分研究国外先进制造模式的基础上，先后与一批企业、研究所合作，结合我国制造业现状和国情提出了“精简、灵捷、柔性生产系统”的科学管理，研究了聚合制造、灵捷网络化制造、生态制造和合作制造等几种新型制造模式。对先进制造模式中的科学管理进行了深入系统的研究，如虚拟企业的组织管理、知识供应链及知识管理、战略联盟环境下的业务流程改造等。此外，汪应洛课题组还对全国企业实施先进制造技术和先进制造模式进行了大量调查研究，对几个典型案例进行了实证研究，如广东机械研究所的跨国战略联盟，实施 24 小时连续不间断研究开发；深圳生产力促进中心的模具制造战略联盟等，为我国企业推行先进制造模式积累了经验、树立了信心。2002 ～ 2003 年参加编写并出版专著《灵捷网络化制造模式与管理机制》《灵捷虚拟企业的科学管理》。

该成果 1999 年获部级科技进步二等奖，2005 年陕西省科学技术二等奖。2001 年获中国机械工程学会五年一次颁发的科技成就奖。

（3）中国制造业发展战略

汪应洛 2004 年承担国家自然科学基金重点项目“中国制造业发展战略的管理研究”（批准号：70433003），以当前中国制造业发展所面临的机遇和挑战为背景，在探究世界制造业结构变迁和国际转移机理的基础上，对中国制造业的产业结构和区域分布进行了全面深入的研究，并对当前一些热点问题和现象进行了探索性的分析，提出了服务型制造模式，基于中国制造业实际提出了对中国制造业发展战略的建议。该成果获得了 2010 年陕西省科学技术二等奖。

（4）绿色供应链管理

汪应洛重视可持续发展战略及其环境与资源协调发展问题，制造业是环境污染的重要来源之一，实践表明通过供应链上个别企业来实施环境管理难以实现制造业与环境友好，通过供应链中成员间的协调与合作实施环境管理即绿色供应链管理，是提升企业环境管理能力和绿色竞争力的有效途径。其核心观点是：强调通过供应链成员的协调及整体实施环境管理战略，在改进供应链经济绩效的同时也能提升其环境管理绩效。从制造业企业（清洁生产）及产业链（绿色供应链）两个角度来研究绿色供应链的关键理论和运作实践问题。研究成果被有关政府机构和企业所采纳，如关于陕西能源发展战略及煤化工“三位一体”的观点，被陕西省委省政府领导高度重视；陕西黑猫焦化有限公司、陕西省韩城钢铁炉料有限责任公司、韩城市新丰焦化有限责任公司、广东领亚电子科技股份有限公司、广东力优环境系统股份有限公司、广东正亚科技有限公司、西安交大长天软件股份有限公司等多家企业应用了部分研究成果，在环境、经济等方面取得了良好的效益。1998 年出版《清洁生产》、2006 年出版《绿色供应链管理》。该成果 2011 年获陕西省科学技术二等奖。

4. 中国管理科学与工程教育及学科发展

通过大量的科研和管理实践，汪应洛深刻体会到中国实现管理现代化，关键是需要一批高素质的复合型管理人才，多年来将系统工程、管理工程和工业工程的理论与方法融会贯通，形成了具有特色的管理教育及学术思想。为此，他一贯积极倡导在工科院校加强管理科学与工程教育和学科建设。其核心的思想是在工程人才中培养既具备先进管理理念与知识，又具备管理技能与动手解决实际问题的能力复合型管理人才。

（1）管理人才培养与教育

汪应洛在 1979 年参加我国第一个管理学家代表团访美，对美国

20 世纪 90 年代汪应洛教授（右二）等率工业工程代表团访问日本东芝公司

的管理教育作了比较全面的考察，回国后针对我国大学管理教育取消多年、管理人才缺乏、整体素质偏低等现状，向教育部极力建议：从有实践经验的工程技术人员中培养高级工程管理人员，推动我国管理教育尤其是工程管理学科的发展。同时他在西安交通大学率先力行：20 世纪 80 年代初为国家培训一大批大中型企业厂长、总工程师（汪应洛任“全国大中型企业领导干部培训教学指导委员会”副主任委员）；开始办工程与管理双学位班，培养了一批具有工程背景的高层管理人员；1984 年推动建立我国第一批管理学院，进一步促进了我国的管理教育。已培养了一批优秀的学生，其中博士 60 名、博士后 11 名，另外还有一批正在就读的博士生。多数毕业生已成为我国管理科学与工程学科的学术骨干（有些已成为博士生导师）或高级工程管理人员，如 1996 年青年科学家奖获得者席酉民博士（西交利物浦大学执行校长），原轻工部副部长潘蓓蕾（第一批双学位班学生），长江学者两名、国家杰出青年基金获得者 4 人。教学成果获得国家级教学成果二等奖 2 项、省教学成果一等奖 1 项。西安交通大学管理科学与工程学科和工商管理学科先后被评为国家重点学科，2007 年全国一级学科评比排名第一。2012 年全国一级学科评估，工商管理学科全国排名第一，管理科学与工程学科全国排名第二。

（2）管理科学与工程教学体系与学科建设

汪应洛长期担任教育部管理工程类教学指导委员会主任委员，对管理工程类专业设置、师资培养、教材编写、质量评估做了大量工作，推动了全国管理工程教育。1982 年主编出版《系统工程导论》教材。1986 年主编出版《系统工程》（1995 年 2 版，2003 年 3 版），获机械电子部优秀教材一等奖。1992 年主编出版《系统工程理论方法与应用》（1998 年 2 版），获国家教委优秀教材一等奖。这些教材均成为高校广泛采用的教材。

汪应洛教授主编的系统工程领域的教材

1984年，汪应洛建议国务院学位委员会成立管理工程学科评议组，任首届组长，一直连任召集人，直至2003年年初。为了推动学科发展，帮助一批学校加强学科建设，建立了管理科学与工程学科博士点；组织全国相关学科讨论建立管理学门类，经国务院学位委员会批准后实施。20世纪90年代初期，提出发展工业工程学科的研究、应用和人才培养，首先在机械工业推广应用，并在中国机械工程学会下设立工业工程分会，担任主任委员。为了适应社会需求，汪应洛率先在西安交通大学管理学院设立工业工程专业，培养出一批学士、硕士、博士；协助工业部门培养了上万名的自学考试的工业工程大学生和工程硕士，受到工业界的欢迎。2003年开始承担一系列中国工程院关于工程管理人才培养咨询项目，具体包括新型工业化道路进程中工程管理教育改革、中国工业工程应用现状与发展策略研究、创新型工程管理人才培育策略；研究并提出在新形势下如何培养高素质的工程管理人才的战略；积极推动工程管理人才培养工作，2010年联合中国工程院工程管理学部院士向国家学位办提出培养工程管理专业人才的建议，于2011年经学位办批准新增工程管理专业硕士研究生（MEM）学位点。

20世纪90年代初，汪应洛受国家自然科学基金委委托，组织有关专家研究我国管理科学学科发展战略，对我国管理科学学科体系进行深入系统的研究，论证了学科发展态势、阶段和机会，提出我国跨世纪管理科学学科发展的战略目标、优先研究领域等，成果应用于国家自然科学基金委“九五规划”及管理科学学科重点项目遴选。1995年出版《管理科学学科发展战略》一书，该成果于1999年获国家科技进步奖三等奖。

5. 汪应洛参与或主持的基金及重大咨询项目研究

教育部博士点基金项目:网络组织的知识管理研究(20040698027)。该项目的主要内容包括：①网络组织的知识管理的理论基础，认识网络组织中知识活动机制、明确知识管理的机理与规律，识别知识在网络组织中活动绩效的因素，以及知识在活动中的绩效如何测度；②网络组织的知识管理中的组织问题，具体包括知识管理的网络组织构建，网络组织的知识管理中的契约安排，支持网络组织知识管理的信任机制，基于知识管理的网络组织的风险预期、规避及控制机制；③知识管理技术在网络组织中的应用，具体包括网络组织的知识管理技术的理论研究，知识管理技术在网络组织的应用。

同时，汪应洛还参与了中国工程院咨询项目多项，具体如下：

(1)中国智能城市建设与推进战略研究。城市经济、科技、文化、管理发展战略研究，是由中国工程院组织一批院士、专家从城市信息的全面感知，以及城市生活的智能决策与处理，实现城市可持续发展、优化产业布局和改善民生三者的有机统筹建设的研究。

(2)工程管理理论体系的研究。我国是当代全世界的工程大国，每年大约有20多万亿元的工程建设投资，大量雄伟的工程建设项目积累了丰富的实践经验，如长江三峡工程、载人飞船工程，从我国大量的工程实践中凝练出了丰富的工程管理理论体系。

(3)中国服务型制造业的发展战略研究(汪应洛主持研究)。该课题研究了中国产业升级中面临的问题，服务型制造产业发展对中国产业结构升级和优化的意义与价值，以及服务型制造产业的战略发展和实施策略等问题，取得了一批在国内外具有一定影响力的研究成果，并推动了服务型制造的产业实践。有些地方政府已经把发展现代服务业、促进制造业和服务业的融合发展，作为发展现代产业体系，促进产业结构优化升级的重要措施。在企业界，陕鼓动力集团、陕汽集团、上海电气集团等企业，通过发展服务型制造产业，显著提高了企业的经济效益和社会效益，提高了自身的核心竞争力，获得了持续的竞争优势。

（4）中国企业自主设计能力提升战略研究。该课题从提升我国制造业的自主设计能力，促进中国制造业优化升级，促进经济发展方式转变等途径展开研究。如何进一步推动科技资源的统筹，促进资源整合；如何倡导和发展制造业自主设计能力，是促进我国科技服务业的发展，推动制造业和服务业的融合的关键问题；通过调研针对提高我国制造业的自主设计能力，促进人口素质的进一步提高，驱动全民教育水平和质量的进一步提升提出了相关建议。

（5）《工程哲学》，该书是中国工程院“工程哲学”课题研究的学术结晶，是我国工程专家和哲学家合作的成果，该书在“自然—工程—社会”的复杂关系中分析和研究工程和工程哲学，提出了许多新观点，是一本开拓性的著作。该书面向工程界、企业界、哲学界、社会科学界、有关公务员、政策研究人员等，特别是面向广大工程师、理工科院校的师生，该书已作为相关院校的教学用书。

（6）《工程演化论》，该书是2007年出版的《工程哲学》一书的延伸和深化。通过该书的研究和写作过程，开拓出“工程演化论”这个学术新主题、新方向、新领域，也希望能对转变经济发展方式，调整产业结构和产业升级起到促进作用。

（7）国家大型工程项目管理问题的调查研究。对我国重点的大型工程项目进行调研，具体包括三峡工程、国家大剧院等重大项目，在调研的基础上对我国大型工程项目管理中存在的问题及经验进行了总结，并就如何更有效地管理大型工程项目提出了相应的政策和建议。

（8）中船工业集团中长期发展规划咨询评价。受中国船舶工业集团的委托，中国工程院组织了一批院士专家对中国船舶工业集团的发展战略进行了咨询与研究，就中国船舶工业集团的现状、发展机遇、战略目标与战略实施等进行了具体的研究，在此基础上系统提出了中国船舶工业集团的发展规划的咨询建议。

（9）新型工业化道路进程中的工程管理教育改革。其研究目标为：在新型工业化进程中，工程管理人才如何培养适应新型工业化进程的需要，在对国内外工程管理人才培养的经验和知识体系的对比分析的基础上，提出了在我国新时代的背景下如何培养创新型工程管理人才的策略。

（10）工业工程——中国实现世界制造基地的杠杆。对中国工业工程应用现状与发展策略研究，对我国工业工程理论与方法在我国企业尤其是大型制造业企业里的应用现状进行了大范围的调研，在此基础上提出了在中国现阶段大力发展并提升工业工程人才培养与学科建设的策略。

（11）创新型工程人才培养研究——创新型工程管理人才培养研究。就如何在中国培养创新型工程管理人才提出了相应的政策和建议、培育策略，并通过中国工程院向教育部建议设立工程管理专业硕士学位，教育部采纳了该建议。

（12）三峡工程论证及可行性研究结论的阶段性评估项目。评估对象是 1992 年七届全国人大五次会议正式审议批准的论证报告和可行性研究报告。三峡工程项目阶段性评估研究，就三峡工程的防洪、发电、航运等各方面进行了经济效益、社会效益、环境效益等系统的阶段性评估，汪应洛在该课题中主要承担经济组的评估研究工作。经研究结论是：财务评估结果表明，三峡工程财务效果较好，与原论证的财务评估结论一致；国民经济分析结果表明，三峡工程国民经济效益是好的，与原论证的结论一致。

三、三峡工程智囊团

三峡大坝主体工程竣工后，汪应洛高瞻远瞩，及时提出对三峡库区发展低碳经济的战略思考，为三峡工程的可持续发展指出了方向，受到国家有关方面的高度重视。汪应洛撰写了论文《三峡库区发展低碳经济的战略思考》。他在文章中写道，随着2009年三峡大坝主体工程的全面竣工以及三峡电力机组的顺利投产，涉及高达124.55万人总体搬迁任务的完成，标志着我国三峡建设已基本完成。2008年1月，国务院《关于推进重庆市统筹城乡改革和发展的若干意见》明确提出，“加强库区生态环境建设”，“把三峡库区建成长江流域的重要生态屏障，维护长江健康生命”。这说明移民安稳致富、库区社会经济发展、生态环境建设已逐渐成为三峡库区后续工作的主题，是“后三峡时代”需要长期关注的重点和核心问题。推进库区清洁发展是适应低碳经济发展的时代要求。三峡库区如何低碳发展是目前急需思考的重大战略问题。

21世纪初，汪应洛教授（右）和中国工程院常务副院长潘云鹤考察三峡工程库区

汪应洛在《三峡工程论证及可行性研究结论的阶段性评估项目综合报告》中指出，目前，急需关注三峡库区的移民安稳致富、生态环境建设和社会经济的协同发展问题。

三峡库区人地、就业和生态矛盾对发展低碳经济提出了挑战。

随着 124.55 万人搬迁任务的完成，三峡库区实现了“移得出”的基本目标，但离实现“稳得住、逐步能致富”的目标，还有一定差距。目前，主要表现如下：一是产业空虚问题，导致库区迁建企业的下岗职工、关闭企业和进城安置移民就业困难。三峡库区受自然、地理因素影响导致招商引资困难，制约了工业的发展，使库区自身解决就业问题的环境差。同时，受全国就业环境以及移民生活条件和习惯的影响，大量移民回流返乡，使得移民再就业、社会保障问题突显。二是自然生态条件不利于农业发展。三峡地区的基本地貌是“七山一水两分田”，平地少、坡地多，水田少、旱地多，成片地少、零星地多，人均可耕地约 0.78 亩 / 人，低于联合国规定 0.8 亩的最低警戒线。水土流失面积占幅员总面积的 90%，自然灾害频繁，农业生产条件差，产业化水平低。

自然风景和人文景观将成为三峡库区脱贫致富的支柱性产业。三峡工程建设以来，库区各级政府利用三峡品牌和自然、人文景观发展旅游业，使三峡旅游资源得到了部分开发，但还存在如下问题值得重视：库区涉及重庆、湖北的 20 多个县市，在缺乏对三峡旅游品牌的整体开发和营销情况下，亟待出台惠及库区整体的区域旅游规划。库区悠久的文化、医药、民俗与旅游经济脱节。目前，缺乏产业间的相互促进、协同发展。三是低碳旅游消费未形成。目前，旅游消费造成的点源污染、面源污染、流动污染问题较为突出，将库区旅游业彻底扭转到低碳、环保的发展道路上来，尚有不少工作要做。

三峡成库后，水体流速放缓，自净能力下降等，使部分支流及其向干流汇入区域的水质已有明显的恶化迹象。三峡库区沿岸上百座大中小城市不断排放的生活污水，两三亿只畜禽每天的排泄物以及农药化肥的大量使用，同时加上工业污染和航运污染的治理不力等，使三峡水库的水质和生态环境恶化。如何在不影响三峡库区经济发展的前提下实现节能减排目标，是库区发展低碳经济当前面临的重要挑战，但并非是不可逾越的鸿沟。

汪应洛认为，发展低碳经济为三峡库区保护生态环境提供了机遇。

我国是《京都议定书》的缔约国。三峡库区要保护生态环境，必须快速适应新经济发展模式的要求，走低碳发展之路。

发展低碳经济是我国协调经济发展与应对气候变化的根本途径与战略选择。低碳经济实质是能源高效利用、清洁能源开发，核心是能源技术和减排技术创新、产业结构和制度创新以及人类生存发展观念的根本性转变。低碳生活与健康、绿色、幸福的品质联系在一起，它是一种低成本、低代价的生活方式。

在文章中，汪应洛提出了将三峡库区建成我国低碳生态示范区的建议。

要实现三峡库区的可持续发展，就必须大力发展低碳经济，有效保护库区水资源环境，解决目前存在的产业空虚、移民就业难等问题。因此，要积极利用库区特色，调整现有产业结构，建立起对库区财政起支撑作用并能创造大量就业岗位的骨干和特色产业。

（1）大力发展低碳旅游产业。三峡库区现有资源特点使旅游业成为库区脱贫致富的战略性和支柱性产业。

（2）培育低碳旅游产业群。旅游业重复性强、频率高，具有很强的消费关联性，带动系数大，就业机会多，对最终消费的刺激作用最直接，对繁荣市场的效果相当明显，抓好旅游业就等于抓住了促进最终消费的关键环节。尽管旅游业资源消耗性低，但决非零排放。要在保持三峡库区旅游业良性发展的同时，降低对能源消费的依赖，形成以旅游业为主的低碳产业群。

（3）有效规划库区旅游资源。首先，整合渝鄂库区资源，统筹三峡景区，统一策划、规划和营销库区景区，规避目前各自为政的不利现状；其次，通过制定、实施旅游产业发展政策和激励机制，进一步优化库区旅游发展软环境，重点在项目引导资金、贴息贷款、税费减免、土地调整和简化审批程序等方面给予大力支持；再次，充分发挥三峡旅游的综合效益和带动三峡库区经济发展、移民安稳致富的作用，强化旅游业对三峡库区地区经济惠及程度，加强库区旅游对第一、二产业的带动促进作用，让库区旅游资源相对匮乏的移民区县也享受到发展旅游业所带来的好处；最后，合理评估库区客流容量的限制，规避旅游旺季来临库区人满为患、垃圾遍地、库区水质严重污染的不利后果，加强库区卫生监测，提高环境治理力度以及调整经济发展模式。

（4）打造库区低碳交通走廊。机动游船是三峡库区旅游及客运的最主要交通工具。然而，以燃油发动机为动力的机动船对水环境造成污染，主要体现为含油废水、生活污水、生活垃圾及海损污染事故等方面。随着太阳能游艇游船、氢能燃料电池等技术的逐渐成熟，努力减少以燃油发动机为动力的水上交通工具，用无污染的机动旅游船替代现有的燃油机动船，进行旅游线路上一县一停，充分利用低电价的政策进行夜间充电，应用先进技术解决旅游船舶造成

20世纪初，三峡工程智囊团汪应洛院士（右）等为三峡库区发展规划出谋划策

的生活污水、生活垃圾问题，不仅在运行动力成本方面具有竞争力，旅游交通服务将有可能实现较少的旅游碳排放甚至是零排放，是打造三峡库区低碳交通走廊的重要途径。

（5）营销库区特色产业。首先，依托国家级文化、自然遗产地，打造有代表性的精品景区；其次，在妥善保护自然生态、原居环境和历史文化遗存的前提下，合理利用民族村寨、古村古镇，建设特色景观旅游村镇，规范发展“农家乐”、休闲农庄等旅游产品，实施乡村旅游富民工程；再次，传承与开发库区优秀少数民族传统医药、民族特色小商品，库区少数民族特色产品大多数是出于利用当地资源的手工制造；最后，加强保护库区自然文化遗产的同时，深挖库区文化内涵，普及科学知识，把提升文化内涵贯穿到吃、住、行、游、购、娱各环节和库区旅游业发展全过程。旅游商品要提高文化创意水平，旅游餐饮要突出文化特色，旅游经营服务要体现人文特质。要发挥库区的文化资源优势，推出具有地方特色和民族特色的演艺、节庆等文化旅游产品。

（6）适宜发展经济作物。汪应洛强调要适宜发展低碳种植业。为促进三峡库区移民安稳致富、经济社会的可持续发展，以三峡库区资源优势为依托，因地制宜地积极发展适宜库区种植的经济作物，发挥可以吸纳就业等优势。适宜库区发展的经济作物有许多，如茶叶、柑橘、板栗、食用菌、笋用竹、龙眼、榨菜、高山玫瑰以及众多其他特色花卉等。以高山玫瑰为例，如果能够实现在库区不同海拔地带、不同土壤条件下开展高山玫瑰引种栽植试验，配套以苗圃基地及产业化开发示范项目，结合三峡库区沿江绿化带和三峡旅游景观带的建设，协同库区旅游业，不仅可以实现峡江两岸漫山遍野的鲜花，形成绚丽迷人的新景观，而且在实现种植规模和产业规模的基础上，将成为移民增收的新产业。因此，在充分调研、科学引进的基础上，结合退耕还林，采取诸如“农户＋基地＋项目”等建设模式，使库区经济作物成为另一主导产业，为当地群众创收，使生态建设与低碳经济发展相互促进。另外，要特别重视库区垃圾无害化处理与农业有机肥联动机制，避免发展经济作物的同时出现化肥大量使用导致库区水体污染加重的问题。

（7）挖掘碳汇种植潜力。三峡库区不乏优良的水土保持植物、速生丰产树种。增加碳汇以提高对温室气体的吸收也是减排的重要途径。增加碳汇有三个领域：森林、耕地以及草地。再造林碳汇项目是《京都议定书》框架下发达国家和发展中国家之间在林业领域内的唯一合作机制，是指通过森林固碳作用来充抵减排二氧化碳量的义务，通过市场实现森林生态效益价值的补偿。森林碳汇是最有效的固碳方式。三峡库区耕地只占 16% 左右，而林地占 47% 以上，因此增加或保持耕地土壤碳库的碳储量有很大的潜力。在三峡库区建立国内碳交易市场，将改变造林项目年年投入、一次回收的生产模式。在库区适宜发展林业地区内，应通过造林和再造林、建立农林复合系统等方式增强森林碳汇，通过减少毁林、改进采伐作业等措施来保护森林碳储存，通过沼气替代薪柴、耐用木质林产品替代能源密集型材料、采伐剩余物的回收利用、进行木材产品的深加工、循环使用来实现碳替代，不仅可以满足工业发展的原料需要，还可以解决库区水土流失问题，使得库区生态和工业发展都会取得突破。

（8）搭建国内碳交易市场。尽管我国碳交易市场潜力巨大，但仍以 CDM 项目的场外交易为主，碳交易市场和标准都由发达国家掌握，我国始终处于全球碳交易产业链的最低端，巨大的减排量被发达国家低价收购。因此，建立适合我国国情的碳排放交易体系迫在眉睫。充分利用我国节能减排与低碳经济发展之间的政策协同关系，深入研究国际规则，分析影响我国开展碳交易项目开发进度和数量的诸多问题，大力推进国内碳交易市场的建设，搭建公开、公平、公正的专业性三峡交易平台，使我国履行低碳发展的企业、产业甚至个人或地区从减排中得到最大程度的实惠。三峡库区应在充分调研的基础上，开展造林项目的可行性研究，在适宜大面积造林地区开展造林碳汇的试点项目，同时积极寻求三峡库区造林碳汇项目的国际谈判。通过 CDM 机制为三峡库区造林项目吸引投资，通过市场实现森林生态效益价值补偿，不仅能为三峡库区带来一定数量的林业建设资金，有利于吸引库区移民就业，有利于库区水土保持，而且能从多个方面促进库区社会经济和环境稳定发展，实现库区低碳经济的长期可持续发展。

汪应洛倡导构建库区农村低碳生活消费体系。

发展库区低碳经济，倡导清洁能源农村的低碳生活，因地制宜、因时制宜地推行沼气工程，宣传和倡导可再生能源的消费模式，同时实施相应的激励政策，降低库区生活污水、农畜排泄物排放以及减少农药化肥的大量使用，是保持库区水质和生态环境的重要途径。

首先，搞好农村沼气建设，利用沼气这一可再生的清洁能源，替代薪柴等传统生物质能源及煤气等商品能源，减少薪柴使用量，优化农村能源消费结构，保护森林资源、生态环境，促进生态经济发展；其次，发展农村沼气，吸纳厕所、猪圈所产生的污染物，对废弃物进行无害化处理，把环境卫生问题解决在家居、庭院和街区之内；最后，充分利用沼渣、沼液这些优质高效的有机肥料替代传统的化肥、农药，增加土壤有机质改良土壤，积极推进有机农业发展，维护农业生态系统平衡作用。

总而言之，低碳经济与人口、环境、经济增长乃至整个国民经济存在复杂的传递和反馈作用，库区低碳经济的实现是一项复杂的系统工程。不仅需要政府多管齐下，多措并举，更需要库区群众的大力配合，维护和提升长江三峡这一世界级品牌，探索、总结、建立解决库区人地矛盾、就业不足导致的移民收入低下问题以及库区生态安全问题的长效机制，既是为率先转变库区社会经济发展方式提供依据，也是库区可持续发展的必然要求。

四、战胜病魔攀高峰

2001 年春节，汪应洛从天津出差回来，感觉到肠胃不舒服，总排不出大便。开始他以为是在外出差，水土不服，生活规律被打破，引起了排便不畅。谁知回到家以后，生活正常了，仍然排不出大便。时间过了 5 天，肚子也有点发胀。张娴如给他请来医生诊治，医生给他进行了按摩和推拿，肚子就不胀了，但是仍然排不出大便，用其他方法调治都不起作用，只好连夜送他去医院。医生给汪应洛做了初步检查，便说："你得住院检查。"于是，汪应洛就在医院里住了下来。

消化科的医生给汪应洛进行了灌肠术，但不起作用，便请各科医生来会诊。会诊之后，一个外科大夫把张娴如叫到旁边的办公室，告诉她说："他的症状很明确，是癌症。"一听这话，张娴如吓得眼泪哗哗地流出来。

主治大夫说："要马上做手术，不能耽搁了！"

明天就是大年夜，医院要放假了，这该怎么办?

主治大夫说："明天去给有关科室打个招呼，请他们给你做个造影，把病灶位置确定一下，大年初一给你做手术！"

张娴如在绝望中看到了希望，她遇到了一位好大夫！没有找什么关系，也没有苦苦哀求，是医生自己主动提出大年初一给汪应洛做手术的，张娴如深深地感激着这位高尚的救死扶伤的白衣天使！

张娴如说，医院里做 B 超的技术员是汪应洛一个学生的爱人，过去是位护士。主治大夫说他认识这人，便过去给这位 B 超技术员打了招呼，叫她及时给汪应洛做检查。

医生要在大年初一给汪应洛做手术，让张娴如决定到底做不做。张娴如非常害怕，拿不定主意。正好孙林岩来医院看望汪应洛，顺便给他汇报学院工作上的事。张娴如本来想把孙林岩叫出来商量一下，看要不要做手术。但一转念，考虑到瞒着汪应洛也不好，于是就当着汪应洛的面同孙林岩商议究竟要不要做手术。这时一位医生说，这病越往后拖越不好！张娴如又哇的一声哭起来。她问汪应洛："这到底该怎么办呀？"汪应洛平静地说："那就做吧！"孙林岩也在旁边说："还是早一点做好！"决定后，医生就赶紧给医院有关部门打招呼，因为当时面临放假，各科室都基本停止工作了，医生让赶紧准备东西，给汪应洛做造影检查等准备工作。

大年初一，汪应洛被推进了手术室。医生让张娴如在手术单上签字，张娴如紧张得不得了。看着手术单写的各种可能出现的情况，张娴如非常害怕。她知道汪应洛有糖尿病，有糖尿病伤口就不容易愈合；汪应洛患有高血压，又发生过脑出血，手术单上所说的各种情况都有可能随时发生。她实在难以在手术单上签字。汪应洛的学生们陪伴着张娴如，大家安慰她，说汪老师不会有事，手术是安全的。张娴如最后还是下了决心，用颤抖的手在手术单上签上了自己的名字。

手术做得很顺利，主刀医生把切下来的病灶拿给张娴如看，肠子边上一圈像项链一样的颗粒，把肠子都堵住了，所以大便排不下来。

汪应洛这次在西安住院，离家较近，方便多了。医院在病房中给张娴如留了一张床位，让她休息。汪应洛的同事和学生纷纷前来看望他，大家轮流值班，让张娴如多休息一会儿。有的学生给医院打来电话，说他们要来看望汪老师，问汪老师喜欢吃什么东西，他们要给汪老师带点好吃的来。张娴如连连谢绝他们，说不需要什么东西，送来的东西太多了，吃不完，也没地方放。尽管尽量劝阻，学生们还是一拨又一拨地到医院来看望汪应洛，送来的吃食柜子都放满了。

汪应洛的一个学生是庆华公司的党委书记，他白天工作忙，晚上就到医院来陪护汪老师，给老师端屎接尿。这位学生让张娴如在旁边的床上睡觉休息，自己坐在一个小凳子上，在夜灯下写材料、办公。第二天张娴如一起床，这位学生就给她汇报汪老师晚上的情况，汇报汪老师昨天晚上服了几次药，流了多少尿液，等等。

汪应洛的病情稍微好了一些，就开始在病床上写材料。张娴如劝他好好休息，不要写东西了。汪应洛说他的身体还行，坚持要抽空处理一下工作上的事情。

有一天，有人给张娴如家里打电话，叫张娴如接收一份材料。张娴如赶回家里，来的人说协会推荐汪老师竞选中国工程院院士，还需要一些材料，叫汪老师赶紧补报一下。张娴如回到医院，向汪应洛说明了这一情况。她说："你身体都这样了，真不要命了嘛，干脆放弃了吧，别申报院士了！"汪应洛一向淡泊名利，从不计较什么职务和地位，但这次他却坚持要申报。张娴如明白，汪应洛希望进入中国工程院，并不是图什么名和利，他有许多关于国家发展大局的设想和意图，希望能通过中国工程院这个平台去实现。尽管他身体有病，也知道申请中国工程院院士是多么困难和不易，但他还是努力。凭借着百折不挠的努力和丰硕卓绝的学术贡献，汪应洛于2013年当选为中国工程院院士。

2008年6月，汪应洛与夫人张娴如参加第七届"光华工程科技奖"招待晚宴

五、提名院士自述词

在被提名中国工程院院士的材料中，汪应洛对自己在管理科学与工程学科的建设、发展与人才培养及学术研究方面的工作作了如下自我介绍。

四十多年来，我一直致力于管理科学的建设、发展与人才培养，长期从事以系统工程为基础的管理创新研究，一直都在教育和工程技术界服务。这里简要介绍我在以下两个方面所做的工作。

1. 在工程科技方面的主要工作

我从 1978 年开始，在国内工程科技领域，力求将工程与管理紧密结合，运用系统工程理论和方法进行工程论证、发展规划、战略决策等方面的研究，先后主持参加了十余项国家重大项目的研究。

1.1 重大工程论证

1982 年受国家科委委托，承担三峡工程决策分析和决策支持系统的研究，并在当时论证过程中得到应用。

20 世纪 90 年代初参加长江三峡工程重大科学技术研究专家组，主要研究三峡工程综合评价及决策分析。如当时激烈争论的坝高论证，综合各方意见，经过系统分析，综合研究发电、移民、航运、防洪等因素，优化计算后，我所负责的研究组提出坝高 185 米、蓄水高 175 米的建议方案。又如，关于工程投资与国力能否承受的研究，对各方意见进行了综合剖析研究，得出了若干有价值的研究结论，如三峡工程投资估算应按国家当时规定的估算办法，不能都按西方传统的复利计算；三峡工程投资虽大，但并非一次投入，应按工程进度具体计算每年的资金投入量；三峡工程投资还可采取以电养电的方式。优化计算和综合权衡的结果表明，三峡工程投资是国力可以承受的。

该项目获国家教委科技进步一等奖。

1995 年出版专著《决策支持系统理论与实践》。

1.2 战略决策及发展规划

从 20 世纪 80 年代初期开始进行决策理论、方法及应用的研究。

1980 年参加由国务院组织的“山西能源重化工基地发展战略研究”，着重运用系统工程方法建立发展战略模型体系和进行决策分析，受到国务院技术研究中心和山西省的重视，并在实际规划中得到了应用，1990 年出版专著《战略决策》。

1995 年完成宜昌地区“城区供配电设计管理计算机智能决策支持系统”和“智能决策支持系统及信息处理”的研究与开发，1997 和 1998 年分别获得国家教委科技进步一、二等奖。

以上主要工作被学术界认为是 20 世纪 80 年代我国系统工程应用的重大成果（参见许国志等“系统工程的回顾与展望”一文，原载《系统工程理论与实践》，1990 年第 6 期）。

1990 年国家教委和国家科委联合授予“全国高等学校先进科技工作者”称号。

1.3 先进制造模式管理及生产率工程

1.3.1 生产率工程

开展我国生产率工程研究，提出符合国情的先进制造模式及管理方法。1992 年参加国家自然科学基金委“提高我国生产率”重大课题研究，将系统工程与工业工程相结合，提出生产率工程理论体系及提高工业生产率系统化方法，在工业企业得到有效应用。1995 年获陕西省科技进步二等奖，2001 年出版专著《生产率工程》。

1.3.2 先进制造模式及管理

1999 年开始承担国家自然科学基金重大项目“先进制造技术若干基础研究”（批准号：59990470-4）和科技部“九五”攻关项目“分散网络化制造及管理研究”。在研究中，以我国制造业现状、面临的机遇和挑战为切入点，深入研究了先进制造模式的内涵、特征及其演变机理；指出先进制造模式的基本特征是快速响应市场需求和制造资源快速有效集成；首次对国际上最具代表性的 63 种先进制造模式进行了系统、科学的分析、比较和分类研究。

在充分研究国外先进制造模式的基础上，先后与一批企业、研究所合作，结合我国制造业现状和国情提出了“精简、灵捷、柔性生产系统”的科学管理，研究了聚合制造、灵捷网络化制造、生态制造和合作制造等几种新型制造模式。对先进制造模式中的科学管理进行了深入系统的研究，如虚拟企业的组织管理、知识供应链及知识管理、战略联盟环境下的业务流程改造等。

此外，我们课题组还对全国企业实施先进制造技术和先进制造模式进行了大量调查研究，对几个典型案例进行了实证研究，如广东机械研究所的跨国战略联盟，实施 24 小时不间断研究开发；深圳生产力促进中心的模具制造战略联盟等。这些为我国企业推行先进制造模式积累了经验，树立了信心。

2002～2003 年参加编写并出版专著《灵捷网络化制造模式与管理机制》《灵捷虚拟企业的科学管理》。该重大课题已通过鉴定，鉴定专家评价为“总体成果具有国际水平，部分成果达到国际先进水平”。

本项目 1999 年获部级科技进步二等奖。

2001 年本人获中国机械工程学会五年一次颁发的科技成就奖。

1.4 战略管理理论的全新研究及应用

1.4.1 战略理论和战略管理应用

从 20 世纪 80 年代中期，开展战略理论和战略管理的研究，参与国务院发展研究中心组织的“2000年的中国”及“中国地区协调发展战略与政策综合研究”，我在工作中的贡献受到“中心”的嘉奖。

20世纪80年代初，将战略管理中的有关理论应用到区域经济发展战略模型体系中，为一些省、区的区域发展规划提供理论依据。1990年出版《战略研究理论与企业战略》等。

重视可持续发展战略及其环境与资源协调发展问题，1998年出版专著《清洁生产》，2001年为联合国试点城市铜川编制《铜川21世纪议程》。

1.4.2 柔性战略及其在工业企业和工程管理中的应用

20世纪90年代以来，针对骤变环境不确定程度高的特点，国际上开始关注一批大型企业濒临困境及由此引发的柔性战略（strategic flexibility）问题。我们经过多年研究，提出了柔性战略（flexible strategy）理论体系和以战略转换为纽带实现战略一体化管理的方法。

柔性战略强调战略的博弈性，而不满足战略的计划性；强调通过战略产品的开发来合理地利用变化甚至促成变化，而不仅仅满足适应变化；强调通过战略设计获得更多的行动机会，并以有效的价值网络竞争来创造机会，把握战略时机，以降低不确定性可能带来的损失；同时注重通过系统学习和组织间的知识转移，对战略在环境发生急剧变化时进行适时转换，并关注转换效率和转换成本。

本项目和世界一流的伦敦商学院等一些国际著名研究机构合作，对国内外600余家企业进行了反复的调查研究，通过大样本的统计分析，得到一批有益的论点。同时，结合不同产品创新类型提出了相应的战略选择方案，受到国内外同行的重视。上述许多成果在国内海信、彩虹等一批大型企业中应用，效果显著。

1.4.3 将柔性战略理论应用于“863”高技术产业化过程和机制研究

针对当时“863”项目战略目标调整以及高技术产业化中的问

题，通过对大量高技术产业化单位的调查研究，典型案例研究和中外高技术产业化的比较研究，对高技术产业化中的产权划分、成果归属、实现产业化途径及机制等实践中存在的亟待解决的关键问题进行了系统分析和实证研究，提出高技术产业化既要符合高技术研究与开发的规律，又要符合市场竞争规律。该项目是1995年受国家科委高技术司委托主持研究的。经国家科委组织鉴定并在实践中得到应用。对我国高技术发展战略的调整和完善起到积极促进作用，1997年获省级科技进步二等奖。

2. 在管理科学与工程学科建设和人才培养方面的主要贡献

通过大量科研和管理实践，我深刻体会到中国实现管理现代化，关键是需要一批高素质的复合型人才。为此，本人一贯积极倡导在工科院校加强管理科学与工程教育和学科建设。

2.1 推动我国管理科学与工程教育

我在1979年参加我国第一个管理学家代表团访美，对美国的管理教育作了比较全面的考察。回国后针对我国大学管理教育取消多年、管理人才缺乏、整体素质偏低等现状，向教育部极力建议：从有实践经验的工程技术人员中培养高级工程管理人员，推动我国管理教育尤其是管理工程学科的发展，同时在我校率先力行。20世纪80年代初为国家培训一大批大中型企业厂长、总工程师（我任“全国大中型企业领导干部培训教学指导委员会”副主任委员）；开始办工程与管理双学位班，培养了一批具有工程背景的高层管理人员；1984年推动建立我国第一批管理学院，进一步促进了我国的管理教育。

长期担任教育部管理工程类教学指导委员会主任委员，对管理工程专业设置、师资培养、教材编写、质量评估做了大量工作，推动了全国管理工程教育。

1982年主编出版《系统工程导论》教材。1986年主编出版《系统工程》(1995年2版，2003年3版)，获机械电子部优秀教材一等奖。1992年主编出版《系统工程理论方法与应用》(1998年2版)，获国家教委优秀教材一等奖。这些著作均成为高校广泛采用的教材。

2.2 推动我国管理科学与工程学科的发展

1984年建议国务院学位委员会成立管理工程学科评议组，本人由自动化学科评议组转任首届组长，一直连任召集人，直至2003年年初。为了推动学科发展，帮助一批学校加强学科建设，建立了管理工程博士点；争取西安交通大学管理工程学科被评为全国重点学科；组织全国相关学科讨论建立管理学门类，经国务院学位委员会批准后实施。

2.3 推动我国工业工程学科的发展

20世纪90年代初期，我提出发展工业工程学科的研究、应用和人才培养。首先在机械工业推广应用，并在中国机械工程学会下设立工业工程分会，我担任主任委员。为了适应社会需求，率先在西安交通大学管理学院设立工业工程专业，培养出一批学士、硕士、博士。协助工业部门培养了上万名的自学考试的工业工程大学生和工程硕士，受到工业界的欢迎。

2.4 研究我国管理科学学科发展战略

20世纪90年代初，受国家自然科学基金委委托，由我组织有关专家研究我国管理科学学科发展战略，对我国管理科学学科体系进行深入系统研究，论证了学科发展态势、阶段和机会，提出我国跨世纪管理科学学科发展的战略目标、优先研究领域等，成果应用于国家自然科学基金委“九五规划”及管理科学学科重点项目遴选。1995年出版《管理科学学科发展战略》一书，1999年获国家科技进步三等奖。

2.5 学科建设及人才培养的主要成果

多年来将系统工程、管理工程和工业工程的理论与方法融会贯通，形成了具有特色的管理工程教育及学术思想。

已培养了一批优秀的学生，其中博士 48 名，博士后 9 名，另外还有一批正在就读的博士生。多数毕业生已成为我国管理科学与工程学科的学术骨干（有些已成为博士生导师）或高级工程管理人员，如 1996 年青年科学家奖获得者席酉民博士（西安交通大学副校长），原轻工部副部长潘蓓蕾（第一批双学位班学生）。

获国家科技进步三等奖 1 项和省部级科技进步一等奖 2 项、二等奖 6 项、国家级教学成果二等奖 2 项、省教学成果一等奖 1 项。积极开展国际学术交流，至今还担任国际工业工程学会（International IE Society）常务理事、《计算机与工业工程》（*Computer & IE Journal*）国际编委等职。

2001 年西安交通大学管理科学与工程学科再次被评为国家重点学科，2002 年全国一级学科评比排名第一。近年来社会上的学科评比也均名列前茅。

3. 结束语

在 50 年的奋斗生涯中，我深刻体会到科学管理乃治国之道。我始终坚持和追求四个方面的结合，即世界先进的科学管理理论、方法与我国国情的结合；科学管理与工程实践的结合；系统工程与管理工程、工业工程的结合；管理创新应用研究与高层次、实用型管理人才培养的结合。

今后我将继续致力于我国工程管理学科的建设与人才培养和以系统工程为基础的工程管理创新研究。

2003 年，汪应洛当选中国工程院院士庆祝大会

六、研究环保惠民生

汪应洛当选为中国工程院院士以后，他的视野更宽广了。他经常从国计民生的角度来观察和考虑问题，早在 2008 年，他就同林宣雄副教授撰写了关于环境问题的文章。在这篇文章里，汪应洛写道，民生问题，简单地说，就是与百姓生活密切相关的问题，也是他们最直接、最关心、最现实的利益问题，民生问题关乎社会治乱和政权兴亡。关注民生、重视民生、保障民生、改善民生环环相扣。随着环境问题的日益累积和越发严重，环境问题会快速浮出水面，成为时下以及今后 10 年中国最严重的民生问题。汪应洛是我国最早关注、研究和提出治理环境问题战略的学者之一。

汪应洛认为，民生问题有显性和隐性两种，它们会依据一定的条件和时机互相转化。显性民生问题处理好了，或消亡，或弱化，或隐性，皆有可能；如果任凭隐性民生问题发展，假以时日，隐性民生问题便会孕育成显性民生问题。环境问题便是具有隐性特点的民生问题，如果不加以高度重视，随着时间的推移，会显性爆发，并加剧几乎所有当前显性民生问题的表现力度和爆发程度。

环境问题是伴随人类文明特别是工业化进程而出现的危害人类的 21 世纪最大的问题，具有公地性、后显性或隔代显现性、全球波及性、吞噬性、叠加性、全面影响性和时空密集性等特点。公地性使得环境破坏容易究责难，法不及众罚及众；后显性或隔代显现性使得人类有理由麻木，有理由追求眼前利益而不顾子孙后代；全球波及性是指环境问题的危害不局限于一个地区，就像台风一样，所到之处无一幸免。但台风毕竟有时段性，而环境问题可以循环危害，如果不加以控制、处理，便有始无终；吞噬性使得环境问题会颠覆或吞噬其他民生问题的解决成果；叠加性是指环境问题随着时间的推移会累积加重，而不会如台风那样即便不处理也会自然消亡；全面影响性是指环境问题会对人类生命生活产生全面的影响；时空密集性是指环境问题会对人类从体内到体外等点、线、面所有活动空间产生影响，乃至大气层以下其危害无处不在，其危害无时不有。

汪应洛写道，人类的先哲们早已对环境问题有深刻的认识，以环境问题是民生问题的认知促进制度与机制的建设与创新，提升中国环保的根本品质、政党的执政意识、政府的决策思维，形成政府各部门的环保合力，从而大大加强广大公务人员的环保执行力，在当下中国极具意义，深有裨益。

环境问题是民生问题，而且是今后 10 年重大民生问题，那么从现在起，中央政府务必把环保作为考核地方党政官员的重要指标，各级地方政府务必把环境问题的解决列入重要的议事日程，而老百姓务必把解决环境问题作为评判各级地方官员任上政绩的重要依据，并做自觉的环保人。中央、地方、百姓的环保角色担当和作用发挥构成了中国环保的金字塔，三个“务必”就是环保金字塔的钢架铁梁，而对环境问题的正确认知便是环保金字塔的黏结剂。中央决策、地方执行、百姓参与，没有什么环境问题解决不了了。认知了，就会有意识；意识了，就会有行动；行动了，就会有结果。

汪应洛关于环境问题敏锐的预见性，在国家后来一系列的治理环境问题的政策和举措中得到了体现。

七、众星捧月庆八秩

2010年5月21日，是汪应洛80岁华诞和执教60年纪念日，西安交通大学开展了一系列庆祝活动，颂扬汪应洛院士为发展我国管理科学所建立的丰功伟绩，祝愿他健康长寿。中国工程院、教育部等国家有关部委、陕西省、西安市的领导和全国各地及海外汪应洛的弟子及在校师生参加庆祝大会，中国工程院院长徐匡迪，西安交通大学党委书记王建华、校长郑南宁，中共西安市委书记、市人大常委会主任孙青云，西安市常务副市长董军等发来贺信。

中国工程院院长徐匡迪的贺信如下：

汪应洛院士：

在您八十华诞之际，谨致热烈祝贺。感谢您为我国工程科技事业发展和国民建设作出的重要贡献。您严谨求实的科学态度，孜孜不倦的学习精神，无私奉献高尚的品格，是我国工程科技界学习的榜样。祝您生日快乐，健康长寿！

中国工程院院长　徐匡迪

2010年5月21日

西安交通大学党委书记王建华、校长郑南宁出席庆祝大会，并表示热烈祝贺：

尊敬的汪应洛教授：

值此您执教60周年暨师生学术研讨会召开之际，又恰逢您80大寿，谨代表学校全体师生员工向您表示热烈的祝贺！

您是我国管理工程类教育与研究的开拓者，是我国系统管理学科的奠基人，是一位成就卓著的管理工程专家和教育家。在您的主持下，自20世纪80年代初叶管理学院恢复建立至今，保持着国内一流管理学院的地位，并成为我国西部乃至全国培育管理人才的摇篮。

精勤育人，桃李天下。您是我国管理工程学科首批博士生导师和博士后导师。您最早提出从工程师中培养管理人才，并且推动了国内培养具有双学位和MBA高级管理人才的教育。20世纪80年代后期，首先在国内倡导工业工程教育、研究与应用，为我国工业工程教育体系的建立和学科的发展作出了突出贡献。近年来，又积极推进知识管理研究和工程管理教育，在创新教育和教书育人方面取得了令人瞩目的成就。

追求真理，锐意创新。您始终站在学科发展前沿，以敏锐的洞察力和创新的思维、不断开拓的精神和勇气，率先将系统工程和管理工程的理论与方法综合应用于解决管理与工程实践和社会经济问题，创造性地完成了多项国家科研项目，为国家、区域经济发展作出了卓越贡献，享誉海内外。

今年，您已度过了在西安交通大学执教的60个春秋，您还在用您的睿智，关心着国家和学校的发展，还在为扩大学校国内外的影响积极努力。您胸怀博大，求真务实，治学严谨，言传身教，诲人不倦，是我们年轻一代做人做事的楷模和典范，西安交通大学为有您这样杰出的教授而感到无比自豪和骄傲。这里还要特别感谢长期与您相濡以沫、同舟共济的夫人张娴如老师。

再次祝愿两位老人健康长寿，生活愉快，万事顺意！

党委书记　王建华

校长　郑南宁

2010 年 5 月 10 日

时任陕西省副省长的姚引良教授在会上致辞：

尊敬的汪老师：

在您 80 寿辰暨执教 60 周年之际，我仅以一个西安交通大学校友和一个学生的名义向您及师母表示衷心的感谢。自我 1978 年 2 月步入西安交通大学以来，汪老师以其深厚的学问、谦逊的为人、严谨的治学态度和长者风范，一直影响着我们这一代西安交通大学学子。作为西安交通大学管理学院的主要创立者和学科带头人，在您的带领下，西安交通大学管理学院在科学研究和人才培养方面成就卓著，为国家培养了一大批管理科学与工程的高端人才，使西安交通大学管理学科在国内傲立群雄，为西安交通大学也为陕西争得了荣誉。在我离开西安交通大学从政的 20 多年间，多次亲历您为陕西经济发展出谋划策的过程，可以说陕西省委省政府及一些地市政府的许多重大决策都凝结着您的心血和智慧。每当同事谈及此事，我们都为有幸成为您的学生而自豪。此时此刻，我怀着感恩之心，对您多年来的培养和教诲深表谢意，并衷心地祝愿您和师母健康长寿，永远快乐！

学生：姚引良

2010 年 5 月 21 日

汪应洛院士桃李满天下，遍及全国及世界各地的学生纷纷赶来参加恩师的寿诞庆贺会，合肥工业大学原副校长杨善林教授在会上致辞时说：

汪老师平时给过我们很多指导，如果早一点告诉我今天要做致辞，我应该要把很多心里话表达出来，写出来。很遗憾，我是刚刚知道要说这么一段话。很高兴。

尊敬的汪老师，尊敬的张老师，在汪老师执教60周年暨80华诞之际，我受委托，代表全国的管理学院，向汪应洛致以衷心的祝贺。汪应洛是我国管理学科的开拓者，系统学科的奠基人。汪院士不仅仅引导和指导了西安交通大学的管理学院，还亲手把西安交通大学的管理学院培养成了我国的一流知名管理学院，帮我国培养了一批一流的管理人才。汪院士也是我们全国管理学科备受尊重、备受爱戴的老师，也为我们全国管理学科的发展作出了贡献。汪院士这种高尚的人格风范、学识风范始终激励着我们。汪院士从1996年起，是我们合肥工业大学的顾问教授，为我们合肥工业大学的管理教育发展倾注了大量心血。我们学校管理学科的发展，每一步都得益于汪院士的指导。我代表我们学校向汪院士致以衷心的感谢。汪院士也给予我们很多的关心。我们的每一步发展也都是在汪院士的指导下所取得的。最后，我代表我们学校，代表全国的管理学科，祝汪院士和张老师身体健康，健康长寿。谢谢！

汪应洛院士的学生、聊城市原市委书记宋远方因公务太忙，无法亲自赴母校向老师祝寿，特委派聊城市原副市长秦传滨代表自己前来祝贺。

尊敬的汪教授，尊敬的西安交通大学各位领导，各位同志：

今天非常高兴也非常荣幸应邀出席这次纪念庆祝汪老师执教六十周年暨八十寿辰纪念大会，可以说参加这次会议，刚才听了汪老师语重心长的话，我也很受鼓舞，很受启发。这次来，我很遗憾不是交大的毕业生，更没有能成为汪老师的弟子。但是，我想我有三个原因来参加这次活动。第一，我在学管理学的时候，就拜读过汪老师的大作，尽管理解得不深不透，也从中学到了很多的知识，对自己的能力学识，有很大的启发和提高。第二，汪老师对我们聊城的社会经济发展非常关心、非常重视。多年以来我们聊城市和交大有着密切的联系。西安交通大学的成果在聊城得到了转化，得到了发展，特别是2008年聊城市和西安交通大学建立了全面的合作关系。这两年来，市委宋书记带领我们聊城市的企业和领导多次来西安交通大学，西安交通大学的老师们和同学也多次到聊城，就人才的引进、培训、成果的转化进行了大量的合作，取得了大量的成果。应该说这些结果在聊城“转方式、调结构、获总量”的整个的盘子里起到了非常重要的作用。汪老师对西安交通大学和聊城的合作非常重视和关心。2008年3月，汪老师78岁高龄，亲自到聊城深入到企业、厂矿、农村视察，提供指导，提出了很多宝贵的意见和建议。这些建议有的已经成为我们市政府的决策。在指导聊城克服经济危机的影响，实现科学发展、跨越发展、率先发展的路子上发挥了很重要的作用。我们聊城市590万人口衷心地感谢汪老师以及西安交通大学各位专家对聊城的支持。第三，也是最重要的，受我们班长、汪老师的弟子宋远方博士的委托来参加这个庆祝会。宋远方博士对庆祝汪老师执教60周年暨80寿辰这个活动非常重视，做了精心的准备，令我非常感动。他由于有公事在身，确实不能前来，很遗憾。这里，我代表他表达对汪老师的感恩之情。为了庆祝汪老师这个寿辰，宋书记专门做了几首诗。这些诗，写在一幅画上，这些画是我们山东一位很有名的画牡丹的画家和一位画鱼的画家一起合作画的，寓意是富贵有余。诗是赞美牡丹，同时也很好地表达了学生对老师的感恩之情。我想他这首诗不仅代表他自己，代表了汪老师所有的弟子们，也代表了我们所有毕业的学生们对老师的一种崇拜和崇敬之情。这里我把它读出来，与各位老师、同学共享！

“得承雨露成花魁，乘却东风展芳菲。为报园丁桑莘苦，愿化丹红映霞辉。”

最后，我也代表宋远方书记邀请西安交大的老师和同学们到聊城去，特别是宋书记的师姐师兄、师弟师妹们，到聊城去做客。最后再次祝汪老师，福如东海长流水，寿比南山不老松！谢谢大家！

中国人民解放军第四军医大学副校长殷进功教授作为汪应洛院士的弟子代表，在庆祝大会上发言。

尊敬的汪老师和师母，尊敬的各位领导、老师、同学们：

上午好。今天我非常高兴参加汪老师执教60周年和80寿辰庆祝活动。更感荣幸的是能作为老师的学生，代表老师的弟子在这里发言，但是我临时接到任务后，又诚惶诚恐，唯恐代表不了同学们的心意和对老师的祝愿。首先，我代表全体同学对汪老师执教60周年和80寿辰表示诚挚的祝贺，也借此机会衷心感谢老师对我们的培养和教诲，并代表所有同学向老师和师母致以最崇高的敬意。作为教育家，老师执教六十载，老师教书育人，政界、教育界、科技界、企业界，国内国外，桃李满园。为了学生，老师躬身做桥，立身做梯，孜孜不倦育英才。对学生，老师传道授业、解惑，教学生如何做人做事做学问。此情此景，历历在目，记忆犹新。作为管理工程专家，老师潜心科学研究50年，承担国家重大科研项目10余项，著书立说20余部，发表论文300余篇，获得过国家奖、省部奖、教学奖、科技奖，硕果累累。作为中国工程院院士，老师拥有我国管理工程学界最高学衔当之无愧。老师精心致力于管理工程学科建设，奠基、开拓、创新，引领学术前沿，为了我国管理工程学科的建设呕

汪应洛教授（右一）和中国人民解放军第四军医大学校长参加殷进功博士学位答辩会

心沥血，作出了应有的贡献，对整个学科重大理论和实践问题，作出了突出的成就，享誉国内外。作为长辈，老师不仅关心学生的学习、生活、工作，更关心学生的成长和进步。他不仅是严师还是慈父，不仅是长辈还是益友，老师的关心、爱护、支持、帮助和谆谆教诲，让学生受益终生。师恩难忘，难忘恩师。作为八十岁的老人，老师能够殚精竭虑、领学术风骚，躬耕校园育桃李，简朴一生，设立奖学金，精神可嘉，难能可贵。这就是我们的老师，学生之师表，学校之骄傲，学界之楷模。德高堪为人范，学高堪为人师，等等，等等，难以言尽。作为老师的学生，我们以老师为自豪和荣耀，然而仅此而已是远远不够的。我等应当牢记老师教诲，不忘老师嘱托，不负老师厚望，诚实做人，踏实做事，努力学习，立足本职，奋发工作，为民族之复兴，国家之富强，人民之安康，为我国管理工程学科的辉煌，贡献我们的聪明才智和力量，为西交通大学，我们的母校添彩，为汪应洛老师争光。最后，我衷心地祝愿老师和师母幸福安康，快乐长寿。愿老师继续引领学科学术创新发展，再谱教书育人精美华章。谢谢！

西安交通大学老校长史维祥是汪应洛的入党介绍人，是汪应洛的大学同班同学、同宿舍挚友，他衷心祝贺汪应洛为发展我国管理科学所作出的巨大贡献。他深情地回忆了和汪应洛同窗攻读、并肩奋斗的日日夜夜。

2014 年，汪应洛（右）与史维祥老哥俩在共同追忆当年的奋斗史

我知道的汪应洛教授

史维祥

老同学汪应洛教授，一生勤奋耕耘成就斐然。

我与汪应洛教授在一起学习、一起工作，共有三个阶段。第一阶段，在新中国成立初期，1950年至1952年我们在交通大学上学，在同一班级，同一小组，住一个房间，我是他的入党介绍人。第二个阶段"文化大革命"结束不久，即1978年以后，我们在机械系任教，后担任系领导。我任系主任，他任系副主任。第三阶段共同在校担任校领导工作，时间在1984年后，我任校长，汪教授任副校长。韶华匆逝，一晃数十年过去了，现在我们都进入老年了，真是"高堂明镜悲白发，朝如青丝暮成雪"。几十年中，他在科研教育上作出了很大的成绩，当上了院士，现在中国工程院又为他写传记，我为他的贡献与成就感到高兴。我们把一生贡献给了教育事业，献给了交通大学。我对汪教授知道的一些情况，分上述三个阶段叙述如下，希望能为他写传记做些帮助。

第一阶段：大学读书时代

交通大学在新中国成立以前"反蒋反美"政治斗争中是上海的"民主堡垒"，地下党的力量很强，在上海的学生运动中起领头作用，所以那时党在青年学生中的影响就很大。大学生也是思想进步，跟着党走。新中国成立后进行了"镇反"、"三反"、"五反"运动，以及学校特有的知识分子思想改造，抗美援朝，青年学生参军参干的政治活动，对青年学生的思想教育作用很大。学生大都积极响应党的各个号召，要求进步，其中不少入了团，有些还要求入党。党在学生中的威信很高，大家相信中国共产党能领导人民建立一个民主、富强的新中国，大家也都对美好的未来充满了希望。在这样的历史背景下，汪教授积极要求进步，靠拢党，并努力争取入党。由于他在班上思想进步，业务学习又好，入了团又担任了团支部委员。1951年美国和朝鲜斗争，全国开展了抗美援朝、保家卫国运动，在学校中掀起了激烈的思想斗争。考上交通大学，在校继续读书，毕业后当工程师，这是每个学生的追求与向往，而去参军参干上战场，则生死不明。在这场为国家献身还是为个人前途奋斗的思想斗争中，一大批学生克服了个人思想与家庭的干扰，毅然报考参干，而汪教授就是其中之一。其后学校要对所谓旧社会过来的老知识分子（老教师）进行思想改造，使他们适应新中国、新民主主义社会，克服过去资产阶级的个人主义，摈弃欧美旧社会的思想。学校花了大量时间组织他们学习。除外面调来学校的革命干部及地下党员参加他们的学习，帮助他们进行思想改造外，还在学生中挑了一批政治上较强、思想进步的学生骨干参加老知识分子的学习，当时汪老师即为挑选出的学生干部。他积极参加了这项工作，在帮助老师进行思想改造的同时，也使自己得到很大提高。

之后学校发动了“三反”“五反”运动，要对学校旧社会过来职员的贪污犯进行清算。因此组织了很多所谓打虎（贪污犯）小组，每一小组对一名有重大嫌疑的贪污分子进行批斗及审查。这时又在学生中抽调了一些政治上可靠、立场坚定的学生骨干充实各小组，汪老师又被挑选上了。他与小组成员不分白天黑夜地工作，深入调查研究，搜集证据，做到立场坚定，工作积极肯干，表现不错。

汪教授参加以上各种活动对他思想上的触动与提高都起到了很好的作用，但真正对他思想深深触动与考验的还是他对资产阶级家庭的态度。他父亲是民族资本家，新中国成立后他们家族企业的利益受到了很大的打击，以后还要把工厂交给国家进行公私合营。在当时的情况下，是拥护共产党对私营企业改造还是站在家庭资本家的立场反对改造，这对他来说是一个政治立场上与思想情感的考验。事实证明，他经受住了考验，仍是不断进步，最后经组织批准加入了中国共产党。当时，班上的学生能被批准入党是很特别的。

第二阶段：机械系一起奋斗的那段时光

汪老师从1958年至1978年担任了机械制造系副主任。“文化大革命”后，我在担任机械制造系主任期间，与汪老师工作了一段时间。这期间他负责科研工作，并协助陶钟同志（后为省委常委）抓系里的教学管理工作。众所周知，“文化大革命”初期教学科研工作都停止了，以后又招了几届工农兵学员，教学很不正常，学生大部分时间在工厂劳动，我们三个人组建了系行政管理领导班子。国家在全国恢复高考制度后，1977级及1978级学生正式入学，正是百废待兴，“拨乱反正”，需要恢复一些规章制度。汪老师与大家一起，兢兢业业，努力工作，在比较短的时间内把教学科研中原来的一些正规制度很快恢复起来，如制订新的教学计划、教学大纲，编写新的教材。在科研方面，各个教研室确定新的科研方向。根据国家要求，我们与工业企业、政府机关开展产学研合作，确定和单位合作的科研项目，组织科研团队。在各种重建与创新方面，我们机械系在全校走在前面。

在系科研工作方面，在汪老师的领导下，各专业都有明确的科研方向与科研项目。我记得，如金相专业，在周惠久教授的带领下，在金属强度理论、低碳马氏体的机理研究与石油工业中的应用上取得了很大成绩，被称为高校科研“五朵金花”之一。教育部为该专业拨款建立了一座大楼。机械制造专业的科研号称有“八面大旗”（即八个科研方向），如提高机床工作精度、机械自动化、齿轮加工原理及液压驱动等方面的研究，在全国高校中都走在最前面。铸造专业在铸件缺陷的机理研究、球墨铸铁及失蜡铸造等新工艺的研究都取得了很好的成绩。焊接专业的科研工作也跑在兄弟院校的前面。在脉冲弧焊、新型焊机设计、板材焊缝焊接、自动跟踪设备等方面的科研成绩都很大，为企业解决疑难焊接问题作出了不少贡献。锻造专业教研室很活跃，在这个阶段还成立了计算机模具设计研究室，为企业模具设计做了大量工作。直至现在模具设计仍是该专业的科研主要方向之一。综上所述，汪副主任在抓各专业的科研工作，“拨乱反正”、开创系科研工作新局面两方面是功不可没的。

第三阶段：携手担任学校行政领导工作，共建交大辉煌时代

1984 年，经国务院批准西安交通大学新的行政班子成立。当时我任校长，汪应洛教授任副校长，同时他也是学校学术委员会副主任，主管学校科研，并协助校长抓学校学科建设（博士点、重点学科建设）及国家重点实验室等建设。过去学校党政的主要领导大都是革命经验丰富、领导水平高的老干部，“文化大革命”后大都是从教学科研岗位上来，对教学科研及学校工作熟悉，又长期从事过系处级领导工作，以及有教授职称的同志。这是改革开放后学校领导层新的变化。汪副校长就是一个典型的例子。他是一位所谓双肩挑干部，除教学科研水平高、成绩卓著外，还长期担任过系处行政领导，所以行政工作经验丰富，也有较高的领导水平。20 世纪 80 年代中后期，“文化大革命”后经过几年的“拨乱反正”，我国高校的教学科研工作又步入正轨。在邓小平同志改革开放思想的指引下，学校如国家工农业战线一样，各项工作如严冬后的春天，得到蓬勃的发展。高校之间的竞争也很激烈，汪老师主管的科研及学科建设工作又变得尤为重要。他思想敏锐，工作勤奋努力，对学校新的科研方向、新学科的发展看得准，抓得紧。

在副校长任期内，汪老师在三个方面的工作成绩是尤为突出的。

第一，是学校科研工作成绩突出。1985 年，在汪老师的精心组织下，成立了 12 个研究所、4 个独立研究室和 1 个中心，组建了一个较完善的组织体系。在此基础上，广大教师与职工努力奋斗，力争上游，开创了学校科研工作的新局面，科研成果空前丰收。如 1978 年度国家教委科技进步奖评选中，我校得奖 21 项。其中一等奖 5 项，位列国家教委直属高校第二位。由国家教委汇编的 500 万

元以上的科研项目数量，我校当年名列全国第二；国家级科技进步奖获得一等奖1项和国家自然科学三等奖2项，在国家教委直属工科院校中名列第三。在其他年份，我校科研成果评奖，在各高校中也是名列前茅。又如，在一次高校科研成果交流展览中，我校共展出99项，得到了赵紫阳的赞赏。

第二，在新兴学科和新科研方向上，博士点建设及国家级重点实验室建设方面，汪副校长做了大量工作，成绩重大。在这个阶段，我们对一些新兴学科及研究方向建设，如电子材料、系统工程、人工智能、电子物理、半导体、核能发电等加强了建设，以弥补我校机、电、动等传统学科较强而一些新兴学科发展不足的缺点。改革开放后，国家对研究生教学空前重视，成立了国务院学位委员会，聘请了大批国内各专业专家评审博士点、硕士点，建立了我国研究生培养体系，所以一个学科有多少博士点、重点学科，就成为衡量学校等级的重要指标。汪教授抓这方面的工作成绩亦是突出的。我校博士点及后来的重点学科建设迅猛发展，如1986年一次就上去了9个博士点，充分反映了学校在教学科研方面深厚的基础。当时学校所具有的博士点数在全国各所高校中名列前茅，仅次于清华大学。在国家级重点实验室方面，我校第一次被评上7个重点实验室、3个专业实验室，在工科院校中亦是名列前茅的，这也是反映一个学校水平的重要指标。汪老师带领了一批各学科负责人，在国家教委参加评审，找教委领导反复反映我校各有关学科的水平，使地处西北的西安交通大学得到国家的更多支持。例如，在机械系已有材料强度实验室定为国家级重点实验室后，机械制造与自动化水平很高，想建国家级重点实验室，但排不上名次。他们就争取组建了一个交叉学科实验室，即集机械制造、系统工程、管理学科为一体的"机械制造系统工程"国家实验室，使我校相关学科获得了发展的良好平台。

第三，是在学校为社会服务方面。由于汪教授积极活动，精心组织，我校这一时期在为省市工业、社会建设等服务方面取得了显著成绩。可以说，这一时期是我校在学校为社会服务方面最活跃的时期之一。汪教授常带着老师们见领导，争取支持，找企业恰谈合作。如与西安市结合，共同努力向国家申请并争取高新技术开发区，取得成功；与省市一起谈论科技体制运作方式、发展战略，制定规则等，作出了积极有效的贡献。在广东及深圳积极开展科技合作，如广州市信息管理系统、流花宾馆及白天鹅五星级宾馆的整个宾馆的信息管理系统，都是我校计算机系设计安装完成的。在能源动力方面，为广州万家乐家电公司培养干部，解决制冷技术；在公司试制推广涡旋式压缩机；在深圳中航技公司建计算机实验室，并同时承担一批技术开发任务。此外，在天津、南京、常州等地，我们在模具设计、压缩机及制冷技术等方面，为企业科技服务作出了积极贡献。至于在这个时期，1984 年后在生产组织与管理教研室的基础上，汪教授带领一批教师创建了我校管理学院等，在这里就不评述了。

总之，在 20 世纪 80 年代后期，学校各方面工作蓬勃发展，除上面所述 1987 年的情况外，1990 年 5 月《文汇报》以“西安交大教学科研双获‘国优’”为标题，报道了“西安交大双喜临门”的喜讯。报道说，西安交通大学 1989 年国家教委科技进步奖获奖情况在国家教委直属高校中，继 1987 年后再次夺魁。1990 年，《文摘周报》根据国家教委发布的各方面材料，对 52 所工科重点大学排名，清华大学名列榜首，第二为西安交通大学，后面为浙江大学、天津大学等。事实上，在前面，即 1984 年 3 月，国家确定了共 10 所重点建设学校，在国家下发的文件中排列名次为北京大学、清华大学、复旦大学、西安交通大学、上海交通大学等，我校在全国高校中排名第四。总之，在这个时期是西安交通大学发展过程中最光辉的时期之一。这些成果是学校广大教职工在校党委的领导下，上下齐心协力、艰苦奋斗，发挥西安交通大学西迁精神取得的，当然这与汪教授领导学校科研工作，取得优异成绩是分不开的。

我认为汪教授的长处是积极进取，淡泊名利，对工作认真负责，看问题敏锐，对新事物敏感，对同事、朋友谦和谨慎，友好相处。这些好的品德应该就是汪教授能取得大的成就的基础。

在八十华诞庆祝大会上，汪应洛发表感言，衷心感谢党对自己的培养，感谢西安交通大学各位师长对自己的栽培，感谢同志们对自己的支持。

执教60周年感言

我从19岁，中华人民共和国成立那一年进入交通大学，成为新中国培养的第一代大学生。从1950年开始就参加交通大学教师的思想改造运动。在党的培养、教育下，我从一个无知青年成长为一名共产党员、新中国的人民教师、中国工程院院士。我的第一感受就是感恩之心，感谢党的教育和培养，感谢西安交通大学养育之恩。我不仅见证和实践了西安交通大学的艰苦奋斗、发展壮大，我和西安交通大学一同成长，荣辱与共。我至今仍牢记周恩来总理对西安交通大学的谆谆教导。我决不辜负党的嘱托，要让西安交通大学和西安交通大学管理学院在大西北生根开花。我感谢陕西的领导和众乡亲50年来对我们一家的哺育之恩。

我对培养我的交大老师们，也深怀感恩之心。彭康等老领导和周志宏、周惠久、雷天觉、陆庆乐、周志诚等前辈教授的教诲，令我终生难忘。对我的同事们，也深表谢意。我们在艰苦的环境下，共同奋斗，开拓创新，与时俱进，使西安交通大学管理学院蓬勃发展，立于国内管理学界的前沿。

我的处世哲学是淡泊心态，宽容待人。我乐于在教育岗位上教书育人，我为弟子们在事业上的成就而欣慰。我曾有多次机会调回上海，或者到中央部委工作，但是，我最后决定还是留在西安交通大学，立志终生忠诚于党的教育事业，为祖国培养优秀的管理人才。

我平生注重凝聚团队，勤奋追求事业发展，为我国的管理教育事业开拓创新；为管理学科的蓬勃发展不断开创新局面。在学校领导的支持下，在全院同志的共同努力下，西安交通大学管理学院在国内已经享有盛誉。现在我们更要努力走向国际化的征途，办成世界知名的管理学院。

2010 年，汪应洛院士与部分学生共同庆祝 80 大寿

现在我已进入耄耋之年，在有生之年更希望和年轻的同志们共同为管理学院，为西安交通大学，为养育我们 50 年的陕西西安的发展壮大再做一些有益的工作。老骥伏枥，志在报国。借此桃李芬芳花满园的美好时刻，祝大家事业有成，前程似锦，身体健康，家庭幸福！

汪应洛

2010 年 5 月

在大型系列庆祝活动中，举行了“汪应洛青年学子奖励基金”揭牌仪式，进行了汪应洛精英弟子学术报告会，展现了汪应洛执教 60 年，桃李满天下的丰硕成果。庆祝大会组委会编辑出版了精美的画册《教书育人桃李芬芳——汪应洛教授执教 60 年纪念画册》。

八、媒体盛赞汪应洛

2013 年 7 月 12 日，由人民日报、新华社、光明日报、经济日报、中央人民广播电台、科技日报、中国科学报等 8 家中央媒体组成的中央采访报道组，在中国工程院办公厅、科学道德办、新闻办等负责人的陪同下，专程深入采访汪应洛院士。人民日报、中央电视台、中央人民广播电台即时刊播了汪应洛院士先进事迹报道。在第 29 个教师节即将来临之际，新华社、光明日报、经济日报、科技日报、中国科学报等中央各大媒体，在重要版面相继刊出西安交通大学汪应洛院士人物通讯报道，把这位默默奉献、成就卓著的管理科学领域的开拓者和领军人物的风采展现在世人面前，在学术界又一次掀起了追捧管理学权威汪应洛的热潮。

新华网 9 月 7 日发表的文章如下：

汪应洛院士：教学科研两相长　科学管理铸强国

新华网西安 9 月 7 日电（记者 冯国 许祖华）“在 50 多年的奋斗生涯中，我深刻体会到科学管理乃治国之道。”这是中国工程院院士、西安交通大学教授汪应洛的院士箴言。如今，83 岁的他谈起来仍言语铿锵，殷殷目光透露着深沉的爱意：“人生如画卷，我只与教学科研相伴，铸梦强国而不悔！”

“西部也是祖国的沃土！”

共和国成立那一年，19 岁的汪应洛在上海进入交通大学，成为新中国培养的第一代大学生。1957 年，应中央政府支援西部的号召，交通大学几千名师生员工，离开黄浦江畔，来到古城西安。当时，毕业不久的年轻研究生汪应洛就在西迁的大军里。

从此，汪应洛的生命便跟管理工程教育和研究紧紧地连在一起，成为我国管理工程教育与研究的开拓者之一，系统管理学科的奠基人和卓著的管理工程教育家。

西安交通大学管理学院恢复建立后，汪应洛在国内最早提出从工程师中培养管理人才，推动了国内培养具有双学位和 MBA 高级管理人才的教育；他还在国内首先倡导工业工程教育、研究与应用，成为我国管理工程学科首批博士生导师和博士后导师，为我国管理工程和工业工程教育体系的建立和学科的发展作出了突出贡献。

谈起汪应洛的成绩，西安交通大学校长郑南宁说，他积极推进知识管理研究和工程管理教育，在创新教育和教书育人方面取得了令人瞩目的成就，让西安交通大学始终保持着国内一流管理学院的地位，并成为我国西部乃至全国培育管理人才的摇篮。

汪应洛自认并不聪慧，但对于学术有着别样的执著，对于国内外制造业、重大工程等有着独特的管理学思考。他说："在战略思维下，我始终坚持和追求四个方面的结合，即世界先进的科学管理理论、方法与我国国情的结合；科学管理与工程实践的结合；系统工程与管理工程、工业工程的结合；管理创新应用研究与高层次、实用型管理人才培养的结合。"

"科学管理是技术，也蕴含治国之道！"

改革开放让汪应洛走出国门，汲取全球化的管理学养料。在工程科技领域，他致力于将工程与管理紧密结合，运用系统工程理论和方法进行工程论证、发展规划、战略决策等方面的研究，核心是强调用系统工程整体优化的思想以解决重大工程与战略决策问题。

"首先接受挑战的一个重大工程决策就是三峡工程。当时国家电力部、水利部、交通部、四川省、湖北省等各方争执不下，各个部门都有自己的学术支撑力量，国家决定让国家科委组织专家组进行研究。刚刚开始倡导建立模型以定量分析的我们被抽中了，当时明确要求我们给出定量分析的结论和方案。"汪应洛对于承担如此重任十分激动。

根据国家科委委托，汪应洛等人承担起了三峡工程决策分析和决策支持系统的研究，并参加其后的长江三峡工程重大科学技术研究专家组，主要研究三峡工程综合评价及决策分析，需要综合研究发电、移民、航运、防洪等因素，以拿出各方都比较满意的最优化方案。

“当时争议非常多，最激烈的是三峡大坝的高程。我们综合各方意见，建立了数学模型，经优化计算后，提出坝高185米、蓄水高175米的建议方案，虽经波折但最终被采纳。同时，针对中国国力能否承受如此重大工程的争议，我们也进行了综合剖析研究，得出了若干有价值的研究结论。”

“系统工程的优化计算和综合权衡的结果表明，三峡工程投资需要1000多亿元，而且不是一次投入，我国的国力是完全可以承受的。这一判断，随后在三峡大坝的实际建设和运营中得到了证明。由此教学相长，又经过一些重大工程决策的磨砺，我们尝到了甜头，也进一步坚信了科学管理是技术活，有些艺术之境的意味，但也蕴含着深沉的治国之道。”他说。

“老骥伏枥，志在中华崛起！”

“在您80华诞之际，谨致热烈祝贺。感谢您为我国工程科技事业发展和国民建设作出的重要贡献。您严谨求实的科学态度，孜孜不倦的学习精神，无私奉献高尚的品格，是我国工程科技界学习的榜样。”

这是时任中国工程院院长的徐匡迪在汪应洛80岁时发来的生日贺词。汪应洛的教育成就有口皆碑，在学科成就之外，让汪应洛引以为豪的是他的学生们。

作为中国第一位管理工程学科的博士生导师和博士后流动站导师，他培养了120多名博士生。这些学生有的获“中国青年科学家”称号，担任院长、校长职务，有的获得“国家杰出青年基金”资助及入选“长江学者奖励计划”，多人被评为教授和博士生导师，并成为年轻的学术带头人，有些则成为优秀的企业家、领导干部。

汪应洛的学生，如今担任西交利物浦大学执行校长的席酉民说：“先生的人格和精神是活的课本，是我终生享用不尽的财富，他不但给我们传授专业知识，还给我们发挥、应用、提高专业知识的广阔天地。”

虽已年过八旬，汪应洛每周仍坚持到办公室工作，考虑最多的依然是如何为国家建设培养更多的高级管理人才，特别是管理学科的学术带头人和优秀企业家。

“我是新中国培养出来的第一批大学生，我深深地爱着我的祖国。能为国家多培养些人才，看着他们在各自领域发挥出来的作用，我心里异常欣慰！所以，我还会这样走下去……”汪应洛说。

《光明日报》9月8日发表的文章如下。

碧血丹心荐轩辕

——记中国工程院院士、西安交通大学教授汪应洛

“我来自上海，在陕西生活工作了55年。刚从事教育工作时，一没经费、二没设备，几乎没有条件实现梦想。但是我始终没有放弃最初的梦想，孜孜追求！每个人心中都有一个梦想，有了梦就不能轻言放弃。”前不久，83岁高龄的中国工程院院士汪应洛在网上写了一篇文章，他在文章开头这样写道。

现在，“我心中有一个更大的梦想——未来生活在山清水秀、空气清新、环境优雅的生态环境之中。同时，梦想陕西经济发达，产业结构优化，能源化工产业强大，装备制造业发达，现代服务业先进，呈现西部强省的风貌，民富省强，文化繁荣，既有周、秦、汉、唐的古朴风韵，又有国际化大都市的现代文明，成为国内先进的科教强省。”汪老深情地说。

科技报国　与时俱进

1957年，应中央政府支援西部的号召，交通大学几千名师生员工，离开黄浦江畔，告别故乡亲友，浩浩荡荡地登上西行的专列，来到位于黄河之滨的古城西安。

当时，毕业不久的年轻研究生汪应洛就在那西迁的大军里。自此以后的50多年，他的生命便与中国的管理工程教育和研究紧紧地连在一起。在科学与教育的原野里，汪应洛始终站在学科发展的前沿，为我国管理工程、系统工程和工业工程学科的发展及相互融合做着大量系统的、开创性的工作，并将其理论与方法综合应用于工程管理和社会经济问题之中。

作为我国管理科学与工程领域的开拓者，早在1980年，汪应洛就将战略决策理论的研究，应用到区域经济发展战略中，提出并完成了利用系统工程理论和方法建立区域经济发展战略模型体系。他参加了由国务院组织的山西省能源重化工基地发展战略研究，为建立山西省长远规划提供了科学依据。尔后他作为首席专家，主持了陕西省经济、科技、社会智能决策支持系统的研制，推动系统工程在我国的应用和发展。

汪应洛还是我国教育系统工程的创建者之一。1982年，他受国家教委委托，组织研究全国教育规划，提出并建立了教育规划模型，编制了全国和省（区）级应用软件，此项成果获国家教委科技进步二等奖；1983年，汪应洛接受了全国人才规划研究的任务，他提出的人才规划系统分析方法被国务院采纳，并协助组织全国80个部委和单位研究制定全国人才规划，于1985年建立了全国人才数据库。

1984年，汪应洛作为长江三峡重大科学技术研究专家组成员，负责研究长江三峡工程综合效益评价和国民经济评价理论和方法、长江三峡决策和分析支持系统研究，获国家教委科技进步一等奖。1991年汪应洛受国家科委、水利部和能源部的委托，对当时尚有争论的三峡大坝坝高及工程投资等进行系统分析和科学论证，并在实际中应用。1995年，他提出基于计算机智能化的战略决策方法和支持工具，完成了宜昌地区城区供配电设计管理计算机智能决策支持系统及信息处理研究，这两项研究成果分别获国家教委科技进步一、二等奖。

汪应洛在高技术产业化过程和机制、可持续发展战略研究等方面也取得了显著成果。1995年他主持了国家“863”高技术产业化过程和机制研究。通过大量案例分析，针对高技术产业化中产权、成果归属、实现产业化途径及机制等关键问题，提出高技术产业化需符合竞争、合作等市场经济规律的具体建议，对我国高技术发展战略的调整和完善起到积极促进作用，获国家科技进步二等奖。

1998年至今，针对骤变环境下不确定程度高的特点，汪应洛依据战略过程“系统稳定源”特征提出了被国际上认为是“跨世纪战略管理研究与实践前沿”的企业柔性战略概念和以战略转换为纽带实现战略一体化的观点，使企业在不确定环境下，保持战略行为的灵活性、博弈性和有效性。1999年，汪应洛与英国伦敦商学院合作，对600多家国内外企业进行了大样本的调研和实证分析，验证了其可行性，并在国内海信、彩虹等企业得到应用。他提出的“精简、灵捷、柔性”生产系统概念和“灵捷网络化制造模式”理论和方法也一并在实施之中。

教育兴国　诲人不倦

汪应洛的名字是和中国管理工程学科教育及研究，与西安交通大学管理学院的发展联系在一起的。

1984年，在汪应洛的积极奔走和倡议下，西安交通大学管理学院在原管理工程系的基础上重新建立。他苦心经营，广泛培养和网罗人才，充分发挥人才的作用。经过一代又一代的努力，如今的西安交通大学管理学院已成为我国管理科学的重点学科，在国内外享有盛誉，拥有一流的师资力量和教学研究环境，他们正在努力把管理学院建成国内一流、国际知名的管理教育教学基地、创新研究基地和咨询服务基地。

50年的科教生涯，汪教授结下了累累硕果——他是我国管理工程学科首批博士生导师和博士后导师，在国内最早提出从有工程实践经验的人员中培养高级管理人才、双学位人才。他先后主持和参加了10余项国家重大科研项目，著书22部，出版教材8部，发表优秀学术论文近300余篇，获国家级、省级科技进步奖9项，获国家、省级教学成果奖3项，为国家培养了一大批高级科技人才和管理人才，被国家授予“全国高校先进科技工作者”称号。他的学生像盛开的桃李之花，开遍祖国的大江南北，开遍世界各地。

现在，先生虽已年过八旬，但考虑最多的依然是如何为国家建设培养更多的高级管理人才，特别是管理学科的学术带头人和优秀企业家。他说：“在50年的奋斗生涯中，我深刻体会到科学管理乃治国之道。我始终坚持和追求四个方面的结合：世界先进的科学管理理论、方法与我国国情的结合；科学管理与工程实践的结合；系统工程与管理工程、工业工程的结合；管理创新应用研究与高层次、实用型管理人才培养的结合。”

20世纪90年代，汪应洛教授获西安交通大学首届伯乐奖

汪教授在教导学生时尽量创造一切条件和机会，把学生推向广阔的社会实践。他利用自己的社会交往和学术地位，极力推荐学生到国内外知名研究中心，广泛接触专家，增强实践能力和社会交往。汪教授的博士——西安交通大学副校长席酉民教授曾说：“今生能在

汪先生门下读书是我的幸运。先生的人格和精神是活的课本，是我终生享用不尽的财富，他不但给我们传授专业知识，还给我们提供发挥、应用、提高专业知识的广阔天地。”

汪教授的一段话让人难以忘怀：“我是新中国培养出来的第一批大学生，我深深地爱着我的祖国。我这一辈子最钟情的是科研教育事业。我按着我的愿望走，一边搞科研，一边带学生，这条路我走着心里很踏实。能为国家多培养些人才，看着他们在各自领域发挥出来的作用，我感到非常欣慰！所以，我还会这样走下去！”

9月8日《经济日报》6版周末人物头条：

运筹，不只在帷幄中

佘惠敏

采访汪应洛时印象最深的场景，是这位耄耋之年的学者在会议室中蹒跚一圈，与现场的师生和记者们一一握手致意。西安交通大学的师生们说，这种谦逊平和的学者风度，早已伴随汪老一生，成为他刻在骨子里的习惯。

“在50多年的奋斗生涯中，我深刻体会到科学管理乃治国之道。”作为我国管理工程学界的泰山北斗级人物，汪应洛始终坚持将世界先进的科学管理理论、方法与我国国情结合起来，让科学管理融入工程实践中。运筹捭阖，不只在帷幄之中，也深入到千里之外的实践里。

求索：强国之梦

1930年出生于安徽的汪应洛，本有一个安宁快乐的童年。7岁那年，日本侵略者的炮火打破了他平静的生活，随家辗转迁往重庆的他，在狂轰滥炸中度过了朝不保夕的小学和初中时代。

“我亲眼看见很多老百姓被炸死。有一次我放学回家，发现家没了，被炸成废墟，街上火光熊熊，到处是尸体和血，我随人流逃到江边，好不容易才找到家人。”回忆起小时候的经历，汪应洛至今仍义愤填膺，“无大国之强，就无小家之安。我从小就仇恨侵略者、热爱祖国，立下了振兴中华的志向”。

抗日战争胜利后，汪家迁往上海，在得来不易的学习环境中，向往科学救国的汪应洛，高中阶段培育了良好的文化素养，奠定了扎实的数理基础。

1949 年 5 月上海解放，当年，汪应洛同时考取了交通大学和圣约翰大学。“当时在上海，交通大学是民主堡垒、革命摇篮。我选择进入交通大学学习。”汪应洛自豪地说，“我是中华人民共和国培养的第一届大学生。”

汪应洛报考的本是工程管理专业，后因院系调整，从交通大学的机械工程系毕业。新生的中国百废待兴，急需各类高级人才，第一批大学生只读了 3 年就提前毕业，被分配到祖国的各条战线中去。1952 年 11 月，汪应洛毕业留校被派到哈尔滨，从没学过俄语的他，被要求在一年内学好俄文，以便向苏联专家学习。

1955 年，汪应洛从哈工大毕业，成为经过系统培养的新中国第一个工程管理方向的研究生。随后，他返回上海，在交通大学从事管理工程教育工作。

因战略需要，国务院决定交通大学 1956 年主体迁往西安，形成西安交通大学和上海交通大学。汪应洛于 1958 年带着全家随校迁往西北，在西安交通大学任教，一直坚守至今。

“当时上海工厂林立，从学科实践来讲，有很多有利条件。而西安没什么像样的大工厂，建校较艰难。”汪应洛说，迁校之初，周恩来总理曾与教师们谈话，提出“扎根大西北”的要求，他慨然应诺。“我曾有机会再回到上海，也有机会调到北京。但我在西安一住就是 50 多年，最后还是坚持了对总理的承诺。”

谦谦君子，一诺不悔。汪应洛这一生，不仅是在践行对总理的承诺，更是在求索如何实现从小立下的强国之梦。

坚韧：成功之本

一个人在漫长一生中难免遭遇各种挫折，只有那些充满勇气和韧劲儿的人，才能在挫折之后爆发出更加璀璨的光芒。汪应洛就是一个性情坚韧的人。

“文化大革命”中他曾经被下放——“尽管在牛棚里，我也潜下心来攻读系统工程。希望的种子在等待中燃烧、蔓延……”

坚韧，让成功青睐了有准备的人。“文化大革命”结束后，汪应洛在科研和教学两条线上都发力奋进，获得累累硕果。

从 1978 年开始，汪应洛在国内工程科技领域力求将工程与管理紧密结合，强调用系统工程整体优化的思想解决重大工程与战略决策问题，先后主持参加了三峡工程论证等 10 余项国家重大项目的研究。

他于 1979 年参加我国第一个管理学家代表团访美，对美国的管理教育作了比较全面的考察。回国后，针对我国管理教育现状，他在国内最早提出从有工程实践的人员中培养高级管理人才，并以西安交通大学为试点，率先推进工业工程管理的教育研究及应用。他主编的《系统工程理论方法与应用》《系统工程》等著作，已经成为高校广泛采用的经典教材。

他曾不幸中风，1994 年突发脑出血，之后留下腿脚不便的后遗症。

“汪老师有持之以恒的坚持和忍耐。”西安交通大学管理学院副教授李刚说。他们陪汪应洛去做中国工程院的项目时，每一次去企业参观，汪应洛虽然身体不便，都坚持到生产车间和现场，和年轻人一样攀高爬低。面对好心人的劝阻，汪应洛说：“必须对一线生产有了解，才能提炼出管理中的问题。”

对一线生产实践的了解，让他们顺利地将生产率工程、先进制造管理模式等应用到制造业，在陕西鼓风机集团、陕西重汽集团等企业取得了良好的经济效益与社会效益。陕西鼓风机集团原来每年只有 3 亿到 4 亿元产值，在他们的帮助下采用先进制造管理模式后，经过 10 年努力，年产值达近 80 亿元。

坚韧，让风烛残年的学者在大病后登上学术生涯的又一个高峰。“2003 年我成为中国工程院院士，到现在整整 10 年，10 年来一共参加了 10 项国家重大咨询项目。”汪应洛表示，“在中国工程院这个最高学术机构中，我作为一个 80 多岁的老人仍然增长了知识，增长了才干，我非常高兴。”

这位年已八旬的老人，至今仍坚持每天步行上班，甚至比年轻人还要勤勉。李刚就对这样一件小事记忆深刻：“上周陪老人家去北京出差，回西安的飞机晚点，晚上 12 点才到家，我说好好休息一下吧，可汪老师第二天早上八点半就到了办公室。”

回顾这一生的坚守，汪应洛感慨地说：“在漫长的 50 余年系统工程研究中，我不断追逐着自己的梦想，从未放弃，也一次次实现着自己的梦想。”

好奇：创新之源

高校是年轻人扎堆的地方。汪应洛在 80 多岁的高龄，还能跟“80 后”、“90 后”们玩到一起，这得益于他一生不变的好奇心。“汪老师喜欢时尚的东西，还爱玩手机呢！”西安交通大学管理学院副教授王能民曾是汪应洛的博士生，爱说爱笑的他喜欢汪老师身边的轻松氛围。

对新事物有好奇心，这是很多科学家的创新之源。汪应洛在多年的管理工程研究中，坚持不懈地学习和掌握各种新技术、新工具，并将之引入工程管理的实践。

他是我国管理科学与工程领域的开拓者，早在 1980 年就将战略决策理论研究应用到区域经济发展战略中，利用系统工程理论和方法建立起区域经济发展战略模型体系。他是我国教育系统工程的创建者之一，提出的人才规划系统分析方法被国务院采纳。早在计算机尚未普及的 1995 年，他就提出基于计算机智能化的战略决策方法和支持工具，获得国家教委科技进步一等奖。

好奇心，能让杰出的科学家以与众不同的敏锐捕捉到世界最新的研发方向。汪应洛就拥有这样的敏锐。

“现在讲大数据，大家都觉得很重要。但这个方向，汪老师在3年前就注意到了，那时大数据还不时髦。当时我们自己也还有疑虑——我们是管理学院，搞大数据会不会变成数据处理学院？”西安交通大学管理学院院长黄伟教授说，在汪应洛的指导和学校领导的支持下，他们两年前就与美国麻省理工学院（MIT）开始大数据方面的合作。今年又与中国科学院等同行合作，联合申请的我国第一个关于大数据管理研究的国家自然科学基金重点项目，现已答辩成功。

作为一名老师，汪应洛还很注重保护学生的好奇心，激发他们的创新热情。西安交通大学管理学院党委书记孙卫教授曾是汪应洛的博士生。他说，汪老师对学生的论文有两条重要的要求，一是有新意，要创新；二是要附上案例，把创新的观点融入实践中去。

“希望青年一代更富有创造力，早日建成创新型国家。”汪应洛说。

博大：团结之魂

管理工程学是一门兼容并包的学科，融合了各种工程科学、数学、信息科学、管理科学、服务科学、知识科学的成果。作为一名管理工程学的帅才，汪应洛既有渊博的知识，又有博大的胸怀，把各学科的人才都团结到一起来。

副教授尚玉钒就曾诧异于汪应洛的渊博。“我写过一本人力资源方面的书，把草稿打印送给汪老师看，他很快给出意见，问我，谈绩效考核，像平衡绩分卡这样新的论点为什么没有纳入？薪酬一节，心理收入为什么没谈？这让我非常吃惊，因为人力资源本来不是他的研究方向，没想到他也能看得这么精准和超前。”

孙卫敬服于汪应洛的高远。“只要他在，他就是我们的灯塔。”孙卫说，汪应洛高瞻远瞩，早在20世纪80年代初期就推动了西安交通大学与加拿大名校的长期项目合作，用国际化的师资、研究方法和学术规范培养了一批国际化的管理学科人才。“管理学院的国际化，是老先生带出来的。”

黄伟还折服于汪应洛的大度和人格魅力。“他没有门户之见，虚怀若谷，既是一个优秀的科学家，又是一个杰出的领导者。”

渊博、高远、大度，汪应洛在西安交通大学打造了一个团结的队伍，融汇了带有各种学科背景的管理学研究人才。

“每一个院士都有自己的研究团队，我的团队就是西安交通大学管理学院，学院一半以上的教师参与过我的咨询项目。”汪应洛说，“我做出这么多重大咨询项目，依靠的不是个人的力量。”

9月8日《科技日报》3版综合新闻头条：

汪应洛：有梦想就不能轻言放弃

史俊斌　本报实习生　蒋冲亚

科技追梦人

前不久，83岁高龄的中国工程院院士汪应洛在网上写了一篇文章。文章开头写道：“我来自上海，在陕西生活工作了55年。刚从事教育工作时，一没经费，二没设备，几乎没有条件实现梦想。但是我始终没有放弃最初的梦想，孜孜追求！每个人心中都有一个梦想，有了梦就不能轻言放弃。”

虽已进耄耋之年，少年时的梦想已经实现，但是他说“我心中依然有一个更大的梦想——未来生活在一个山清水秀、空气清新、环境优雅的生态环境之中。同时，梦想陕西经济发达，产业结构优化，能源化工产业强大，装备制造业发达，现代服务业先进，呈现西部强省的风貌，民富省强，文化繁荣，既有周、秦、汉、唐的古朴风韵，又有国际化大都市的现代文明，是国内先进的科教强省。”

立志科技报国

汪应洛1930年5月生于安徽省芜湖市，“卢沟桥事变”，随家迁往重庆。小学期间是在日本狂轰滥炸的战争环境中度过的，幼小的心灵经受了血与火的锤炼。抗日战争胜利后，举家迁往上海，对于得来不易的和平环境，他立志勤奋学习，向往科学救国。1949年5月上海解放，同年他进入交通大学学习工业管理工程。1952年由于院系调整毕业于交通大学机械工程系。

本科毕业后，汪应洛被国家派到哈工大学习管理，1955年研究生毕业。此间，他写出中国第一本管理教育的书《企业组织与计划》。1957年响应中央政府支援西部的号召，年轻的汪应洛随交通大学几千名师生员工一起离开黄浦江畔，来到古都西安。在此后的50年里，他的一生便与中国管理工程研究和教育紧密相连，为我国管理工程、系统工程和工业工程学科的发展及相互融合做了大量系统性、开创性的工作，并将其理论与方法综合应用于工程管理和社会经济问题中。

作为我国管理科学与工程领域的开拓者，汪应洛院士先后主持和参加了10余项国家级科研项目，著书20余部，发表优秀学术论文近300篇，获国家、省级科技进步三等奖9项，国家和省部级教学成果奖4项。

紧张忙碌的工作让他的身体亮了两次红灯。1994年的一次北京会议上，刚刚作完报告的他突发脑出血，被紧急送往医院。起初他半身瘫痪，但理疗时他特别努力，意志坚强，休息不到半年，基本就正常了。第二次是2001年春节，他从外出差回来发现肠梗阻，一检查患了结肠癌，大年初一动手术。但他却反过来安慰妻子："（脑出血那次）幸好我还没去新疆开下一个会，那边医疗条件没有北京好，我恢复得就没这么快了。"

站在科技前沿

汪老师的学生——西安交通大学副校长席酉民教授说："回顾汪老师一生的研究兴趣，有一点令人敬佩，那就是他始终以敏锐的目光捕捉着学科前沿。”

20世纪80年代系统工程刚刚兴起，他不仅密切关注、深入研究、积极推广，而且将之和管理相结合。汪应洛教授创建了崭新的方法论和模型体系，是国内综合应用系统工程和现代管理理论、方法解决社会、经济问题的一位开拓者。参与完成“山西省能源重化工基地发展战略”研究、“2000年的中国”研究，完成三峡工程综合经济评价及决策支持系统研究，建立全国教育规划模型并参与制定全国人才规划等。

1994年，汪应洛提出生产率工程及提高生产率系统化方法，在企业中得到应用，1995年获陕西省科技进步二等奖。1995年提出基于计算机智能化的战略决策方法和支持工具，并完成了宜昌地区“城区供配电设计管理计算机智能决策支持系统”和“智能决策支持系统及信息处理”研究，1997年和1998年分别获国家教委科技进步一、二等奖。1995年主持“863”高技术产业化过程和机制研究，取得显著成果，1997年获陕西省科技进步二等奖。1998年至1999年参加国家“九五”攻关项目“分散网络化制造及管理研究”，提出“灵捷网络化制造模式”理论和方法以及实施途径，1999年获国家机械工业局科技进步二等奖；2001年获中国机械工程学会颁发的科技成就奖（五年一次）。2008年荣获中国工程院光华科技工程奖。2012年10月荣获第一届系统科学与系统工程终身成就奖。

近年来，针对骤变环境不确定度高的特点，国际上开始关注一批大型企业濒临困境及由此引发的战略柔性问题。汪应洛又提出企业柔性战略概念和以战略转换为纽带实现战略一体化的管理方法，并在国内海信、彩虹等一批企业中得到了应用。他还提出“精简、灵捷、柔性”生产系统科学管理的概念和“灵捷网络化制造模式”，该理论和方法已在实施之中。

开创管理工程时代

2010年5月21日是汪应洛院士80岁寿辰。当日上午，西安交通大学南洋大酒店国际会议厅高朋满座。“庆贺汪应洛教授执教60周年”纪念大会在这里举行。在庆祝仪式上，汪应洛院士和夫人张娴如老师共同为“汪应洛青年学子奖学金”揭牌。

原来，每年汪老师过生日，学生们都会想办法向老师表达自己的感激之情和美好祝福。汪老师不愿意因为个人的生日，给学生们造成额外负担。现在，如果学生们想要表达感激，可以支持老师关注的事业、一直倾心的对后辈学生的培养。凝聚感激之情，便结成了“汪应洛青年学子奖学金”，主要鼓励在学习和科研中取得优异成绩、有创新进取精神，并有志为中国管理工程教育事业作出贡献的35岁以下的博士研究生或博士后。

1984年，在汪应洛的倡议下，西安交通大学管理学院在原管理工程系的基础上重新建立。经过一代又一代的努力，如今的西安交通大学管理学院已经成为我国管理科学的重点学科，在国内外享有盛誉。“在我的亲身经历中，我深深地感受到管理工程教育的发展不是一帆风顺的，而是历经坎坷的。”2007年，在哈工大的一次会议上，回忆起往事，汪教授依旧感慨不已。

对于工程管理，刚开始人们不认识，社会不承认，政府不支持，汪应洛带领大家相互鼓励。在多方努力下，管理学科终于有了它的位置，成为与工科相平行的学科门类。他说：“也许你们可能觉得这没什么，认为这是很正常的事，实际上是我们经过50多年的奋斗才取得这样的地位。今天，我特别高兴能在这，在管理工程学科的发源地再来回顾管理工程学科的发展。”丝丝的银发诉说着岁月的艰辛，矍铄的目光充满了坚定的信念。

汪应洛带领了一个时代，更开创了一个时代，一个属于管理工程学的时代。

9月9日《中国科学报》头版：

汪应洛：开创管理工程学时代

陆　琦

“老骥伏枥，志在中华复兴。”

说起自己的“中国梦”，83岁高龄的中国工程院院士汪应洛意气风发：“我希望中华民族复兴，立足于世界强国之林；我希望民富国强，早日建成小康社会，百姓都能生活在环境优美、生态文明的社会当中；我希望青年一代更加富有创造力，早日建成创新型国家，中国经济有新的发展。”

作为我国系统管理学科的奠基人、管理工程研究与教育的开拓者之一，汪应洛为发展管理工程学，一干就是半个多世纪。50年艰辛，50年收获。而今已是耄耋之年的他，追梦的脚步仍未停止。

扎根大西北

从7岁开始，汪应洛就树立了民族复兴的“中国梦”。

在汪应洛的儿时记忆里，充斥着日本侵略者的狂轰滥炸。上学要爬过尸横遍地的街道，家被炸平烧成灰烬，几万人闷死在防空洞内……从那时起，他就立下了发愤图强、振兴中华的志向。

1949年，19岁的汪应洛考入当时上海的民主堡垒——交通大学工业管理工程系，成为新中国培养的第一代大学生。

1952年11月，汪应洛本科毕业后被派到哈工大学习管理。“从上海到北疆哈尔滨，生活确实艰苦。但那个阶段却是一生中系统学习知识的重要时期。”

1955年研究生毕业时，汪应洛成为我国第一个通过答辩的管理工程研究生。毕业后，他返回母校交通大学，从事管理工程学的研究和教学工作。

1957年，在国家支援西部的号召下，年轻的汪应洛随交通大学几千名师生一起离开黄埔江畔，来到古城西安。“从繁华的上海到荒凉的西北，对交通大学师生是重大考验。当时西安连一个像样的工厂都没有，确实非常艰难。”

然而，汪应洛在那里一住就是50多年。其间，他有机会回到上海，也有机会调往北京，可都被汪应洛婉拒了。“当年周恩来总理勉励交通大学人扎根大西北，我坚持了对总理的承诺，忠诚于党的教育事业。”

科学理论服务经济发展

汪应洛的名字，与我国管理工程学科教育及研究紧密联系在一起。在他的带领下，我国管理工程学、系统工程学和工业工程学三个学科得以融会贯通，并形成了独具特色的中国系统管理学派。

他还率先在我国推动系统工程在社会、经济系统的研究和应用，并积极推动科学管理理论和方法的推广应用，为经济发展作出了重要贡献。

例如，参加由国务院组织的“山西能源重化工基地发展战略研究”；作为长江三峡重大科学技术研究专家组成员，负责长江三峡工程综合效益评价和国民经济评价理论和方法、长江三峡决策分析支持系统研究；提出基于计算机智能化的战略决策方法和支持工具；主持国家“863”高技术产业化过程和机制研究，对我国高技术发展战略的调整和完善起到积极促进作用……

“一个优秀的教师只有通过承担国家重大科研任务，才能为国民经济建设作出应有的贡献。”秉持这个信念，汪应洛将工程与管理紧密结合，运用系统工程理论和方法进行工程论证、发展规划、战略决策等方面的研究。

2003年，73岁的汪应洛当选中国工程院院士，这令他既意外又兴奋，“没想到七十几的老人还能进入中国工程院增长知识、增长才干”。

10 年间，汪应洛带领西安交通大学管理学院的研究团队参加了10 多个中国工程院重大咨询项目。“很高兴在晚年还可以为国家建设略尽绵薄之力，实现我人生中迟到的飞跃。”

追逐的脚步仍在继续。近两年，汪应洛和他的团队又开拓了一些新的研究领域，比如工程、制造和现代服务业联动发展，大数据产业管理和工程管理理论体系的研究等。

创新研究结合人才培养

在 50 多年的科教生涯中，汪应洛始终坚持和追求管理创新应用研究与高层次、实用型管理人才培养相结合。

1979 年，汪应洛参加了我国第一个访美管理学家代表团，回国后向教育部极力建议从有实践经验的工程技术人员中培养高级工程管理人员，同时在西安交通大学管理学院率先力行。

1984 年，汪应洛推动建立我国第一批管理学院，进一步促进了我国的管理教育。

20 世纪 90 年代初，汪应洛又提出发展工业工程学科的设想，率先在西安交通大学管理学院设立工业工程专业，培养出一批工业工程专业的高级人才，并协助工业部门培养了上万名自考的工业工程本科生，受到工业界的欢迎和好评。

汪应洛认为，开展国际的广泛交流与合作对于科研和教学都具有重要意义。“青年是中国管理科学发展和工程管理水平提高的希望所在，青出于蓝而胜于蓝，每一个青年的脱颖而出都使我感到莫大的欣慰。”

汪应洛的博士生、西交利物浦大学执行校长席酉民说：“能在汪先生门下读书是我的幸运。先生的人格和精神是活的课本，是我终生享用不尽的财富，他不但给我们传授专业知识，还给我们发挥、应用、提高专业知识的广阔天地。”

汪应洛虽因一次疾患而行走微艰，但他对科研与教育的热情依然不减。“我这一辈子最钟情的就是科教事业。一边搞科研，一边带学生，这条路我走着心里很踏实。”

西安交通大学管理学院党委书记孙卫，对自己的导师汪应洛写下了如下的赞语：

心中的丰碑

孙　卫

汪应洛院士作为恩师是我们弟子心中一座永远的丰碑，让我们弟子高山仰止，对他充满了崇敬之情。汪老师德高望众，成就卓越，我们弟子再过数十年也很难与老人家比肩。我们只能鞭策自己永远在学术生涯和企事业工作实践中努力追求，不断上进，以无愧于老人家对我们弟子的殷切期望。

时光斗转，岁月如梭，自己成为汪老师的弟子已是16年前的事。然而过去的往事，仿佛就在昨天，历历在目。

1998年，我以激动的心情报考汪老师的博士研究生。那时，汪老师已是闻名遐迩的管理学大师和教育家，对于汪老师，我心中充满了敬仰，也深知对于我这样一位经济管理基础并不雄厚的硕士研究生来说，考汪老师的博士生充满了挑战。记得面试那天，见到汪老师亲自主持面试，心里一阵紧张。但是他和蔼地看着我，让我先谈谈个人的工作经历和报考管理方向博士研究生的想法，我紧张的心情在这位慈祥的老人面前一下变得轻松了许多。当我后来得知正式录取，成为汪老师门下弟子之后，我第一个反应就是赶紧向父母和家人打电话报喜。许多熟悉汪老师的人曾对我说：“汪老师是一位好导师，出了很多非常优秀的弟子，能成为他的研究生是很幸运的。”我的心愿终于实现了。

作为弟子，第一次去见导师，不是在欢迎会上，也是不在他的办公室，而是在他的家里。他刚从病中恢复过来。我以为，他可能会身体虚弱，脾气也可能暴躁，心中充满了忐忑与不安。然而，见到汪老师时，他却是笑容满面，态度十分和蔼可亲。我注意到，他的腿脚不是很方便，但是坚持着自己走到座位上。听说我是新录取的博士研究生，他便拉着我的手说，他还记得面试过我，接着又问了我过去的工作、家庭情况，甚至个人业余爱好。我先前的拘束感一下子消失得无影无踪。汪老师从管理学科的发展、前沿方向等方面讲了很多，让我受益匪浅。我确信自己是幸运的。

汪老师待人诚恳，平易近人，但是治学严谨，对学生一丝不苟。我本科读的是材料工程学科，硕士研究生阶段在技术经济专业学习。在进入博士研究生阶段学习期间，经过一段时间研究，有了初步的研究成果，形成了一篇工作论文，欣喜若狂地将文章交给了导师。没过几天，汪老师把我叫到他的办公室，语重心长地对我说："搞科学研究，要有新思想，但是首先要以文献研究为基础，另外所产生的成果不是简单地建模计算一下，而是要根据中国国情，进行修正和创新，还需要仿真验证，得出有价值的结论。再好好研究一下，不要急于发文章。"他还用自己曾参加过的重大工程论证的例子来说明进行科学研究应有的科学态度。这一堂课让我心情沉重，但是他教会了我如何从事科学研究，如何去做一名合格的学者。这件事对我教育很深，至今难忘。我后来在金融工程、国债定价等方面取得了一些成绩，都与导师的精心培养和严格要求是分不开的。

2002 年年初，在他的指导下，我终于完成了博士学位论文的初稿，我第一次呈给汪老师指正。他花了半个月时间对我的论文初稿进行细细的批注，提出了许多中肯的修改意见。我修改后再呈交给先生。这样又经过 3 个周期，我已经有信心能够在 3 月份进行学位论文答辩。可是 3 月初的一天，先生找到我，没有谈学位论文答辩的事情，却建议我再好好修改，特别建议将我的博士学位论文让从加拿大回学院短期访问的他的一个弟子再把把关，他说："我们要和国际接轨，她在国外名校工作，尤其是在方法论上很有经验，一定会给你很好的建议。”与汪老师的弟子见面后，她对研究的理论、方法和规范性都提出一定的质疑和探索性研究的建议，汪老师颇为赞许。其后的5个月，在汪老师的帮助和勉励下，我对论文做了较大幅度的修改，并取得了新的更有价值的理论成果和应用成果。9月中旬，我的博士学位论文顺利通过了答辩。每每回想到这一段经历，内心便充满了感恩之情。正是有了这一段研究经历，才更加坚定了我在学术道路上开始更加深入的探索。只有成为汪老师的弟子，与汪老师相处一起才有可能细细体会到“何为大师”之妙。

汪老师不仅是一位循循善诱的好导师，更是一位名副其实的战略家和教育家，他学识渊博，追求真理，锐意创新，是集管理大成者，培养了我国第一个管理学博士。汪老师始终站在学科发展前沿，率先将系统工程和管理工程的理论与方法综合应用于解决管理与工程实践和社会经济问题，创造性地完成了多项国家科研项目，为国家、区域经济发展作出了卓越贡献，赢得了国内外学术界的尊敬，成为当代当之无愧的中国管理学科的奠基人和推动者。在汪老师的主持下，自20世纪80年代初，管理学院恢复建立至今，他以敏锐的洞察力和创新的思维、不断开拓的精神和勇气，引领学院保持着国内一流管理学院的地位，并成为我国西部乃至全国培育高层次管理人才的摇篮。作为管理学院的创院院长，从就任的那天起，就把自己的宝贵年华与学院的事业发展紧紧地联系在一起，从前沿学科布局，到人才培养模式创新，从国际化战略实施到学科创新的重要举措，从到MBA、EMBA的招生到工业工程方向、大数据学科方向的创设，都体现了汪老师急国家利益所急，高瞻远瞩，洞察秋毫的大师风范，学院发展的每一步都留下了他坚实的足迹，誉满海内外。

汪老师精勤育人，桃李天下。在他的指导下，培养了百余名博士和硕士。不论是在国外工作还是国内工作，不论是在政府机关，还是身居企业要职或在高校工作，弟子们都谨记导师的教诲，“踏踏实实地工作，努力追求卓越”，也努力使自己在岗位上能够更加“出彩”。一年一度老师的生日聚会，来自在各条战线上的弟子齐聚母校为他祝寿。他很高兴地问自己弟子们的工作情况、家庭情况，还会欣喜地向弟子们介绍学院取得的新突破和新进展，同时，也会让他的弟子们来介绍最新的管理研究动态与取得的成绩，不时还要画龙点睛地点评几句，对学院发展有利的重要信息会马上让参加聚会的院领导尽快思考并采取必要的措施。他的言谈举止体现了这位慈祥的老人对他钟爱一生的学院的爱，将自己全部心血和满腔的热情完全倾注于学院事业的发展。这样的聚会还在继续，但是我们发现他对自己的生日总是显得那么“轻描淡写”，而更多地是把他的生日聚会作为弟子们信息交流和开阔视野的重要平台。

汪老师言传身教，诲人不倦。自我担任学院领导后，每每请教导师，他从来都是款款道来，复杂的问题在他面前经常迎刃而解，而且有锦上添花之妙。他有一个习惯动作，那就是在与他告别的时候，他都会起身与来者握手，亲切告别，尽管汪老师站起来有些艰难。如果不出差，老师会坚持在办公室工作。在他的案头摆满了重要的研究报告、研究生论文、重要文件，甚至准备发言的幻灯片文稿，等等。他时而思考，时而下笔批注或修改，有重要信息会很快召集我们院领导研究应对策略。两年前，汪老师不顾年事已高，带领学院的相关教师主编了我国第一部工程管理研究生教材《工程管理概论》，还带领学院的学者团队承担了中国工程院“中国智能城市经济、管理发展战略研究”、“中国服务型制造业发展战略研究”、“工程管理教育培养创新型人才课题”等重要课题。作为一名受党教育多年的老党员，他始终保持着很高的政治觉悟和党性原则，无论何时，都会称呼某某同志，并经常提醒我们这些年轻的干部，要不断加强党性教育和自省教育。

如今，汪老师已进入耄耋之年，但仍然思维清晰、敏捷，讲话铿锵有力，仍然活跃在管理学科研究的最前沿，引导着管理学院的发展。汪老师关心着国内外发生的重要事件，关心着管理学科发展的前沿问题，关心着学校和学院下一步的发展，关心着年轻同志的成长，唯独不太考虑的就是他自己。作为西安交通大学老一辈学者的杰出代表，汪老师永远是我们弟子和年轻同志成长中的灯塔，永远指引着我们前进的方向，也永远作为榜样和楷模激励着我们弟子在人生的道路上努力奋进，报效祖国。

汪应洛的博士生连维良对自己的导师感恩不尽：

我的博士指导老师汪应洛院士

连维良

汪应洛院士是我国管理工程类教育与研究的开拓者，是我国系统管理学科的奠基人，是成就卓著的管理工程专家和教育家。在汪老师的主持下，自20世纪80年代初叶西安交通大学管理学院恢复建立至今，始终保持着国内一流管理学院的地位，并成为我国西部乃至全国培育管理人才的摇篮。

汪老师是我国管理工程学科首批博士生导师和博士后导师，精勤育人，桃李天下。他最早提出从工程师中培养管理人才，并且推动了国内培养具有双学位和MBA高级管理人才的教育。20世纪80年代后期，他首先在国内倡导工业工程教育、研究与应用，为我国工业工程教育体系的建立和学科的发展作出了突出贡献。近年来，他又积极推进知识管理研究和工程管理教育，在创新教育和教书育人方面取得了令人瞩目的成就。能够在汪老师的指导下继续学习，对我来说是一件十分幸运的事。

汪老师始终站在学科发展前沿，以敏锐的洞察力和锐意创新的思维、不断开拓的精神和勇气，追求真理，追求卓越，率先将系统工程和管理工程的理论与方法综合应用于解决管理与工程实践问题和社会经济问题，创造性地完成了多项国家科研项目，为国家、为区域的经济发展作出了重大贡献，享誉海内外。

在汪老师指导下学习的过程中，深感老师就如一座藏有宝藏的大山，有可以使自己终身受益的无尽财富。汪老师虽 80 多岁高龄，但他始终在用自己的睿智关心着国家的发展，指导学生论文选题时强调一定要紧扣国家发展的重大问题，研究成果要能对我国发展方式转变有所贡献；他胸怀博大，求真务实，治学严谨，对论文中的一些观点反复推敲斟酌。不仅他反复审改，还让有相关研究经验的教授共同指导；他言传身教，诲人不倦，是我们做人做事的楷模和典范。我为能幸运地成为汪院士的学生感到由衷自豪和骄傲。

西安交通大学管理学院党委副书记尚玉钒是这样赞颂管理学院的重建创始人汪应洛院士的：

“天以其广阔，汇群星而璀璨；海以其博大，纳百川而浩瀚；山以其厚重，历沧桑而伟岸。”这句话正好表达了汪老师在我心目中的形象。

按师徒关系来说，我是汪老师“孙子辈”的学生了。以前我听席酉民老师时而会说起，汪老师当年指导他们在北京与老一代管理前辈做项目的情境。那种与老前辈们一起投身在国家重大项目中的责任心和自豪感是我们所向往的。但我一直没有太多的机会接触到汪老师，只是偶尔在院里听到老先生给学生作报告或发表演讲。远观这样一位院士先生，我只能是高山仰止了。

后来做了学院副书记，得以经常与汪老师一起开会、请教和汇报工作，才有了可以近距离地接触汪老师的机会。学院的联席会有时一开就是一早上，而且时而会延续到中午午休时分，但汪老师一般没其他的事都会坚持听到底，对于一个 80 多岁的老人，这种精神让我很是感动。更关键的是，在一些重大的、棘手的问题上，我们都没有太多的经验，汪老师都会给我们出主意，细致地分析，寻找解决方法。这常会使我们感到老先生的高瞻远瞩的睿智。

这次写传记，我有幸承担了组织筹备工作，在前期准备大量的访谈录时，才得以真正有机会与汪老师本人以及他周围的老同事、老领导、弟子以及家庭成员直接接触。点滴之间，窥见一斑，汪老师做事总是井井有条，而且一丝不苟。每次访谈他都会做一个提纲准备；每一份转录文本，他都会认真批阅；每一项工作他都是周到全面地安排布置。这让我们这些参与的人，不得不肃然起敬。特别是从大家口中，我也了解到汪老师，他们当年白手起家创出一番天地的不易：从推动系统工程学科组，到创建管理学门类；从关注国家重大项目，到瞄准世界前沿方向；从创建管理博士学位教育，到推动 MBA、EMBA 发展，点点滴滴，无处不让人感到老先生对学院发展呕心沥血地忘我投入。他的语言总是那么平和与带有鼓励性，但他对做事的标准要求是极高的，无形中就给了我们莫大的鼓励和鞭策。

我为自己能有机会通过工作向汪老师学习而感到庆幸！汪老师治学的严谨态度是我们不断学习的榜样，汪老师言传身教的包容大度是我们行为处事的典范，而我更感到应把我们在老先生身上看到、感受到的专注、奉献，以及强烈使命和责任感等宝贵精神财富吸纳并传承下去。

尚玉钒

九、三十年院庆群英会

2014 年 8 月 1 日，西安交通大学管理学院隆重举办恢复建院 30 周年盛大庆典暨思源管理论坛。耄耋之年的汪应洛领导见证了自己亲手恢复重建的管理学院英姿勃勃地走过了 30 年辉煌历程，始终引领着中国管理教育的新潮流，人才济济，成果丰硕，格外高兴。他热情欢迎遍布海内外的管理学院培养的才俊回母校参加庆典！

席西民来了！他是汪应洛培养的中国大陆第一个管理学博士，今天戴着西交利物浦大学执行校长的桂冠回母校参加庆典。

汪应洛的博士生李寿生来了！他现任国务院国有资产监督管理委员会党委委员、业绩考核局局长。

汪应洛的博士生李垣来了！他现任上海交通大学管理学院执行院长。

汪应洛的博士生连维良来了！他现任国家发展和改革委员会副主任。

汪应洛院士的众多博士生弟子一个接一个地来了！

华南理工大学工商管理学院副院长、教授、博士生导师张卫国来了！

光大银行香港分行行长陈林龙来了！

佛山国星光电股份有限公司董事长王垚浩来了！

……

在庆祝西安交通大学管理学院恢复建院30周年的喜庆日子里，管理学院新一届领导班子同管理学院首任院长汪应洛院士合影留念

（从左至右：院党委副书记尚玉钒、副院长苏秦、副院长谢恩、院长黄伟、汪应洛院士、副院长冯耕中、党委书记孙卫）

百余位分布在全国和世界各地的管理才俊云集母校，看望西安交通大学管理学院的创建人，至今仍然指引管理学院勇攀高峰的恩师汪应洛院士。

对于引领中国管理科学新潮流的西安交通大学管理学院，海内外管理科学界都十分关注并给予极高的赞誉。美国前国务卿基辛格博士为西安交通大学管理学院重建三十周年院庆发来了热情洋溢的贺信！美国第 24 任劳工部部长赵小兰也来函祝贺！美国《财富》杂志主编 Andy Serwer 先生；交通大学 1946 级校友、美国福茂集团董事长赵锡成先生，台湾大学校长杨泮池先生等分别来信或题词表示祝贺。西安交通大学党委书记张迈曾，校长王树国，西安交通大学管理学院名誉院长、中国工程院院士汪应洛，校党委常务副书记王小力，副校长蒋庄德、徐宗本、宋晓平，校党委副书记宫辉及中国人民大学管理学院执行院长毛基业，阿肯色大学教授 John Talburt，各兄弟院校的领导代表，西安交通大学各职能部门的领导，管理学院全体院领导、师生，以及来自世界各地的校友参加了庆典活动。

汪应洛院士的博士生、管理学院党委书记孙卫主持了庆典及论坛。王树国校长在致辞中对西安交通大学管理学院的贡献给予了高度评价：西安交通大学管理学院没有虚度时光，培养了大批的人才，取得了一大批成果，为社会的发展贡献了智慧。

西安交通大學管理學院三十周年誌慶

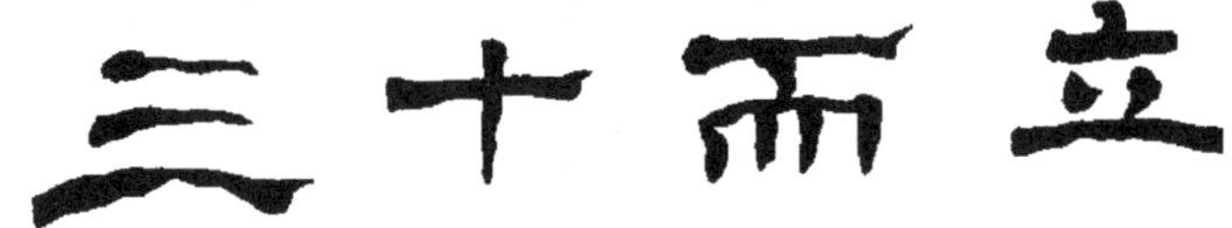

臺灣大學校長 楊泮池

台湾大学校长杨泮池先生的题词

作为西安交通大学管理学院恢复重建者和首任院长，汪应洛在庆典大会上致辞。他说：

欢迎远道而来的各位嘉宾参加这次盛会！

今天是管理学院恢复建院30周年，这是一个值得庆贺的日子，我向我们全院的老师们和教工、同学们表示衷心的祝贺，同时也感谢大家几十年来为管理学院所作出的贡献。

30年，弹指一挥间，管理学院经过了大家的勤奋、拼搏、开拓创新，取得了辉煌的成绩，在这30年里，管理学院始终坚持一个信念，就是以育人为主，严谨治学，精心育人。我们培养了一代又代的高级管理人员，为国家输送了大批高级管理人才，在学科建设上做了大量的工作。我们根据国家的需求开拓创新，与时俱进，使我们的学科得到了壮大和发展。我们开始建院时，只有一个管理工程学科，经过努力，又开拓了工商管理学科。我们设立了七个系，培养了大量国家急需的高级管理人才。

另外，我们争取在国务院学位委员会下面设立了管理科学与工程一级学科的学科评审组，然后发展了工商管理一级学科的评审组，西安交通大学管理学院是这两个一级学科的领头羊。然后我们又联合全国的管理学者在国务院学位委员会下面创立了管理学门类，这就为管理学院的发展提供了一个宽广的平台。我们始终坚持一种信念：一枝独秀不是春，万紫千红春满园。

不仅仅我们西安交通大学的管理学科得到了很大的发展，全国的管理学科也得到了飞跃的发展。另外，我们也认识到管理学科是一个强调理论和实践相结合的学科，而且是多学科交叉的产物。所以我们的研究工作一直强调面向国家需求，积极地参加国家的一些重大的研究项目，通过这样的研究工作提高了我们的师资水平，提高了我们整个学科发展的水准。

应该说，在30年的学科发展当中，我们的老师们和同学们特别是我们的博士生们，并肩战斗，教学相长，使我们管理学院的学术声誉得到了社会的认可。另外，这30年我们坚持了走国际化道路，与国际上的一些知名学校、知名学者进行了广泛的学术交流，参加了各种各样的学术会议，开展了一些合作研究，对我们管理学院的学科发展起到了积极的作用。

首先我们在20世纪80年代，推动了系统工程学科的发展。广泛的国际交流使得我们了解了国际上系统工程学术上的一些重大研究。社会经济建设上的一些巨大的成果，使我们能够在比较高的起点上在我国推动了系统工程学科的发展，成为我国系统工程领域的领军人物之一。

20世纪90年代，国际上在深入开展战略研究的情况下，我们也是比较早的在国内积极地引领开展了战略研究这样一个领域。在国际上和英国的一些著名学校进行合作，在战略研究方面也作出了显著的成绩。在国际上开始兴起大数据的时代，我们比较早地与美国MIT合作建设了关于大数据和信息质量研究中心，在国内也是比较早地开展了大数据管理的研究。

另外，我们在管理教育、人才培养方面和加拿大多所学校建立了10年的合作关系，联合培养硕士生、博士生，为我们国家的管理教育吸收了一些国际上先进的理念，对我们管理教育的发展起到了积极的促进作用。

30年来，我们培养和锻炼了一支强大的师资队伍，这是我们管理学院发展的一个重要基础。同时，我们的学生在老师的熏陶下参加实际科研工作中使教学相长，能够直接地体验国家的一些重大建设的发展，现在管理学院的毕业生遍布全国，有些成为很多高等学校的骨干，也在经济战线上发挥了积极的作用。

时代不断地前进，社会不断地发展，我们管理学院必须要与时俱进，继续坚持开拓创新，同时要始终坚持以育人为根本，能够为国家培养一批又一批的创新型高级管理人才。在研究工作方面，我们要面对信息化时代、大数据时代，要创新发展，始终站在时代的前沿。既能够把握发展的战略机遇，又能够脚踏实地为国家的重大需求开展研究工作。我们要面对国家深化改革的大形势，面对科学技术创新发展的大趋势，必须担负起我们实现中国梦的社会责任感！

西安交通大学管理学院院长黄伟在致辞中对汪应洛院士表示了崇高的敬意和衷心感谢。他说，管理学院在创始院长汪应洛及学院老一辈教授、学者的带领下，一代又一代管理学人艰苦奋斗，求真务实，积极探索，在人才培养、科学研究和社会服务等方面始终密切关注国家和社会经济发展的需要，同时紧跟国际前沿发展趋势，致力于为国家培养有特色、高质量的高层次管理人才，引领科学研究和学科发展，为政府和企业提供管理咨询和社会服务，并取得了较大的成就，率先拥有管理科学与工程、工商管理两个国家一级重点学科以及博士点和博士后流动站，是国家第一批 MBA 和 EMBA 试点学院之一，在中国大学学科排行榜上连续十几年名列前茅。

作为西安交通大学管理学院恢复建院 30 周年庆典系列活动内容之一，8 月 2 日，第十九届国际大数据与信息质量权威会议在西安交通大学管理学院举办。这个国际会议是国际上大数据与数据质量最权威的国际会议，由美国麻省理工学院于 1992 年创办，旨在促进信息质量和数据科学领域在研究、技术、实践等方面的发展和交流。会议已在全球范围内成功举办 18 届，历届年度会议吸引了包括美国、加拿大、澳大利亚、中国、英国、爱尔兰、德国、法国、芬兰、西班牙、意大利、印度、巴西、阿根廷等世界各国的知名学者和企业代表参与。本届会议是国际大数据与信息质量权威会议第一次在亚洲召开，足见汪应洛恢复重建的西安交通大学管理学院在亚洲和全球管理学界的崇高地位。

在这次会议上，陕西省西咸新区沣西新城经济发展招商局局长刘军作了关于陕西及西咸新区的基本情况、西咸新区大数据产业的特色、优势，存在问题及主要工作和下一步设想的报告，中国科学院院士、西安交通大学副校长徐宗本，阿肯色大学教授、大数据领域专家 John Talburt，安客诚亚太区首席执行官 Frederic Jouve，国务院医改专家委员会委员房志武，陕西省产业投资集团副总经理徐晋等知名学者及行业专家分别在大会上作主题发言。85 岁高龄的汪应洛院士宝刀不老，神采奕奕地在大会上作了大数据学术报告。他指出，当今的时代是大数据的时代，数据量大（volume）、数据种类多样（variety）、要求实时性强（velocity），以及蕴藏的商业价值大（value），是大数据的特性，这也决定了大数据在未来的潜力。大数据带来的变革已经深刻地影响了世界。互联网行业首当其冲，接着是商业智能与咨询服务领域、零售行业，还包括医疗、卫生、交通、物流甚至生物科技、天文等方面。大数据的发展不仅催生了数据服务的意识和能力，也促进了各行各业的巨大变革。

2012 年 3 月，美国奥巴马政府宣布推出的“大数据的研究和发展倡议”（Big Data Research and Development Initiative），是大数据从商业行为上升到国家战略的标志，这表明大数据的研究已经正式提升到战略层面。大数据管理作为重要的企业竞争力，已经深入全球经济的各个部门。来自麻省理工学院斯隆管理学院的教授曾经说过：基于数据分析的决策实现的生产率增长，要比任何其他因素都高出 5% ～ 6%。这种生产率的增长则能够决定大多数行业的胜负。对于那些能够战略性地利用大数据的企业，他们的创新能力、业务灵活性和利润都将得到极大的提高。

汪应洛说，据 IDC 预测，中国的大数据市场在 2012 ～ 2016 年将增长 5 倍，政府、银行、医疗卫生、电信等行业将在其中占据最多的份额，大数据带来的巨大商业价值已经不言自明。然而，其价值的实现取决于一个重要的前提条件：只有在取得准确、全面、及时的高质量数据的基础上，才能借助有效的分析手段，呈现出数据背后的商机或警示。否则，再好的商业模式都只是基础薄弱的空中楼阁。另外，对于一个组织来说，数据是组织最具价值的资产之一。

企业的数据质量与业务绩效之间存在着直接联系，高质量的数据可以使公司保持竞争力并在经济动荡时期立于不败之地。有了普遍深入的数据质量，企业在任何时候都可以信任满足所有需求的所有数据。

汪应洛强调，我们不应只看到大数据发展的美好前景，大数据的管理也面临很多的问题和挑战，有待在座的各位共同研究。

数据的快速积累和发展，越来越凸显的问题就是数据管理人才的缺失，特别是在统计方法和大数据管理上有深厚专业知识的管理员和分析员，而分析人员的水平恰恰是决定企业竞争力的关键因素。如何实现高效、智能的存储和获取也是一个问题。随着数据量和各种类型数据的不断增加，数据的存储和访问是需要重点解决的问题。

因此，如何通过调整技术、科学管理去适应迎接这些挑战是亟待思考的问题。汪应洛认为我们作为大数据和信息质量领域的开路人，身上肩负着时代的使命，应抓住大数据时代潜在的机遇，为整个社会的发展作出贡献。

汪应洛的报告受到了与会专家和学者的高度评价，大家对这位德高望重、学识渊博且思维前卫的管理学泰斗报以热烈掌声，并纷纷起立致以敬意！

第十一章

喜获2015复旦管理学终身成就奖

六十年如一日、一生奉献给教学与科研工作的汪应洛教授2015年又喜获管理学终身成就奖。2015年10月31日在复旦管理学奖励基金会颁奖典礼暨十周年总结会的庆典上复旦管理学奖励基金会理事长、第十届全国政协副主席徐匡迪为汪应洛教授颁发了“复旦管理学终身成就奖”。西安交通大学党委书记张迈曾、校长王树国亲自致电表示祝贺，校科研院副院长贾毅华、管理学院院长黄伟、汪院士助理吕绚丽博士应邀陪同院士夫人张娴如女士出席了颁奖大会，共同见证了这一历史时刻！

复旦管理学奖励基金会成立于2005年，是由原中共中央政治局常委、国务院副总理李岚清同志用个人稿费作为原始基金发起，现整整十年，已成为中国管理学界最具影响力、公信力的基金会。自

2015年10月，汪应洛院士获得
复旦管理学终身成就奖

2012年起，基金特别增设“复旦管理学终身成就奖”，用于奖励在我国管理学领域为学科建设、人才培养等方面做出开创性、奠基性贡献的老一辈工作者。清华大学教授傅家骥、著名管理学家和经济学家成思危先后获奖。

汪应洛院士在2015年颁奖仪式上的获奖感言无一不流露出他的真情实感，肺腑之言瞬间感染了与会的嘉宾们。他满怀激情、精神饱满、双目炯炯有神，站立主席台中央，铿锵有力地感谢基金会提名授予他复旦管理学终身成就奖殊荣。

即使获得如此高的荣誉他依然虚怀若谷地表示，能够取得今天的一点点成绩，首先应该感谢党，感谢党对他的培养，让他从新中国成立初期一个无知懵懂的少年一路沐浴在党的关怀和抚育下走到了今天，这些年无论是与汪院士并肩战斗过的同事、还是师从汪院士的学生们、接触过他的人，乃至在他身边工作十余年的助手无一不被他的人品及学识所折服。

汪院士时刻没有忘记感谢交大、感谢教过他的老师们、还有身边的同事们以及交大的校领导！自当选为工程院院士这12年的时间也是汪院士认为在一生中最富有激情的日子，他披星戴月、无论节假日还是双休日，始终奋斗在学科的最前沿。

每周工作时间“5+2”、“白+黑”、（周一至周五+双休日、白天+黑夜）不知疲倦，大有“蜡炬成灰泪始干”的干劲——这正是作为学生和跟随院士身边工作十余年的学术科研及行政助手对院士的深深体会。他从不浪费一分钟的时间，即使85岁高龄也依然在和“时间赛跑”。在外出差的时间也是会中套会，利用尽可能的时间空档安排满整个行程，熟悉院士的人时常提醒到：“他的劳动强度太大了，不能这样安排、会把老师累垮的。”而他从来都只是笑笑。无论出差回来多晚，他第二天一早9点整仍然会风雨无阻地坐在办公室里开始工作。

汪院士由心底里非常感谢工程院以及工程院工程管理学部的院士们。他和学部的院士们一起承担着国家的重大科研任务。他不遗余力承担了国家重大咨询课题十余项，亲自带领团队成员赴企业、下矿井、到现场调研、总是亲自参加每一次的科研团队讨论，鼓励大家各抒己见、大胆阐述自己的研究观点。在大家研究过程中遇到各种问题时准能及时准确为大家指点迷津、为研究团队把握研究方向。这也是他认为在一生中最富有激情的十余年，激情仍在延续着……

汪院士最后感谢的才是他的家人，特别是与他患难与共、相濡以沫六十几年的老伴儿，他们经历过两次大病，2004 年汪院士在北京会场刚做完报告突发脑溢血倒在了会场，多年后老师居然打趣地谈到："我在合适的时间、合适的地点、生了病"。2001 年又患了直肠癌，但是他们夫妻都相互依靠走过来了。汪院士的余生想的依旧是"要更加努力地去实现他的中国梦。"

汪应洛院士身体力行地用他的一言一行教育、引导着年轻人他话语不多却又句句真知灼见、高屋建瓴，句句点中要害！

在这次的颁奖大会上，西安交通大学双聘院士、合肥工业大学管理学院教授杨善林，北京交通大学交通运输学院教授高自友，中国科学院数学与系统科学研究院研究员杨晓光获得"复旦管理学杰出贡献奖"，阿里巴巴集团董事局主席马云获得"复旦企业管理杰出贡献奖"。

汪应洛作为新中国的第一批大学生，自毕业的那一刻起，他的人生便和管理工程教育紧紧连在一起。经过六十年的努力，管理学科从刚开始的"公众不认识，社会不承认，政府不支持"，到现在成为十二大学科门类之一。对于自己在其中的贡献，汪应洛只字未提。谈到的只是学科的发展、人才的培养等。他的一生是辉煌的一生、科研的一生、诲人不倦的一生！

幼年经历过炮火中的颠沛流离使得他深感国家强大的重要。工业救国的思想深深地在他的心中扎根，“工业强则国家强”的观念也促使他始终扎根西北，一待就是一辈子。他认为“这不仅仅是一种使命，也是他对管理教育事业的热爱。”严谨审慎的作风、甘于奉献的精神、百折不挠的态度奠定了汪应洛成为我国管理科学与工程、系统工程学和工业工程的学科带头人。他为我国管理科学与工程、系统工程和工业工程学科的发展及相互融合做出大量开创性的系统工作，并将其理论与方法综合应用于工程管理和社会经济问题之中。

中国管理学科的初创时期，汪应洛早在70年代初早已将中国的管理学科与麻省理工、哈佛等美国知名学府建立了联系，国际交流的加强让当时的学者们对美国的管理教育认识加深，对于管理学的发展影响深刻。

改革开放以后汪应洛被委任为国务院学位委员会管理工程学科组副组长。管理工程学科成立后，从此，管理学不再是一门边缘学科，而成为十二大学科门类之一。这是管理学科建设发展历史上一次很大的飞跃！

在管理工程的专业建设和人才培养上，汪院士起到了十分重要的推动作用。1984年，汪应洛就积极促成我国第一批管理学院的建立，进一步促进了我国管理学科发展的平台保障。为了推动学科发展，他不但帮助一批学校加强学科建设、还帮助这些兄弟院校建立了管理科学与工程学科博士点。“他是一个没有私心的人，对待同行、兄弟院校和学生，都是抱着一颗赤子之心，也正是因为这份无私，对我国经济发展起到了重要的作用。

他认为中国管理学的理论研究已经跟国际接轨了。而管理学作为一门治国之道，其重要性已经越来越成为共识。国家对战略的重视程度已经大大加强，他深深地知道国家发展需要好的战略。

他又开创性地提出了“服务型制造”，即“基于制造的服务”和“面向服务的制造”，使制造与服务相融合的新产业形态，这是一种新的制造模式，可以有效帮助我国制造业走出困境。汪应洛带领的课题组通过与陕汽、陕鼓集团等陕企业多年的试点摸索成功地实践了这一理论。

“与时俱进、勇于创新”。早在2009年，汪院士就已关注大数据，他认为，大数据对管理学科的发展是一个重要机遇。也正是在汪应洛的指导下，西安交通大学管理学院与美国麻省理工学院（MIT）经过两年的合作，于2012年合作成立了大数据研究中心。2014年牵头与国家发展和改革委员会联合成立了“改革试点探索与评估协同创新中心”，为陕西省改革创新新思路、新举措提供理论支持。

他一直关注推动关中天水经济带，倡导大区域大战略的主导先行。“一带一路”国家战略提出后他又率先引导团队提出“一带一路能源通道的建设和科教文先行”的思路，建议一经提出就被国家发改委和教育部认可，成为了国家制定方针的重要依据。科教文先行，是文化传播，教育扶持，科学引领，增强国家的软实力。汪应洛院士在西安交通大学2015年5月正式发起成立“新丝绸之路大学联盟”（UANSR）。在UANSR框架指导下，汪院士带领团队成立了“‘一带一路’大学管理学院子联盟”，致力于推动盟内学院之间在校际交流、人才培养、科研合作、文化沟通等方面开展形式多样的友好合作，共建教育合作平台，推进区域开放发展，为“新丝绸之路”沿线国家和地区培养具有国际视野的高素质、复合型管理人才，服务“新丝绸之路”沿线及欧亚地区的经济建设和社会发展，增进各国人民之间的交流和友谊。

汪应洛院士总能从海量信息中精准把握前沿的科学问题，对工作永远充满着热情与激情，管理学是一门需要社会责任感的学科，管理学界在获得社会不断发展所带来的利好的同时，也承担着重大的责任。管理学需要人才，人才培养是重中之重。对于已经走在管理岗位上的年轻人，汪应洛寄予了下一辈殷切希望：希望他们能够成为学者型的管理人才：要具备“战略眼光、创新思维、文化素养、沟通能力、社会责任感、有包容心、处事能力、做人要谦虚谨慎”。

人品是最高的学位，而品德是人格的灵魂。人品的修养比学识更有价值、更具魅力。而汪院士正是这样一位既有人品又有学识，且思想高尚的人。然而他却认为此生能够培养出一批批优秀的人才、看到他们成绩卓越、贡献超过他对国家的贡献——这才是最令他引以为自豪、最开心的时刻！

第十二章

成果倍出的中国工程院院士

2003 ~ 2015 年，汪应洛自当选为中国工程院院士以来的 12 年，在中国工程院工程管理学部的领导组织下，承担并参与了 10 余项国家重大咨询项目。

本章的内容充分体现了汪应洛当选院士后的学术经历、学术思想和重要学术观点，也是汪应洛院士学术生涯中最活跃、最深刻、最有价值和最值得回忆的经历……

一、中国制造 2025

改革开放以来，我国制造业持续快速发展，如何提升我国制造业在自主创新、自主研发、资源利用效率、产业结构水平、信息化程度、战略转型升级和跨越发展等方面的能力，尽快跻身于世界先进水平行列是一个重大问题。汪院士陷入了沉思——具有前瞻性、超敏锐洞察力的汪院士再一次率先带领研究团队走进了陕西的制造业——在“陕鼓集团”“陕汽集团”等典型企业推行服务型制造。

数十年如一载，汪应洛院士怀揣着他的中国梦踏入了“中国制造 2025”—— 一个中国版的“工业 4.0”规划时代。

《中国制造 2025》是中国政府实施制造强国战略第一个十年的行动纲领，于 2015 年 5 月 8 日经李克强总理签批，已由国务院公布，提出了中国制造强国建设三个十年的“三步走”战略。2006 年在国内外首先提出的服务型制造战略，如今已成为《中国制造 2025》的 9 项战略任务和重点之一。数十年的坚持不懈终于迎来了中国制造业发展的重大机遇。

为进一步全面贯彻党的十八大和十八届二中、三中、四中全会精神，坚持走中国特色新型工业化道路，以促进制造业创新发展为主题，以提质增效为中心，以加快新一代信息技术与制造业深度融合为主线，以推进智能制造为主攻方向，以满足经济社会发展和国防建设对重大技术装备的需求为目标，强化工业基础能力，提高综合集成水平，完善多层次、多类型人才培养体系，促进产业转型升级，培育有中国特色的制造文化，实现制造业由大变强的历史跨越将在这里谱写辉煌的篇章。

落实“中国制造 2025 规划”专题研讨会——“中国制造 2025”之重点任务——服务型制造战略与陕西制造业发展研讨会于 2015 年 5 月 30 日上午拉开了帷幕。汪应洛院士亲自挂帅主持会议，自 2006 年以来，面对传统产业转型升级和我国经济发展方式转变面临的挑战，以西安交通大学汪应洛院士为代表的专家和学者，率先提出了服务型制造理论，并在国家哲学与社会科学规划办、中国工程院、陕西省政府的支持下，开展了一系列关于服务型制造理论、产业实践和政策建议的研究，并在陕汽集团、陕鼓集团等企业开展了深入的产业实践，为企业增收超过 30 亿元，创造利税超过 1 亿元，经济效益和社会效益显著。陕西省“十二五”发展规划，“服务型制造”也位列其中。

服务型制造作为陕西学术界和企业界在中国经济社会发展过程中所作出的重大原创性贡献，已经上升成为国家战略，在学界、业界和政界都产生了重要的影响力。

为了进一步落实“中国制造 2025”，促进陕西制造业发展服务型制造和生产性服务业，提升产业竞争力，汪应洛院士倡议西安交通大学联合陕西省发改委、陕西省工信厅、陕西省科技厅、陕西省决策咨询委等单位主要领导，从事服务型制造研究的知名学者，以及陕鼓集团、陕汽集团等践行服务型制造取得突出成就的企业，共同探讨陕西制造业落实“中国制造 2025 规划”，促进服务型制造与生产性服务业发展的对策与行动计划，协商建立“服务型制造管理与技术研究中心”，探讨陕西制造业发展服务型制造的行动纲领。《光明日报》《科技日报》《中国社会科学报》《陕西日报》等国内主流媒体参与了研讨会，共同见证了陕西学界和企业界在服务型制造领域的开创性成果。

制造业是国民经济的主体，是立国之本、兴国之器、强国之基。18 世纪中叶开启工业文明以来，世界强国的兴衰史和中华民族的奋斗史一再证明，没有强大的制造业，就没有国家和民族的强盛。打造具有国际竞争力的制造业，是我国提升综合国力、保障国家安全、建设世界强国的必由之路。

新中国成立尤其是改革开放以来，我国制造业持续快速发展，建成了门类齐全、独立完整的产业体系，有力推动了工业化和现代化进程，显著增强了综合国力，支撑着我世界大国地位。然而，与世界先进水平相比，我国制造业仍然大而不强，在自主创新能力、资源利用效率、产业结构水平、信息化程度、质量效益等方面差距明显，转型升级和跨越发展的任务紧迫而艰巨。

当前，新一轮科技革命和产业变革与我国加快转变经济发展方式形成历史性交汇，国际产业分工格局正在重塑。必须紧紧抓住这一重大历史机遇，按照“四个全面”战略布局的要求，实施制造强国战略，加强统筹规划和前瞻部署，力争通过三个十年的努力，到新中国成立 100 年时，把我国建设成为引领世界制造业发展的制造强国，为实现中华民族伟大复兴的中国梦打下坚实基础。这就是汪应洛院士的中国梦。

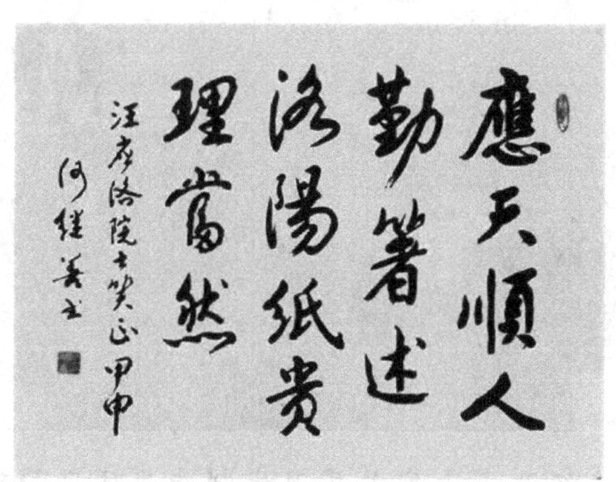

何继善院士题字

二、研究规划现代制造服务业发展战略

汪应洛当选为中国工程院院士以后，仍然以顽强的意志继续战胜病体痛苦和种种困难，努力地在管理工程领域奋勇攀登，取得了丰硕的成果，为国家的建设和社会的繁荣作出了重大的贡献。“制造服务业强国战略”是中国工程院重大咨询课题。汪应洛承担了这一重大课题的分课题研究——“现代制造服务业发展战略研究”，他在这个课题研究中，完善和发展了“服务型制造”理论，为“中国工程”与“中国制造”的联动发展提供了科学理论根据。在进行“现代制造服务业发展战略研究”时，汪应洛组成了以他为核心，有李刚、郭菊娥、冯耕中、苏秦、吴锋、周支立、何正文、王能民、田

2007年汪应洛院士出席首届现代制造业项目管理高层论坛

军、姜锦虎、原长弘、王龙伟、吕绚丽等参加的科研团队，从“服务型制造”、“物流服务系统”、“科技服务（含自主创新）”、“大数据服务（含信息质量）”、“产业结构优化创新（相关产业联动发展）”、“制造业与生态环境”七个专题进行研究。课题研究期间，汪应洛多次往返于西安、北京等城市，与全体成员共同探讨课题研究进展情况，研究报告于2014年顺利完成，阶段成果报告送中国工程院。

汪院士带领研究团队从以下几个重要方面进行了深入研究。

（一）制造服务业和制造业的互动机理

从制造业发展来看，服务化趋势日益显现；从服务业发展来看，工业化已成为一种趋势。制造服务业能够提升制造企业的竞争能力，增加生产规模，而制造业生产规模扩大以后也使制造服务业不断地发展进步为专业性的服务产业，对于经济的发展是一种帮助，可以说制造业和制造服务业是一种互补互利的关系。

随着全球经济发展模式的演进，制造服务业在制造业中扮演的角色也在不断演变。总的来看，制造服务业在制造业中扮演的角色越来越重要，知识含量越来越高，具备了知识化、信息化、网络化的新特征。

（二）我国制造服务业的发展现状分析

1. 我国制造服务业的发展现状

从产业规模、产业结构、质量效益等方面采集了相关数据。

（1）产业规模。汪应洛团队研究的制造服务业根据我国的统计数据，包括以下行业：①交通运输、仓储和邮政业；②批发和零售业；③金融业；④其他行业。其中第四类的其他行业含有部分非制造服务业的内容。但由于我国统计数据分类的原因，无法直接区分出其他行业中的子行业是否和制造业直接相关。因此，在课题的研究中，根据国家统计局的相关指标，将以上四类行业界定为广义的制造服务业，而不包含其他行业的制造服务业界定为狭义的制造服务业。

（2）产业结构。

（3）质量效益。一方面，虽然各国统计范围不尽相同，存在统计上的误差，但是我国经过两次全国经济普查后，对服务业的统计进行调整，已经基本符合经济实事。另一方面，虽然各国资源禀赋和发展阶段不尽相同，但是同为发展中国家的印度、智利、埃及等第三产业都高于我国，所以我国服务业相对水平还是较低，存在着巨大的上升空间。

（4）可持续发展能力。目前，我国制造服务业的发展程度还比较低，总体规模小、服务水平不高、结构不合理、自主品牌不多、体制改革和机制创新滞后，两化融合水平较低，与科学发展观、和谐的经济社会、可持续发展的总体要求还不相适应。

2. 我国制造服务业发展面临的挑战与机遇

制造服务业发展的机遇。①国家政策体系的形成与支持。近几年来，我国政府一直高度重视制造服务业及相关产业的发展，相继出台了一系列扶持政策。②信息化与工业化的融合，为现代制造服

2005 年 9 月汪应洛（左三）等中国工程院院士赴重庆考察长安奥拓生产基地

务业提供了市场需求和技术保障。③我国制造业的产业优势为制造服务业有较大的发展空间，可以利用制造业的优势地位，加快提升制造业的辅助行业的发展。④中国工程的大力发展，为中国制造服务业的发展提供了新的机遇。制造服务业内部结构亟须优化。制造服务业依靠以技术进步为驱动的内涵式增长的模式还没有形成。制造服务业的服务业内部结构优化还有很长的路要走。

3. 我国制造服务业进行了国际比较

（1）产业规模。目前，一些发达国家服务业总值占 GDP 的比例已经达到 70% 以上，服务业产值在世界经济总量中的比例也已超过 60%。即使是中低收入国家，服务业产值占 GDP 的比例也达到了 50%，而我国目前的服务业占 GDP 的比例却只有 43.3%。

（2）产业结构。

（3）质量效益。

（4）可持续发展能力。与国际制造服务业相比，我国的制造服务业的可持续发展能力不强。金融业大而不强，获利主要依靠政策保护和行业垄断，金融创新力度不足。信息服务、管理咨询、制造检测和法律咨询等知识型服务业无论在产业规模还是发展质量上，都较为落后。我国的制造服务业在很大程度上还是集中在传统领域，创新力度不足，高端人才奇缺，产业发展模式落后，制造服务业的可持续发展能力亟待提高。

4. 我国制造服务业的发展预测

（1）产业规模。美国经济分析局（Bureau of Economic Analysis）网站上提供有 1947 年以来 GDP 的构成数据，汪应洛团队选取 1947 ～ 2011 年 65 年的数据作为参照，预测我国制造服务业的发展前景。汪应洛团队按照美国 1947～2011 年 65 年间制造服务业的发展速度，估测中国 2011～2043 年制造服务业的发展水平。美国 65 年交通运输、仓储和邮政业，批发和零售业，金融业，以及其他行业折合成33年的年均增长率为-0.46%、-0.82%、6.69%、2.10%。

（2）产业结构。

（3）质量效益。

（4）可持续发展能力。

5. 制造服务业对制造强国战略的促进

（三）制造服务业促进制造强国建设的战略

1. 发展战略选择

（1）大力推动中国工程、中国制造和中国服务的联动发展。将“中国工程”作为推动我国经济结构优化升级的第三支力量，促进中国制造、中国服务和中国工程的协同发展，可以有效推动经济发展方式转型和产业竞争力提升。

（2）促进制造业改变传统观念，必将推进制造服务业的外部化。

（3）促进制造服务业的标准化和信息化。

（4）推进制造服务业自主创新。

（5）大力推进制造服务业的集聚式发展，促进产业间的融合。

（6）促进制造服务业发展的外部环境改善。

（7）以信息技术和电子商务为驱动，促进制造服务业的商业模式创新等方面融合发展。当前，以物联网、互联网、移动互联网、社会化网络服务和电子商务服务为驱动的新经济模式，在全球范围内，带动了产业的融合发展和企业竞争力的显著提高。

（8）大力实施金融业创新，促进金融业和制造业的跨行业融合发展。

（9）制定扶持措施，大力发展知识型制造服务业。当前，国际制造服务业的发展趋势是进一步向知识密集化的方向演进。信息服务、互联网服务、管理咨询服务、研发设计服务、质量服务、供应链管理服务，以及物联网、云计算、大数据和电子商等新一代信息技术服务业，成为发展速度最快、质量效益最好的新兴服务业。

（10）大力发展制造业电子商务。

（11）大力促进制造质量服务业发展。

2. 战略目标（2020～2030年）

到2030年，经过近20年的发展，我国建成产业规模大、产业结构优化，质量效益好，可持续发展能力强的制造服务业体系。制造服务业和制造业紧密融合发展，制造业的竞争力得以显著提升。

大数据给中国制造业的升级和转型带来了新的机遇。但是，我国制造大数据服务业发展面临着一系列挑战：①大数据人才的缺失成为制造业在应用大数据过程中亟待解决的问题。②制造业大数据技术的匮乏是限制大数据应用的关键因素。

（四）发展制造服务业的重点任务

发展制造服务业的重点任务如下：促进现代制造服务业产业规模的壮大；制造服务业商业模式创新；建设制造服务业产业集团与产业集群；以信息技术为推动力，促进制造服务业管理水平的提升；加快制造服务业人才培养；促进制造服务业发展的制度环境优化；优化我国制造企业生态环境；保护、壮大和提升我国的人力资源；提高我国科技服务水平。

（五）发展制造服务业的对策建议

依据以上的研究，汪应洛团队就发展制造服务业提出了以下建议。

1. 制定我国制造服务业发展产业发展规划

大力发展制造服务业，需要做好制造服务业的发展规划和区域布局优化。首先，国家要适时出台针对制造服务业不同领域的产业发展规划，并在国家的区域规划之中注重调节好不同区域在制造服务业领域的布局规划。针对国际制造服务业的发展趋势，首先需要做好金融、设计与研发、电子商务、大数据，质量服务，工程服务，以及管理咨询服务的发展规划。在东南沿海等经济发达地区，伴随着制造业的产业升级，优先布局金融、设计与研发服务、电子商务、物流与供应链管理服务，以及管理咨询服务业；在东南沿海制造业向内地转移过程中，结合产业转移的区域，布局工程服务、物流与供应链、质量管理、管理咨询等和制造业生产过程密切相关的服务业的发展。可以将一些对区域位置要求不高但对科技和人才资源要求较高的行业，如制造业大数据服务、科技服务等，布局在中西部科技资源聚集的区域，如西安、成都、合肥等。同时，在不同区域，布局建设一批大型制造服务企业集团，以及一批中小型制造服务企业，形成制造服务业集群。

2. 减少企业进入制造服务业的行业管制，加大制造服务业的开放力度

促进制造服务业产业规模的扩大和发展质量的提升，需要破除和减少行业管理、行政垄断和区域垄断，鼓励各类资本进入制造服务业；鼓励跨行业、跨区域、跨所有制的服务业的兼并、重组，形成一批大型企业集团；加大制造服务业的开放力度，吸引海外各类人才回国创业和就业，吸收国外在制造服务业领域的先进技术和经验；积极支持国内相关人才在制造服务业领域的创业。鼓励我国具有一定国际竞争力的制造服务业企业集团，如工程服务、物流服务等，积极实施走出去的战略。

3. 加大财税政策对制造服务业的支持力度

对于国家确定的优先发展的制造服务业，在财政和税收政策上给予优先支持。在财政政策上，加大对创业型、科技型、研发型制

造服务企业的资金支持力度。在税收政策上，对创业型制造服务业企业，给予所得税减免优惠；对于科技型制造服务业企业，制定企业增值税的优惠政策，鼓励企业的技术创新；对于新兴的电子商务服务、大数据服务企业，给予其税收优惠支持。

4. 加强制造服务业人才培养

相关部门应出台制造服务业人才培养规划，建设一批专业化的制造服务业人才的培养和培训的机构，出台对人才培养的财政支持政策。对制造服务业设计的共享技术问题，加大国家的科研资金支持力度。设立专门的制造服务业人才发展基金，吸引高层次制造服务业人员的海外回归，支持国内高端人才的培养。打破行业、区域对人才流动的制约机制，改革户籍和档案管理制度，鼓励人才的合理流动。

5. 加大对知识产权的保护力度

强化知识产权的立法和执法工作，切实提升对知识产权的保护水平。要加强知识产权保护，为此要健全知识产权保护体系，营造尊重和保护知识产权的法制环境，加强从事知识产权保护和管理工作的力量。要创造和发展知识产权，应当把创造和发展知识产权作为国家发展战略的重要内容，要把实施技术标准战略和专利战略作为科技、经济发展的重要内容。防止滥用知识产权制约创新，我国应进一步加强有关商业秘密、技术诀窍、技术流程等无形权益的立法。加强知识产权保护的国际合作。促进地方性立法，增加外包企业知识产权。

6. 大力推进制造业的产业升级

大力推进制造业的产业升级，促进制造业的质量、效益和管理水平的提升。通过制造业的发展，带动制造服务业的发展；通过制造服务业对制造业的支撑，促进制造业竞争力的提升。通过产业政策的制定和引导，促进制造业从粗放型增长模式，转变到以内生效率和效益提升的内涵式增长道路上来。为此，要鼓励和支持制造业企业加强核心竞争力建设，积极推广和采用服务外包模式，促进非核心业务的外化；促进制造业向产业链两端延伸，形成制造服务企业集团和集群。

7. 促进中国工程、中国制造和中国服务的联动发展

大力推动具有竞争力的中国工程行业实施国际化战略。在我国桥梁、港口、高速公路、高速铁路、航天工程等具备较好竞争力的工程行业，大力推动国际化和海外扩张战略。进一步完善国家对上述行业的财税政策支持，整合国内相关工程资源，优化重组相关企业，形成具备国际化竞争力的大型工程咨询、设计、建设、运营和维护的企业集团，主动出击，参与国际竞争。在国内城镇化过程中，积极探索现代工程发展的新型运营模式和新型商业模式。在城镇化建设过程中，积极推动制造企业、服务企业和现代工程企业的融合发展，探索和实施工程供应链管理模式和精细化管理模式，提升行业整合协同发展的力度，提升工程管理的水平，促进工程行业内部效率和竞争力的提升。

三、为中国服务型制造业的发展战略绘蓝图

汪应洛院士和郭重庆院士等合作研究的《中国服务型制造业的发展战略研究》，为我国制造业的迅猛发展指出了关键所在，也为加快我国工业工程师培养提供了优秀教材。

制造业是一个国家的战略性产业和工业崛起的标志，是一国制

造业的基础和核心竞争力所在。装备制造业是我国规模最大的产业之一，是为制造业提供“母机”的行业，在国民经济中具有极高的带动作用，是优化产业结构、促进经济发展方式转变的推动力量。近年来，我国制造业快速增长，已成为拉动国民经济快速增长的主要动力。

但是，长期以来，我国制造业的增长是依靠增加投资、扩大土地占用、增加劳动投入，以增加产量的粗放式增长模式，这种增长模式是以物质资源的大量消耗和环境的严重污染为代价的。我国制造业大而不强，缺乏国际竞争力；缺乏发达的产业分工体系；缺少强大的产业链；技术创新能力十分薄弱；发展的内在动力严重不足。在面临日益严重的环境和资源压力，以及经济全球化背景下，我国制造业迫切需要实现增长模式的转型和升级，促进国民经济发展方式的转变。制造业实现增长模式的转变和升级，是提高制造业竞争力，解决制造业资源消耗大、环境污染严重、自主创新能力低、获利空间有限、经济增加值低等问题的必然选择。我国制造业迫切需要实现从粗放型增长方式向集约型增长方式转变，从资源消耗型发展向资源节约型和环境友好型发展转变。

在全球范围内，服务经济逐渐兴起，产业结构正在发生着深刻的变革，制造业和服务业的融合发展已经成为发达经济体实现产业升级的主线。美国等发达国家已经完成了从工业经济向服务经济的转型，实现了经济增长方式的“软化”，摆脱了依赖资源与环境来促进经济增长的传统模式。主动应对国际产业结构变迁和升级的大趋势，是我国制造业提高国际竞争力，促进发展方式转变的必由之路。

在国际产业结构升级的同时，信息技术、快速交通技术的新发展，经济的全球化和自由化，人类生活水平的提高和需求的多样化，以及人类面临的日益增长的资源与环境的可持续发展的压力与挑战，也驱动着传统制造业的商业模式和生产组织方式的变革。

在这样的背景下，在国际范围内，制造与服务的边界日益模糊，制造业逐渐呈现出服务化的趋势，服务业也呈现出工业化的趋势，生产线服务业快速发展，占全球经济的比例越来越高。这些变化驱动着制造业与服务业的融合发展，促进传统的制造业延伸产业链，拓展服务业务，已经成为制造业实现增长模式转变和竞争力提升的重要途径。促进现代生产性服务业向制造产业延伸，主动扩大市场空间，向制造产业提供更为全面、更为细致的服务，也是现代生产性服务业大发展的必由之路。在这样的背景下，制造业和生产性服务业的融合发展，促使了服务型制造产业的产生、发展和壮大。

服务型制造业是制造业与服务业相融合的新产业形态，是新的商业模式和新的生产组织方式。服务型制造业是为了实现面向顾客效用的整个价值链中各利益相关者的价值增值，通过产品和服务的融合、客户全程参与、制造企业相互提供工艺流程级的制造流程服务、服务企业为制造企业提供业务流程级的生产性服务，实现分散化的制造与服务资源的整合，实现不同类型企业核心竞争力的高度协同，从而实现产品服务系统的高效创新，共同为顾客提供产品服务系统，实现企业价值和顾客价值。服务型制造业具有资源整合、延伸产业价值链、协同创新、降低资源消耗和环境污染的作用，是制造业实现增长模式转变和升级的重要途径之一，也是服务业实现市场空间扩展和服务业产业结构升级的重要途径。

发展服务型制造，对于促进国民经济发展方式的转变，促进制造业增长模式的转变，促进服务业产业竞争力的提升，提高企业竞争力具有重要意义。

发展服务型制造，对微观企业核心竞争力的提高，具有重要的意义。通过发展服务型制造，制造业能够集成分散化的制造及服务资源，实现分散化资源的高效协同，以绿色节能生产方式，通过向顾客提供产品服务系统，延伸产业链，扩大企业价值增值空间，这将极大地提高装备制造企业的核心竞争力。发展服务型制造，也能够带动现代生产性服务业市场空间和产业规模的增长，促进现代服务业的科技含量的提升，从而促进现代服务企业的竞争力的提升。

在商业模式上，制造企业发展服务型制造，从传统的向顾客提供物理产品及一次性交易获得利润的方式，升级为为顾客提供将产品和服务集成在一起的产品服务系统模式，向顾客提供集产品与服务一体化的综合解决方案，更多地依靠“软性”的基于知识的服务获取利润，实现企业增长；服务企业则通过发展服务型制造，为专业的制造企业提供覆盖产品市场调研、研发、工程、分销、服务、升级等一系列专业化服务，融入制造产业链条，扩展其产业发展空间，提升服务过程的技术含量，从而促进服务企业价值增长空间的延伸和利润水平的提升。

在价值创造模式上，不同于传统的顾客独立于制造企业，只能被动地接受企业提供的产品的价值创造模式，在服务型制造模式下，顾客将成为产品服务系统的合作生产者，通过制造企业和服务企业的分工和紧密地协作，企业通过主动发掘和识别顾客需求，实施需求管理，将顾客引入到产品服务系统的创新和生产及消费过程中，才能够满足顾客多变的需求，也能够实现企业的价值增长。

在组织模式上，制造企业发展服务型制造，通过专业化从事服务的生产性服务企业，以及专业化从事服务性生产的制造厂商，开展基于工艺流程级别的深度合作，自发形成服务型制造网络，每个企业成为服务型制造网络上的一个价值模块，在业务的高度协同中，实现价值的联合创造和产品服务系统的协作创新。

在运营模式上，传统制造企业需要从原先的“大而全”、“小而全”的运营模式，向聚焦于集合核心能力的专业化模式转变，将自身不具备核心竞争优势的制造及服务环节，外包给专业化的生产性服务供应商以及服务性生产商来完成。服务企业也要从传统的劳动密集型服务向技术密集型、知识密集型服务升级，向制造企业主动提供业务流程级别的服务，实现和制造企业的深度合作，形成高度协同、协调有序运作的服务型制造业的运作模式。

在实施模式上，传统制造企业需要形成面向服务型制造的需求管理、企业网络以及风险管理体系，企业内部形成基于需求链、服务链以及知识链的高度协同体系，进行信息共享、供应链整合、顾客整合和供应商整合，以及生产性服务供应商整合。大企业集团带动型的服务型制造网络以及以“专、精、新、特”为代表的中小企业集群，是服务型制造网络在宏观层面上的表现形式。发展服务型制造，将极大地提高传统装备制造企业的价值创造空间，提高企业竞争优势，促进企业运作成本降低、促进节能减排、绿色生产、促进资源集成，实现装备制造企业、生产性服务企业以及顾客的合作共赢，形成一个良性循环的生态系统。

在我国的重载汽车、船舶制造以及能源动力设备等行业，已经有越来越多的企业开始践行服务型制造模式，通过向顾客提供覆盖产品市场调研、产品研发、产品制造，分销、部署和实施，售后服务，以及回收和升级等一体化解决方案，甚至从向顾客提供基于产品的功能 / 效用服务转变，并取得了突出的经济效益和社会效益，极大地降低了对资源和能源的消耗，减少了环境污染，提升了企业竞争力。与此同时，也显著带动了相关生产性服务企业的增长。实践证明，企业发展服务型制造是促进经济发展方式转变，促进企业竞争力提升的重要路径。

发展服务型制造，一方面需要依靠市场的力量，另一方面也需要政策的扶持。为了促进我国产业结构的优化升级，促进企业竞争力的提高，我们需要大力发展服务型制造产业，在制造业大力推广服务型制造模式，促进生产性服务业的大力发展，鼓励制造业和生产性的交叉和融合。

制造业发展服务型制造，要以国家“十二五”规划为纲领，以优化产业结构、促进制造业增长模式转换、促进经济发展方式转变为导向。服务业发展服务型制造，要以国家发布的产业发展规划和相关产业振兴计划为指引，创新服务模式，深入识别制造业对服务的需求，主动和制造业联合，协同发展。

当前，要通过制定相关产业政策，大力倡导发展现代服务型制造业，促进产业链分工的深化和细化；要大力发展大型制造与服务企业集团；积极鼓励和促进各具特色的中小型企业组成的制造业产业集群和生产性服务产业集群的发展；要把发展服务型制造提升到战略性新兴产业的高度，超前部署产业规划；以国家级高新区经济开发区二次创业为依托，促进制造业和服务业发展服务型制造；以国家产业结构调整为契机，以政策环境优化为推动，为服务型制造产业的发展塑造良好的政策环境；要创新体制机制，完善法律、税收、金融和激励政策，为服务型制造的发展创造良好的外部环境；要以人才培育和发展为基石，加大人才引进培育力度，以统筹科技资源助推服务型制造发展；以重大装备工程为依托，引领服务型制造产业发展；大力发展合同能源管理服务，促进节能减排服务业的大力发展；典型示范，由点到面，推进制造业稳步发展服务型制造。要以产业技术平台、公共服务平台和产业对接平台建设，促进服务型制造企业的发展；要大力推进物联网建设，通过物联网建设促进制造业实现服务型制造。

汪应洛院士作为陕西省决策咨询委员会特邀咨询委员，代表省决咨询委员会和省委人才办，在80高龄时还亲自前往陕西省委中心学习组作报告，报告重点谈了发展服务型制造与陕西省转变经济发展方式的问题。汪院士之所以选择这一命题，出于三方面的考虑：第一，生产性服务业的发展特别是“制造企业服务化”，是全球产业发展的大趋势，也是经济发展和技术创新的重要源泉。第二，生产性服务业与现代制造业的融合发展，提升了服务业在三次产业中的比例，推动着制造业结构的转型升级，催生着新的商业模式和经营业态。这些对经济发展方式的转变都有深远影响。第三，陕西是一个制造业大省，当前又处于西部大开发由打基础向兴产业转变的关键时期，抓住服务型制造业发展的机遇，将会给陕西这个老工业基地注入新的生机和活力，使建设西部强省的步伐跨得更好更快。汪应洛认为发展陕西服务型制造，需要提高以下四点认识：①服务型制造的内涵及发展服务型制造的意义；②陕西省发展服务型制造的基础和条件；③陕西省发展服务型制造的重点产业和路径选择；④加快发展陕西省服务型制造需要重点做好的几项工作。同时，引导企业重视各类人才的培养和使用。针对不同类型服务型制造从业人员的特点，开展多层次、多形式的岗位职业培训，不断提高从业人员的职业道德、服务意识和业务水平，造就一支素质精良的服务型制造队伍。

四、推动现代工业工程，打造世界制造基地

工业工程是全球发达国家广泛运用、行之有效的工程管理技术。汪应洛院士在国内率先引入工业工程，在工业企业推广应用，并率先在国内设立工业工程专业，培养学士、硕士和博士人才。汪应洛院士联合多位院士联名向中国工程院提出在国内大力推动“工业工程——中国实现世界制造基地的杠杆”的院士建议。此建议得到科技部徐冠华部长的肯定，2005 年 12 月 5 日深夜他亲自批示：“要重视工业工程”。

2005 年 12 月 16 日，科技部徐冠华部长委托科技部中国科技促进发展研究中心赵刚处长在北京主持的主题会议，深入讨论并落实关于“推动现代工业工程的院士建议”。以汪应洛院士牵头凝结 13 位院士智慧结晶的关于“如何推动现代工业工程发展”成为一个很重要的建议。这项重要建议刊登于《中国工程院院士建议》2005 年

10 月 28 日第 11 期。同时，中国工程院政策研究室将建议报送中共中央、国务院有关领导。全国政协。抄送中共中央和国务院有关部委，各省、自治区、直辖市、计划单列市，中国科学院，中国社会科学院，国家自然科学基金委员会，中国工程院院士，中国工程院主席团顾问。

汪院士深刻地认识到工业工程是我国当前急需开展研究与应用的管理技术手段，本章摘呈了报告的重要观点。

（一）工业工程

工业工程（Industrial Engineering）是一门“直接以系统效率和效益为目标”的工程技术，它面向“组织系统的运作过程”，包括工业、农业、服务业等由人、物料、设备、能源、信息等多种因素所组成的各种复杂的“组织系统”并就实际工程与管理问题进行定量与定性结合的系统分析、设计与优化，追求系统的协调性，追求系统效率和效益的最大化。

我国自 20 世纪 80 年代引入工业工程，迄今的主要研究领域有以下几个方面。

1. 生产系统工程领域

主要面向各种工业生产，研究和改善方法，提高生产的质量与效率，降低生产的成本，如新的生产模式、生产系统设计与分析、生产运作与控制、生产系统的质量控制与保障、生产设施规划、生产资源规划（MRPII/ERP）、库存策略与优化、生产仿真与模拟、生产工艺、计算机集成制造（computer integrated manufacturing, CIM）等。其中许多内容将成为解决当前企业信息化效益瓶颈问题的关键技术。

2. 人因工程

运用心理学、生理学知识研究和改善包含人的系统的工作效率和质量，如工作研究、安全工程；面向软件业的人机交互学（human computer interaction, HCI）、软件可用性理论；面向服务业的服务工效学；面向军事的作战工效学；以及面向知识经济的智能效率研究等。

3. 运筹学与作业研究

它包括分析作业流程，优化作业效率，如航空 / 汽车等交通系统的运输调度与优化，面向物流系统的库存论，军事后勤学，以及基于网络环境和全球经济的供应链管理等。

4. 行政、农业方面的应用研究

近年来，随着国家发展的需要，我们的应用研究正在向行政管理效率、决策、规划、评价以及农业生产工业化等领域发展。

（二）工业工程对于实现当前国策的直接促进作用

1. 优化资源配置

优化理论与资源配置相关的理论是工业工程研究成果的重要组成，可以利用现代优化理论与方法、结合复杂系统工程的理论，对基于作业层与生产系统层的优化问题进行研究，特别是解决如何在不确定环境下有效运用资源，严谨迅速的评估与规划能有效地提高资源配置效率。

2. 加快与推进各个领域的信息化

信息科技的应用，对各种系统流程的各个环节产生了广泛而深远的影响，同时也对系统的管理模式与方法产生了深刻的影响。工业工程主要从创新管理模式、提高管理效率和效能入手，如计算机集成制造系统、专家系统、决策支持系统、知识型管理信息系统、网络管理与应用、数据挖掘等工业工程理论与方法，可以为各个领域的信息化提供有效的支持工具。

3. 利用人因工程实现以人为本

人因工程又称“人本科技”，工业工程领域已经从人体计测、生物力学、工作生理、人机系统、人员绩效与可靠度、人类信息处理与决策行为、安全与卫生和环境设计等多角度展开了相关研究。

4. 利用知识管理提升自主创新能力

知识管理是工业工程研究领域最前沿的课题，从组织、技术、动机等各个角度全方位地对知识管理进行深入的研究，其研究成果能有效地提升各行各业的自主创新能力。

5. 利用绿色制造等理论加快绿色工业化，落实科学发展观

绿色工业化是资源、环境压力要求的必然，也是实现以人为本的基础。工业工程领域就制造业如何实现与环境相容的问题已经取得了大量的研究成果，如绿色制造的运作模式及其管理、绿色供应链管理、清洁生产以及循环经济等，这些理论方法将为实现我国工业的绿色化提供有力的工具。

（三）工业工程的发展需要政府推动

国际上，凡是经济发达的地方，必是工业工程发达的地方；在美国，工业工程与机械、电气、土木、化学、计算机、航空并称为七大工程。工业工程对于人类社会的工业化进程，尤其是西方的经济和社会发展产生了巨大的推动作用。

在我国的国家科研计划中，始终没有工业工程的一席之地；国家教育体系中也没有工业工程的一级学科；政府的决策支持体系中

没有工业工程的专家席位，更没有属于自己的科研项目评价标准。这种状况势必会影响学科水平的整体提高和健康发展。

在推广环境方面，由于工业工程属于工程与管理交叉学科，与应用环境的人文、经济背景有着密切的关系，即便是外国成熟的理论和工具，也必须结合本国国情进行应用实验研究；工业工程的应用又直接影响到整个系统流程的改造；在既无国家政策引导又无前人示范的情况下，很少有人愿意率先“吃螃蟹”，国有企业尤其如此。因此，至今在本土经济中还没有一个全面应用工业工程的典型范例。

在人才队伍建设方面，我国“工业工程师”这一岗位职务体系尚未建立，越来越多学习工业工程的人才定位遇到了盲区。此外，既了解产业技术又熟悉生产管理，并经过工业工程专业训练的复合型专门人才在我国十分匮乏，当前我国的工业工程人才培养急需加强和创新。

上述因素制约了工业工程的发展和应用，问题的解决急需国家科技政策的推动。

（四）工业工程的普及和应用是新型工业化的必经之路

迄今，所有发达国家的实践都证明，工业工程的普及和应用是新型工业化的必经之路，是坚持以人为本、协调发展的基础和特征，因此，应该引起政府的高度重视，推进工业工程的发展应用。

我们建议纳入国家中长期科技发展规划的“现代工业工程研究”重点内容如下。

1. 现代生产系统设计与优化

从系统、人本的角度研究提高生产系统运行质量和效率，可大幅度提高企业生产力和绿色生产水平，属于当前我国急需的技术。

应用对象：以工业制造业为主的生产企业。

关键技术与成果：

（1）绿色制造技术。从环境、人本的角度开发研究符合“绿色”特征的先进生产方式。

（2）卓越生产力示范工程（效率示范工程）。分别针对流程型、批量型和离散型各类生产模式，应用工业工程经典技术结合信息化及人本科技手段，对企业生产系统进行诊断、优化；获得企业效率/效益的大幅度提升，或在效率/效益大幅度提升的基础上全面实现信息化管理。以生产成本、交货周期、市场响应能力、质量保证水平、产品利润水平等有关的可量化指标的改善为具体考核标准。

（3）以工业工程为特征的企业信息化中间技术。各种生产过程和企业资源管理软件开发的数学模型、设计标准、设计依据等的开发与产业化应用。

（4）生产设施规划设计新方法。以国家重点建设/技改项目为示范重点，开发推广以节约、高效、绿色为标准的设施规划设计新方法。

（5）现代企业生产管理标准。开发以现代工业工程（高效作业、绿色、可循环）为基本特征并符合国情的现代企业生产管理标准。

关键技术与成果：

（1）矿井安全风险评估及事故隐患演化中人因改善措施的研究。从安全监控角度分析矿井事故隐患（以人的因素为重点）的基本特征、成因及演化为事故的机理；从防范和控制事故风险入手，对煤矿重大危险源进行界定和辨识，建立安全风险评估体系，提出人因改善措施。

（2）矿井复杂环境下的事故隐患监控、预警人性化系统研究与开发。研究紧急情况下人的预警与反应、人员可靠性工作机理，开发适应我国工人水平的应急反应指示（令）及技术措施。

（3）适合国情的人性化煤矿安全设备系统的研究与开发。研究矿井人、机、环境相互关系及其安全特性，人机环境系统的评价以及人机环境系统的可靠性、安全设备的可用性等，用于安全设备的改造与开发。

（4）新型煤矿安全管理机制和管理技术开发。研究开发安全监控系统和安全管控一体化技术，建立煤矿生产职业健康安全管理体系、重大事故应急救援体系，并将其纳入社会经济网络。

（5）煤矿高效作业、安全生产标准技术体系开发。研究煤矿高效作业、安全生产的管理技术与方法，为企业提供管理框架和标准，将被动管理过程程序化、标准化、规范化。

（6）煤矿生产安全信息技术支撑平台。利用工业工程方法对来自不同信息源的安全信息进行综合管理和分析，实现对生产现场安全信息的快速反馈、动态跟踪与闭环控制。

（7）建立基于人因工程（人本科技）和信息化管理的安全、高效示范矿井，以有效降低事故率并提高作业效率为考核指标。

2. 认知工效学与脑力劳动效率改善

认知工效学是研究提升和改善人的认知和知识管理效率的学科分支，目标是提升和改善人的脑力劳动的效率；其研究成果能有效地提升各行业创造性劳动的能力，进而提升各行业的自主创新能力，是工业工程研究领域最前沿的课题，亦为知识经济条件下的急需技术。

应用对象：知识产业（软件、设计、研发等）。

关键技术：

综合运用认知科学、人因工程、可用性工程、效率工程及信息化等技术，研究人的认知机理，研究知识工作者创造性劳动的机理，开发知识工作过程中提升效率的辅助设备和支持工具，开发知识工作者绩效提升的技术方法等。

研究将针对知识工作者特定的环境和工作特征，研究个体知识劳动及其个体差异，研究群体合作的规律和特点，通过对知识工作中认知过程的研究（模型的研究），揭示个体、群体和支持群体协同工作的知识过程的规律。通过对认知交互效率的研究，寻找提升感知效率、认知效率、行为效率的技术途径。通过认知过程效率（感知与认知效率）的提高，来最终提高行为效率。

3. 现代物流与供应链管理

现代物流与供应链管理是利用现代信息科学和技术手段，研究宏观物流（运输）及生产服务设施配置与物流规划的管理方法和技术。其目标是提高我国物资运输效率，降低库存和在制品数量，提高生产资源的利用率和效益。这有助于提高我国的制造业、运输业的竞争力，降低物资的无效占用，是国内外最活跃的研究领域，属于我国急需研究和发展的技术。

应用对象：运输业、制造业、服务业等。

关键技术：

（1）建立现代物流（多种运输形式联合运输）模式及其管理方法与技术。研究第三方物流、物流园区、配送中心、物资银行、联合运输等现代物流模式及其相应的管理方法和技术体系。

（2）生产、运输与库存的整合优化技术。研究生产、运输与库存的整体协调、优化技术，最大限度地提升物流速度和效率，降低暂停和库存，优化物流系统，提升效率，降低占用和损耗。

（3）开发先进生产方式和库存管理方式。如研究与开发准时制、灵捷式、网络化等生产方式和相应的管理方法和技术，研究我国联合库存、供应商管理库存等新型库存管理方式及其相应的管理方法和技术。

五、培养工程管理创新型人才的理论研究与实践

中国是一个工程大国，新中国成立以来建设了成千上万的大型工程，培养和成长了一大批工程师、大师和工程技术人才，但是我们的大型工程都缺乏高级管理人才。与此同时，汪院士深感我国迫切需要培养大批创新型工程管理人才。汪应洛院士参加了中国工程院工程管理学部组织的相关课题，提出了一些切实可行的真知灼见。

随着我国新型工业化进程中大规模建设工作的展开和各类企业的建立和发展，工程管理领域迫切需要大量精通技术业务又擅长管理的工程管理人才。为更好地引领工程管理人才的发展方向，为国家培养合格的创新型工程管理人才，中国工程院组织开展"创新型工程管理人才培养研究"专题研究。

汪应洛领导的"工程管理教育培养新型人才研究课题"作为中国工程院"创新型工程科技人才培养研究"课题的分课题，重点通过对我国典型行业的调研以及国内外相关资料的综合对比，分析我国工程管理人才现状，提出工程管理人才培养面临的问题与需求，比较各国工程管理人才状况与发展趋势，预测我国 2020 年工程管理人才的需求，通过研究分析我国创新型工程管理人才培养与成长的环境，向国家有关部门提出政策建议，以推动我国工程管理人才培养工作的进一步深化。

汪应洛认为，在全面建设小康社会步入关键阶段之际，根据特定的国情和需求，要把科技进步和创新作为经济社会发展的首要推动力量，把提高自主创新能力作为调整经济结构、转变增长方式、

提高国家竞争力的中心环节，把建设创新型国家作为面向未来的重大战略。什么是创新型国家？某权威媒体的诠释是："把科技创新作为基本战略，大幅度提高科技创新能力，形成日益强大的竞争优势，国际学术界把这一类国家称之为创新型国家。"创新型国家具有以下几个明显的特征：①创新型国家是以知识为基础的经济；②创新型国家是以信息技术等为代表高新技术高度依赖的国家；③创新型国家提倡学习，是学习型社会。

世界许多教育发达国家都在对自身的高等工程教育进行改革，在各项改革中，课程和教学的改革始终占据核心地位。因为要适应社会发展对高等工程人才的需要，必须通过课程和教学来实现，纵观世界高等工程教育的课程和教学改革，主要体现为以下三方面的趋势：①为学生提供综合的知识背景；②更加强调工程的整体性和实践性；③更重视学生的个性及创造性的培养。

由于创新型工程管理人才的培养是一项复杂的系统工程，其培养模式和成长环境不仅仅与高校的培养目标、课程设置等有关，还与企业、社会需求、已有工程管理人才总量等因素密切相关，所以这一系统具有多变量、定性分析与定量分析相结合、时变复杂等特点，而这些恰好符合系统动力学的研究对象（社会、经济系统）所具有的特点。所以，在对工程科技人才的需求量做预测时，我们主要应用系统动力学的思想、原理和方法。

此外，由于工程管理人才概念界定不清楚，并且直接针对工程管理人才的统计数据非常少，因此我们首先收集所有工程行业从业人员的统计数据，然后根据文献以及一些典型行业的情况，确定管理人才占总从业人员的比例，从而估计工程管理人才总量，进而预测从现在到 2020 年之间工程管理人才的数量变化趋势。

如何培养大批具有创新能力的人才，是我们教育战线面临的至关重要的问题。对于工程管理人才而言，创新并不是指每个人都去搞发明创造，更多的是指创造性地开展工作。

提升工程管理效率需要大量工程管理专业人才，现有的工程管理培养体系与我国经济与社会发展需要仍存在一定距离，中国工程管理学科的发展具有重要的战略意义。汪应洛探讨了工程管理学科的特征，分析了我国工程管理学科教育的发展问题，指出可以从以下五方面来发展中国工程管理学科：构建中国工程管理的理论体系；总结整理中国工程管理的实践经验和典型案例；梳理和凝聚中国工程管理的知识体系；探索和完善中国工程管理的方法论；同时需要大力发展中国工程管理教育、培养创新型工程管理人才。

在我国全面建设小康社会进程中，投资起着十分重要的作用。自从 20 世纪 80 年代以来，我国的经济发展水平一直保持了连续高速增长。宏观经济的有序平稳增长，为我国房地产市场的健康、快速发展创造了良好的环境。因为房地产行业与钢铁、水泥等部分行业有很大的关系，所以房地产行业投资对经济的发展拉动意义重大，同时极大地促进了第三产业的发展。大量的投资产生了一大批工程项目，以三峡工程为代表的大型水利工程以及具有自主创新成果的高速铁路工程等产生了一系列的工程管理成果。中国工程院于 2004 年以院咨询项目的形式立项，对中国新兴工业化进程中工程管理教育问题开展研究。该项目旨在通过对我国工程管理专业教育现状与国内外工程管理发展趋势的研究，发挥中国工程院的咨询作用，向教育部门提出有关工程管理培养层次、专业设置、教学内容与方法等方面的建议，推动我国工程管理人才的培养。通过该项目的研究，我们发现：高速发展的中国工程对中国工程管理人才产生了巨大的需求，同时也对中国工程管理学科发展提供了难得的机会，建立中国工程管理学科、加强中国工程管理教育，对于中国工程、中国经济的持续发展都具有十分重大的战略意义。

汪院士带领团队，从中国工程管理学科现状、工程管理学科定位以及工程管理学科的发展等方面进行了详细研究。

对于工程管理类专业人才的培养在国际上存在两类观点。学科定位不同导致其培养体系、研究方向等均存在明显差异。我国工程管理专业可追溯到 20 世纪 60 年代初期，是一批 20 世纪 50 年代留学苏联的工程经济专家与 20 世纪 50 年代前留学英国、美国的工程经济专家在我国开设的技术经济学科。该阶段主要研究的是项目和技术活动的经济分析，如项目评价与可行性分析，1979 年在国内包括西安交通大学在内的 11 所院校开办了管理工程专业，1980 年华中工学院开始招收物资管理工程本科生，1981 年哈尔滨建筑大学招收了建筑管理工程本科生，此后房地产经营管理、国际工程管理等专业相继开设。我国高校本科专业先后经过 1963 年、1989 年、1993 年及 1998 年四次修订，对原有相关专业包括建筑管理工程、基本建设管理工程、管理工程（建筑管理工程方向）、房地产经营管理、涉外建筑工程营造与管理、国际工程管理等专业整合成工程管理，于 1998 年正式成为管理科学与工程一级学科下设专业。根据教育部的要求，工程管理专业是要培养具备管理学、经济学、工程技术等基本知识，掌握现代管理科学的理论、方法和手段，能在国内外工程建设领域从事项目决策和全过程管理的复合型高级管理人才。本专业毕业生应获得以下几方面的知识和能力：掌握工程（及房地产）管理的基本理论和方法；掌握投资经济的基本理论和知识；熟悉工程技术知识；熟悉工程项目建设的方针、政策和法规；了解国内外工程管理的发展动态；具有运用计算机解决管理问题的能力；具有从事工程项目决策与全过程管理的能力；掌握文献检索、资料查询的基本方法，具有初步的科学研究和实际工作的能力；掌握进行国际工程项目管理所必需的相关商务知识，并具有较强的外语能力。按照上述说明可知，我国的工程管理本科教育定位与美国的建筑管理基本上是一致的。

我国 MEM 的教育与培养的定位与美国的工程管理学会的定位保持一致。工程管理硕士学位的知识体系里综合了各工程领域中的核心业务和管理类核心课程。通过为具有工程背景学士学位的毕业生和从业者提供市场营销、财务、知识产权、商业法等核心课程，为他们创造性地解决新兴技术环境条件下日益复杂的工程活动中的管理问题提供了知识储备和经验积累。不同的工程背景和工程活动需要不同的知识，在各自不同工程领域中具有各自的独特业务、新的技术问题，需要为其制定复杂的业务问题的创新解决方案，这需要从业者具备各工程技术领域的前沿知识和商业知识及经验积累。MEM 与 MBA 两个学位建立的基本出发点是前者更强调工程背景和管理知识的融合，后者更强调商业知识和经验的培训。从知识体系来看，与 MBA 课程相比：MEM 特别强调的是面向以工程技术为基础的组织的管理者提供有针对性的知识培训，能融合工程领域和管理学类创新性地解决工程活动中的管理问题。Robert Hauck 对 MEM 和 MBA 的知识培训目标进行了比较，MEM 比 MBA 更强调企业领域、实际工作经验、项目管理、研究与发展管理等领域的知识，而 MBA 与 MEM 相比较而言，更强调财务、市场营销等领域的知识的培训。对从事工程管理领域的从业者而言，其强调的知识重点包括项目管理能力、人际交流、技术领域经验、财务、实际工作经历、研究与发展等。基于工程管理从业者的实际知识需求来看，MEM 满足了其强调技术领域经验的需要，MBA 满足了其强调财务经验的需要。

综上所述，工程管理学科的学科定位应为：研究工程技术活动中所涉及的计划、组织、资源配置、指挥与控制等管理问题的学科，其具有区别于其他管理类学科的特征，具体表现为以下几方面。

（1）工程管理学科的研究对象是基于工程技术的管理规律

工程管理学科的研究对象是工程技术活动的管理问题，研究过程中需要解决两方面的问题：一是工程技术活动所遵循的工程规律；二是工程技术活动所涉及的管理规律。因为工程涉及各行各业，如水利、交通、机械、化工等，工程技术内容包罗万象，所以对于工程管理学科的研究者而言，其研究问题需要考虑其研究对象所在的行业特征，如中国海洋大学张勤生教授指出，海洋防灾减灾系统工程是工程管理学科一项重要的研究问题；国家自然科学基金委员会在2005年项目申报指南中，计划由工程与材料学科和管理科学学部联合资助“煤矿生产重大安全事故的形成机理及其管理方法研究”项目，这也充分说明了工程管理学科的研究对象是基于工程技术的管理规律这一区别于工商管理学科的异质性学科特征。

（2）工程管理学科的研究方法是工程技术与管理理论的集成

由于研究对象的特征性，其所依赖的研究方法同样具有特殊性，是工程技术与管理理论的集成。工程建设不同于一般的商品生产，具有很强的计划性、法制性、程序性，对经济、社会、环境具有较大的影响，且影响具有滞后性，工程施工规律有别于一般生产规律，这些决定了其研究问题时需要综合研究对象所处行业的工程技术及相应的管理理论。这一点也可以从国内外的工程管理专业的培养知识体系里得到体现：工程管理专业教育强调技术课程的学习，在我国工程类院校里所开办的工程管理专业内，有部分学校其技术课占全部平台课的比例高达1/2，学校还要求学生参加针对技术课的实践，如工程测量实习、房屋建筑学设计、建筑工程预算实践等，以更好地了解工程对象，理解课堂所学的知识；在管理类课程中除基本平台课程外，主要开设与工程管理密切相关并带有极强专业技术性的交叉科目，如工程项目管理、建筑企业管理、国际工程索赔、FIDIC合同条款、建筑技术经济学、建筑施工财务会计、工程估价与成本规划等。

由于外部环境的变化及各学科研究成果在不断发展，工程管理学科需要解决的问题与所依赖的方法要求同步发展，因此与时俱进成为工程管理学科发展的必然要求；由于工程管理具有明显的工程技术背景的特征，其研究领域因应用的背景不同而在不断变化，工程管理所具有的共性知识与所在的行业技术特征的结合是当前工程管理发展的重要趋势。在研究问题上，2004年美国工程管理年会的主题是“危机时代的工程管理”，其主题是基于“9·11”事件这一背景所提出的，研究现实工程技术活动中的管理问题是工程管理学科的使命，需要根据环境变化适时调整其研究对象，上述所提到的“煤矿生产重大安全事故的形成机理及其管理方法研究”同样具有很强的现实针对性。

（3）工程管理学科是理论研究与应用的结合

工程管理学科从一开始就是为了解决工程技术活动中管理现实问题而诞生的，工程管理是为了解决工程建设（主要是建筑项目但不仅仅限于建筑类项目）中的时间、成本、质量等问题而产生的专业，其理论与方法可以直接为优化项目的进度、降低建设成本、优化质量提供理论支持与策略指导。从工程管理学科的应用方面来看，工程项目所需可行性研究报告、工程报价单、招投标文件、施工组织设计等方面是其重要组成部分，因此工程管理学科强调其应用性与针对性。但与此同时，工程管理学科同样强调对工程技术活动所涉及的管理理论问题的研究：工程项目的智能决策支持系统、基于CIS的工程管理信息系统及工程项目所涉及的委托代理问题。对于我国工程和管理学科的研究人员而言，一个重要的任务是研究我国各类工程项目建设与运营中存在的问题、经验及教训，以及基于我国国情的工程管理理论与方法。中国工程院于2001年以咨询项目的形式立项，针对我国大型工程项目管理问题进行了大规模的调研，对我国大型工程项目管理存在的问题进行了深入的分析，同时对过去几十年大型工程管理的经验进行了总结。

学科建设的基本任务是出成果和出人才，在优化结构、提高质量上下工夫，统筹兼顾教学与科研，并相互促进。当前工程管理学科的发展，有必要充分考虑以下几点：在跟踪国际研究前沿的同时，充分考虑中国的管理的实际与实践的需要；工程管理学科是一门应用与针对性很强的学科，对于涉及工程管理学科的共性的知识与基础性的知识，我们有必要长期跟踪国际前沿，把握最新研究进展，吸纳并完善理论研究成果。同时，我们更有必要认识到工程管理学科的应用性与针对性十分明显，具有中国特色的管理问题需要工程管理学科的研究工作者投入相当的关注，解决中国工程中的管理实际问题是工程管理学科的研究者的重要使命，要强化知识融合与学科交叉。工程管理学科的诞生及发展与其他知识、学科的理论和方法紧密相连，新的数学分析工具与优化技术、新的信息处理手段与技术、现代心理学等理论与方法，均为工程管理学科的学科研究提供了重要的知识来源，因此用最新的知识来进行工程管理学科的科学研究与应用是十分必要的。

我国工程管理专业的教育取得了巨大的成绩，但现有的工程管理专业教育仍然存在一定的问题：工程管理教育的人才培养必须面向工程实际与社会需求，这是我国未来经济发展的迫切需要，也是包括国外工程管理教育和工业发展的经验。现有工程管理专业教育培养的人才（尤其是本科生）解决实际问题的能力欠缺，毕业生到企业需较长的时间来适应实际工作的需要。基于调研的结果及综合相关研究结果，汪应洛认为我国工程管理教育可以从以下几方面来提升办学质量。

（1）构建中国工程管理的理论体系，探索和完善中国工程管理的方法论。

（2）充分发挥各院校的优势，准确合理地定位，各自办出特色。

（3）梳理和集成工程管理学科的知识体系。

（4）提升工程管理专业人才的实践能力。

（5）完善工程管理学科的办学层次，明确各层次的培养目标。

（6）改革工程管理教学的方法和手段。

在全面建设小康社会与和谐社会的进程中，需要进行大规模的工程项目建设，但目前我国工程项目的管理还存在着比较突出的问题，如成本过高、质量得不到保证等，提升工程项目的管理效率需要大量工程管理专业人才。现有的工程管理培养体系与我国经济与社会发展需要仍存在一定距离。汪应洛基于国内各院校的调研，分析了我国工程管理学科的现状，探讨了工程管理的学科特征，指出工程管理学科其学科定位为研究工程技术活动中所涉及的计划、组织、资源配置、指挥与控制等管理问题的学科，其具有区别于其他管理类学科的特征，具体表现在：工程管理学科的研究对象是基于工程技术的管理规律，工程管理学科的研究方法是工程技术与管理理论的集成，工程管理学科是理论研究与应用的结合。在此基础上，汪应洛指出了我国工程管理学科的发展路径，具体包括：构建中国工程管理的理论体系、探索和完善中国工程管理的方法论；充分发挥各院校的优势，准确合理定位、各自办出特色；梳理和集成工程管理学科的知识体系；提升工程管理专业人才的实践能力；完善工程管理学科的办学层次，明确各层次的培养目标；改革工程管理教学的方法和手段。

对此，汪院士团队提出了相应的措施、政策建议：适应现代化建设发展要求，按照创新型工程管理人才培养目标，遵循创新型工程管理人才“学校教育—实践锻炼—继续教育—取得成就—培养后人”的成长规律，借鉴国外先进经验，充分发挥教育部门、院校、社会中介组织、企业等多方的优势和积极性，推动创新型工程管理人才培养体制机制创新，加快创新型工程管理人才培养步伐。

（1）建立和完善工程管理资格许可证体系。从两方面着手完善工程管理资格认证体系：一是建立工程管理企业资格认证，即对工程施工管理、工程设计管理、特殊设备管道采购管理、工程施工总承包管理、工程 EPC（设计、施工、采购）总承包管理、PMC（工程项目管理承包）工程管理等企业进行资质认证。二是建立工程管理自然人资格认证，即对 PMC 和 EPC 项目经理、工程监理、特殊设备采购监造、工程质量监督、工程造价等各专业国家注册工程师进行资质认证，并实现其资格国际互认。工程管理资格认证工作由国家主管部门负责实施或由其委托实施，纳入法制范畴统一规范，并保持连续性。

（2）建立和完善工程管理人才激励机制。一是在建议设立的国家工程科技创新基金中设立工程管理创新奖，对在实践工作岗位上作出优异成绩的人员进行奖励。二是加强对中西部地区人才培养和就业的政策支持，促进工程管理人才向中西部流动。三是制定优秀工程管理大奖制度，弘扬典型成果，总结典型案例，表彰典型人才；每年度评选一次优秀企业工程管理者。四是由拟设立的中国工程管理协会负责完善工程管理人才评价体系，研究建立高层次工程管理人才能力建设和培养选拔标准。

（3）建立和完善工程管理教育认证体系。建立跨行业、跨部门的中国工程管理协会，协会内设立教育分会和产业企业分会。教育分会承担教育专业资质认证职能，对工程管理高等教育进行职业评价和资质认证；从社会企业和市场需求等方面，对院校工程管理专业的专业设置条件、教学内容和模式、培养目标、培养质量等进行评估和认证。在教育部管理的行政部门中成立全国性的工程管理教育教师资格认证组织，针对工程管理教育教师培养的特殊性，颁布相关条例，按照一定程序对工程管理教育教师资格进行认定，强制对教师实行继续教育制度。

（4）创新工程管理教育内容和模式。工程管理教育依据工程管理规律和特点，要与工程管理实践紧密结合。一是鼓励和组织一批以学科带头人为首的队伍，形成一支既借鉴国外大学经验，又具有中国特色的工程管理学术体系、知识结构和培养方案。二是选择一至两所为培养工程管理人才作出成绩的院校，加强引导，给予适当政策支持，尽快将其培养成为全国性的工程管理人才教育示范院校。三是总结和推广有些院校多年实践经验，以及直接从大学本科三年工科学生中招收转入管理学科学习的培养模式，以使学生既掌握工程技术知识又掌握工程管理知识；重组和优化工程管理教育实践教学内容，构建工程管理实践教学课程体系，建立学校学习—工程实践—学校再学习的培养方式。四是围绕宽口径、厚基础的指导思想，深化工程管理教育本科课程改革，重视基础课程教育和实践环节，加大人文、数学、外语等基础课程和工程技术基础、管理、经济基础理论等平台课程的学习比例。五是工程管理研究生培养推行本硕连读、硕博连读、工程硕士等模式，并在这三个阶段设立学术学位和专业学位系列，推动对工程管理硕士和博士的培养。六是通过建立教师实践教学评估制度和学生实践学分量化制度，引导和鼓励教师和学生参与教学实践。

（5）建立和完善工程管理教师激励机制。一是在拟设的国家工程科技创新基金工程管理创新奖中，对工程管理教学创新成绩优异的教师给予奖励；每年评选一次优秀青年教师。二是利用国家级“教学名师”评选活动，推动工程管理教育“名师工程”建设；对落后区域和艰苦行业的工程管理教师实行以经济补偿为主的相关措施。

（6）充分发挥企业在工程管理人才培养中的重要作用。企业是推动工程管理人才成长的重要关键环节，它既对学历和非学历工程管理教学提出数量、质量需求的指导意见，也是工程管理人才实践基地，又是工程管理人才成长的摇篮。一是在一些重点院校成立由国内外的企业家、专家、学者及社会各界知名人士参加的理事会，建立由知名专家、行业界人士参加的专业指导委员会，指导院校制订切实可行的专业教学计划。二是以企业减免税等形式，在业绩好、信誉高、责任心强、有竞争力的行业重点企业建立工程管理教育基地。三是选拔推荐具有较强理论和丰富实践经验的企业工程管理人才到中等职业学校、高等学校兼职任教，同时支持教师以多种形式到企业特别是境内外重点工程建设项目进行管理实践锻炼。四是在企业内部，明确工程管理职业岗位设置标准规范，参照社会注册工程管理师制度，结合企业实际，建立相关职称、职务制度，配套改革收入分配激励机制，培育企业工程管理人员成长通道。

（7）积极开展国际间交流合作。以工程管理协会、教育部门、院校、企业等为平台，在院校、教师资质资格认证、教学内容、教学模式、激励机制和企业主导作用等方面，加强与国外相关机构、院校和企业的交流合作；并将有培养前途的企业管理者和教师送到国内外重点大学和重点工程项目中学习、实践深造；吸引国外高素质人才到国内院校和企业以及重点工程项目中发挥作用。

六、评估三峡工程经济论证及可行性研究结论

长江三峡工程经过十余年的建设已经基本建成，国务院委托中国工程院对三峡工程建设进行阶段性评估。汪应洛院士参与了“长江三峡工程经济论证的阶段性评估”，因此将他负责执笔的研究内容纳入本章。

三峡工程是新中国最伟大的工程科技成果之一，是一面为人民

汪应洛院士（右三）与陆佑楣、沈国舫等院士赴三峡考察

服务的旗帜，是一座工程科技创新的丰碑。

1919年，革命先行者孙中山在勾勒建国宏图时，就把目光投向三峡。从那时起，在三峡江段筑坝治水、通航发电的构想，令无数仁人志士心驰神往。新中国成立后，三峡再次跃入伟人的视野。毛泽东为它写下了“更立西江石壁，截断巫山云雨”的激扬文字；邓小平为它作出“看准了就下决心，不要动摇”的果敢决断；江泽民上任后的第一次外出视察，即踏上三峡工程的坝址；胡锦涛把三峡工程与载人航天、探月工程、青藏铁路同提并列，载入共和国的时代精神史册。

由于三峡工程规模巨大、技术复杂、涉及面广、影响深远，事关我国经济发展大局和国家安全，所以必须审慎决策，因而从20世纪50年代开始至1992年4月3日全国人大通过《关于兴建长江三峡工程的决议》，三峡工程经历了40余年的漫长论证。三峡工程论证聘请了412位高水平专家，组成了14个专家组。陆佑楣院士、潘家铮院士作为三峡工程论证的主持人，为党中央和国务院对三峡工程的最后决策提供了科学的依据。汪应洛参加了三峡工程的经济论证工作。

三峡工程建成后，傅志寰、汪应洛带领郭励弘、李平、席酉民、郭菊娥、冯耕中、张建贤等专家、教授组成的课题组，进行了“三峡工程论证及可行性研究结论的阶段性评估”，就三峡工程所产生的重大社会意义、经济效果和可持续发展作出了科学评估，使三峡工程的丰功伟绩明朗地摆在世人面前，载入史册。

课题组2008年3月5日正式开始工作，4月中旬到三峡工程现场考察、调研，傅志寰、汪应洛带领课题组成员走遍了三峡工程的各个部门、工地，同技术人员、管理人员和工人进行交谈，搜集机器设备的运转情况和发电、航运、水文等各种资料，考察三峡工程可行性论证中相关部分预定目标的完成情况，调研20年来新出现的相关情况和问题，分析三峡工程投资组成、投入和控制情况，分析三峡工程对国民经济及库区发展的作用，以及对可行性论证中综合经济分析评价成果作出评估，形成了科学翔实的评估报告，为政府和人民准确了解三峡工程的成效提供了资料。

傅志寰院士、李京文院士和汪应洛院士带领的“财务经济”评估课题组成员于2008年3月25日确定了大纲及工作进度安排，此后进行了四轮大范围调研、相关部门反复磋商和一次系统数据核实工作，期间召开了多次课题组会议，最终完成研究报告。

2005年，汪应洛院士与众院士在三峡考察论证会上

以下摘呈了研究报告的重要观点。

（一）财务经济评估对象及原论证主要结论

1. 财务评估对象

三峡工程投资包括枢纽工程、移民工程和输变电工程投资三部分。三峡工程从论证到开工，跨度时间长，工程复杂，经济社会环境变动大，投资进行了多次调整。本次投资评估对象确定为三峡建设委员会（简称三建委）1993年批准的《长江三峡水利枢纽初步设计报告（枢纽工程）》（简称《初设报告》）、2002年对输变电工程和2007年对移民工程的投资调整方案、1989年《长江三峡水利枢纽可

行性研究报告》、1992年《长江三峡水利枢纽初步设计报告(枢纽工程)》。上述投资评估对象选择的理由如下。

枢纽工程的初步设计是以可行性研究报告为基础，凡可行性研究阶段已经确定的原则和方案，除确有根据进行修正外，原则上均未改动，但作了进一步的论证和优化。初步设计中枢纽工程投资增加的主要因素是物价上涨。因此，初步设计距开工时点更近，工程量更接近实际、价格选取更合理。移民工程和输变电工程投资计划在初步设计批准之后，根据实际情况的变化又进行了调整和补充。

2. 经济评价原论证主要结论

《初设报告》对国民经济评价原论证主要结论有以下两方面。

(1)三峡工程的国民经济效益好。经济内部收益率为14.86%，大于社会折现率12%，经济净现值120.03亿元，大于零，说明从国民经济整体角度衡量，兴建三峡工程经济上是合理的、有利的。

(2)敏感性和风险分析表明：三峡工程各项经济因素向不利方向变化均不会改变工程经济评价的结论；三峡工程建设的经济风险很小。

《初设报告》从对部门经济的发展和地区经济的发展等方面对三峡工程进行了综合经济分析与评价。对部门经济发展的影响表现为以下五方面：

(1)对农业有不利和有利两方面，但有利的一面远远大于不利的一面。

(2)对能源工业中的电力平衡和一次能源平衡以及发电结构和电力建设具有积极的影响。

(3)对交通运输部门来说，改善了川江航运条件，对综合运输网的发展有重要影响。

(4)对工业部门来说，能促进建材工业、机械工业和建筑业的发展，促进西南地区和三峡地区的资源开发与工业发展。

(5)对科学技术的发展具有推动作用。

《初设报告》对三峡工程对地区经济发展的影响分析如下：

（1）对华中地区，减少洪水威胁，增加能源供应，促进农副产品和地方工业发展，改善中游地区长江干流航道条件。

（2）对三峡库区既有不利影响又有有利影响。

（3）宜昌地区是主要受益地区。

（4）对华东地区，三峡电力缓和煤炭、原油短缺和铁路运输紧张状况，为其经济发展提供保证。

（5）对重庆市和西南地区，改善了川江航道，提高重庆港的作用，改善西南地区对外交通条件，促进地方工业的发展。

（二）财务经济评估结论和建议

三峡工程财务经济评估主要是通过调查、收集、整理和综合分析三峡工程实施以来的实际投资、运营的相关资料，在合理预测项目未来费用与效益的基础上，从投资控制、财务评价、国民经济评价、区域及宏观经济评价四个方面，对三峡工程的《初设报告》及补充论证中的重大问题和结论，进行科学分析和客观评估。

1. 财务评估基本结论

（1）三峡工程资金筹措与到位情况良好

资金筹措是三峡工程论证的重要内容。从项目的实际执行情况看，三峡工程不断进行融资创新，包括开征三峡建设基金作为资本金，利用资本市场开展多元化融资等，保证了三峡工程建设的正常进行。而且由于建设期间国内宏观经济环境较好，价差和利息支出减少，国务院三峡建委和三峡总公司两个层次的投资控制机制比较有效，三峡工程资金成本控制较好。这些都为重大项目融资和节省资金成本提供了可借鉴的经验。

（2）三峡工程投资控制效果较好

三峡工程的静态、动态投资均控制在国家批准的初设概算及后续调整的投资概算内。从工程量及投资完成匹配情况看，枢纽工程投资概算控制情况较好。移民工程实际完成投资与调整后的批准概算相比有所减少。如果不出现大的变动，调整后的批准概算可以完成移民的全部任务。输变电工程投资得到了有效的控制，工程具有经济合理性。

2006 年，中国工程院部分院士考察三峡工程（左八是汪应洛院士）

（3）三峡工程建设进度控制较好

从三峡工程总体投资来看，计划完成较好，枢纽工程和库区移民静态投资已基本完成。截至 2007 年年底，枢纽工程进度除升船机项目因缓建有所延期外，其余项目均按计划进度完成，少数项目进度有所提前。三峡电站提前一年完成机组安装，取得了良好的经济效益，对缓解华东、华中和华南地区用电紧张状况发挥了重要作用。三峡库区移民工程基本完成，预计库区移民工程将于 2008 年下半年完成，2009 年完成扫尾工作。输变电工程建设已经提前一年于 2007 年年底竣工，电网运行安全稳定。

（4）投资管理体系有创新

在投资管理方面，三峡工程首创“静态控制、动态管理”的新模式，对因价格波动影响导致的工程投资变化进行有效管理。通过“静态控制、动态管理”新的管理思想，三峡工程相关单位建立了责任清晰、风险分担、较为科学的投资管理体系，为后续同类工程建设提供了可借鉴的模式。

（5）三峡工程财务效果良好

从项目的实际运行来看，三峡工程财务评价的效果较好，项目具有经济合理性，与 1992 年《初设报告》中财务评价结论是一致的。将两个时期测算的内部收益率与各自对应的基准收益率相比，本次财务评估结果与 1992 年《初设报告》中财务评价结果是一致的。

敏感性分析表明，三峡工程的投资、上网电价、发电量分别向不利方向变化 10% 之后，三峡工程效益指标会略低于基准值。

2. 国民经济评估基本结论

经济净现值、内部收益率以及经济效益费用比三个阶段性国民经济评价指标测算结果表明：《初设报告》中“三峡工程的国民经济效益好”的结论是正确的。考虑到后续三峡移民工程投资、电站运营、环境保护以及其他未考虑到的不利因素有单独或同时出现的可能，对这些因素的敏感性分析结果，说明“三峡工程各项经济因素向不利方向变化均不会改变工程经济评价的结论”的结论是正确的。

3. 区域及宏观经济影响评估基本结论

三峡工程建设提升了长江中下游的防洪能力，有利于减少荆江分洪区及其他相关地区的洪灾损失，有利于改善投资环境，促进新的城镇和经济区的形成和发展，保障人民安居乐业。

三峡发电扩大了我国的国家电网规模和供电能力，缓解了主要受电区的供电紧张局面，带动了这些地区经济的可持续发展，联网、调峰调频效益显著；通过替代火力发电，增强了我国清洁能源的供应能力，减少了二氧化碳、二氧化硫等污染物的排放。三峡工程建设提升了我国机电设备制造业的自主创新能力，促使国产大型水电设备基本达到了国际先进水平。

三峡工程建设大大提高了长江航运重庆—宜昌段的运输能力，降低了船舶单位能耗，提升了运输质量和交通安全状况，改善了西南地区的对外交通条件。

三峡工程建设加快了库区的经济发展和城市化进程，虽然因基础条件较差库区居民收入水平仍低于全国平均水平，但比 1992 年已有大幅提高。三峡工程带动了主要受益区宜昌经济的迅速发展，促进了重庆地区的机电设备制造、金属材料、建筑、交通运输等产业的快速发展。

4. 建议进一步关注的问题

（1）移民工程后续问题

三峡库区移民工作虽近尾声，但移民的稳定和库区经济发展的任务仍很繁重。库区多属山区，受地势限制，人多地少的基础性矛盾仍然十分突出，加之工业基础薄弱，缺少支柱产业，经济欠发达，部分移民增收存在困难。要实现“稳得住、能致富”的目标，还有大量工作要做，库区后续建设显得尤为重要。

汪应洛课题组建议在管好用好国家已出台的一系列专项资金 / 基金、提高专项资金 / 基金使用效率的基础上，统筹研究进一步的政策和措施，促进库区经济发展和移民稳定。

（2）生态环境资金问题

生态环境保护对长江流域可持续发展和水资源的保护有着重要意义，建议国家建立稳定的专项资金，用于库区的生态环境保护。

七、谋划陕西能源发展战略，促进陕西经济腾飞

陕西能源资源丰富，20 世纪 90 年代经国家批准建设陕北能源

重化工基地，时间紧迫，匆忙上阵，陕西决策咨询委员会开会决定开展陕西能源发展战略研究。汪应洛院士负责组织决策咨询委员会研究团队开展广泛、深入的研究，并受命向陕西省委中心学习组作了专题研究报告，会上陕西省省委赵乐际书记作了重要讲话，要求将报告精神纳入政府有关工作计划。研究报告的核心内容纳入本章。

陕西是我国重要的能源战略基地，如何将资源开发中的环境破坏、资源税等外部性考虑进去，建立模型，合理地重估陕西能源产品价值，提高陕西能源的开采效率、供给水平，降低单位 GDP 能源消耗，支撑我国经济可持续健康发展，已成为“十一五”时期国家能源安全，东、中、西部经济协调发展，提升陕西能源基地建设和社会和谐发展十分重要的现实问题。为此，汪应洛组织科研团队，选定“陕西能源发展战略研究”课题，为陕西的经济可持续发展支招，受到陕西省委、省政府的高度重视和大力支持，此课题的研究成果对陕西省制定经济发展规划提供了重要的理论和科学依据。

在陕西省决策咨询委员会 2009 年年会上，陕西省委书记赵乐际（左一）给汪应洛院士（左三）颁发聘书（左二是陕西省长袁纯清）

汪应洛课题组认为，发展战略的核心是促进陕西省经济可持续发展。坚持“大能源”三个“统筹”的战略思想（区域统筹：陕北、关中、陕南三大区域的统筹；能源种类的统筹：传统能源与新能源的统筹；开源与节流的统筹：待开发能源与已开发能源的统筹），坚持能源发展进程中的开源、节流与环境治理目标与原则，扩大能源开发对外开放的力度，加快陕西能源深度开发带动相关产业发展，重视开采和加工的技术创新与高新技术的应用，制定规范的资源和环境保护税费制度等，实现陕西能源资源优势转化为经济优势，经济跨越式发展目标。

陕西省常规能源资源的空间分布划分为三大块：以榆林、延安为核心的陕北煤炭、石油、天然气综合能源储备区；以宝鸡、咸阳、渭南、铜川为核心的渭北煤炭储备区，即“关中黑腰带”；以安康、汉中为核心的陕南水能资源储备区。待开发能源或新能源主要包括页岩油、煤层气、生物质能、太阳能和地热能等。

在陕西省 2007 年重大项目的 78 个续建项目中，煤、石油、天然气类开采及化工类项目就达 18 个，项目总投资额为 540.19 亿元，而新能源及可再生能源项目投资只有 3 个，即全省农村沼气建设项目、喜河水电站工程和蜀河水电站工程，项目投资额为 52.55 亿元。在 32 个新开工项目中，煤、石油、天然气类开采及化工类项目占了 5 个，投资总额为 284.36 亿元，而没有一个新开工的新能源及可再生能源类项目。

综上可以看出，在能源种类上，陕西省能源生产和投资主要是以化石类能源为主，对水电的开发比例很小，而可再生能源几乎没有成规模开发；在地域布局上，能源工业投资主要集中在陕北和关中地区，陕南地区能源投资比例较低。

煤炭开采过程中的资源浪费严重，吃肥丢瘦、采厚弃薄（层）、挖浅（层）甩深、采大弃小，掠夺式开采的问题比较突出。照此下去，偌大的神府煤田，用不了很多年就会面目全非。

陕西能源工业的迅速发展，有力促进了全省综合交通运输网络的建设，调整了全省生产力布局，加快了区域经济体系的形成，使陕西逐步建立起以能源工业为基础，带动冶金、化工、机电、建材、交通运输等相关产业发展的经济运行结构。以能源工业为主导的经济运行体系和较为雄厚的资产存量，不仅是陕西经济进一步持续发展的重要现实基础，而且也将会在相当长的一段历史时期内左右并影响着全省经济发展的方向与进程。能源工业的发展状况，对陕西省经济社会发展的全局有着十分重要的影响。

陕西能源资源富集在陕北地区，陕北地区干旱少雨，蒸发量大，特殊的地理位置决定了在地域上的过渡性，环境上的脆弱性、敏感性和严酷性以及水土流失的严重性，属于生态环境十分脆弱的地区。陕西由能源开发带来的主要环境问题有以下几方面。

（1）煤炭采掘引起了地面塌陷与地裂缝。随着煤炭市场和采矿设备的改进，各煤矿尤其是部分大型矿井的掠夺式开采，造成了大量的山体崩塌、地表塌陷、地面裂缝等灾害。以神木县为例，神东公司 6 个大矿形成采空塌陷面积 52.32 平方公里，16 村 1830 户、6394 人受灾。

（2）水资源渗漏严重，有日益下降的趋势。

（3）植被破坏，环境污染。煤矿开发带来的大范围的地裂缝导致植被根系拉断，枯萎死亡。由于陕西能源不合理开发带来的废渣、废水、废气等污染也十分严重，使当地居民生活环境受到严重威胁。神东公司在神木县境内的大柳塔、榆家梁等大矿排污、排渣直接导致窑野河下游水质严重恶化，进而使黄河水系受到污染。

陕西省是国家资源与能源接续地，将能源资源优势转化为经济优势，对陕西经济未来发展将起到重要的作用。根据 2004 年投入产出表测算，目前对陕西一次能源开发投资的带动效应低于全国平均水平。

陕西省常规能源资源的空间分布划分为三大块：以榆林、延安为核心的陕北煤炭、石油、天然气综合能源储备区；以咸阳、渭南、铜川为核心的渭北煤炭储备区“关中黑腰带”；以安康、汉中为核心的陕南水能资源储备区。

实现陕西能源区域协调发展，不仅需要立足于各区域自身优势，建立起陕北、关中、陕南三个能源基地，推动区域经济的快速发展，而且还要实现区域间的优势互补。

陕西省能源生产以化石类能源为主，水电开发比例小，可再生能源几乎没有成规模开发，陕西能源结构呈现出重煤、石油、天然气、水电等常规能源，轻太阳能、地热能、生物质能、油页岩和煤层气等储量丰富的新能源和待开发能源。

因此，能源种类的平衡协调发展要求加大对新能源的投资和开发力度，做到煤、石油、天然气、水电等常规能源与生物质能、太阳能、地热和油页岩、煤层气等新能源和未开发能源的同步协调发展，常规能源与新能源两个轮子同步运转。

综合陕西省的省情和现状，结合国家开采与节约并重，节约优先的原则，应重点规划对煤炭和水电以及煤层气和油页岩的开发利用，特别是煤层气的开发利用。这是因为煤层气的抽采利用，不但可以作为替代能源，节约对常规能源的使用，还可以减少煤矿瓦斯所带来的隐患。

2005 年，汪应洛院士在陕西省决策咨询委员会会议上

汪院士带领团队从以下几方面进行了深入的研究及分析。

（一）陕西省能源发展的现状与特征分析

陕西省目前已经面临严峻的高耗能形势。能源消费也出现了单位产品能耗高、万元 GDP 能耗高、能源消费弹性系数高、能源利用效益低的“三高一低”现象。同时，高投入、高消耗、高排放、低效率的增长模式，造成了严重的资源浪费和环境污染，一些地区和城市的环境质量明显下降，个别地区空气、水体污染加重，给生产、生活带来很大影响，也消耗了更多能源，使企业生产成本加大，市场竞争和经济效益差。此种状况如不迅速扭转，必将影响建设及构建和谐社会，无法摆脱能源瓶颈约束和缓解生态环境压力，因而制定相应的能源发展战略已成为当务之急。

（二）陕西省能源生产的现状特征

陕西是中国重要的能源重化工基地，能源资源十分丰富。全省煤炭预测储量达 1 万亿吨。天然气储量丰富，陕北天然气预测储量 2 万多亿立方米，探明储量 3500 多亿立方米，是世界级陆上整装天然气田。榆林地区的气田面积即达 2000 平方公里，已探明储量 1700 亿立方米，远景储量 3.69 万亿立方米以上。陕北的石油探明储量 2.7 亿吨，年开采、加工能力 100 万吨。

（三）项目的研究内容和研究目标

（1）建立理论上比较完善且具有较好实际应用价值的实物价值型能源投入占用产出分析体系，编制陕西 1992 年、1997 年、2002 年和 2004 年 30 部门实物价值型能源投入占用产出表；测算陕西能源产品的直接利用系数、完全利用系数以及价格变动的波及影响；能源对 GDP 的后向效应以及能源资产的影子价格；不同能源部门的前向关联和后向关联系数等。

（2）建立适合我国国情、凸显陕西能源特点与环境特征的陕西能源产品价值测算模型，辨析我国陕西现有能源生产技术和现行产品价格的现状特征，提出陕西能源开发策略。

（3）给出陕西能源化工基地建设和物流配送策略和实现的保障体系。

该项目选择陕西能源发展战略问题为研究对象，以1992年、1997年、2002年和2004年30部门陕西实物价值型能源投入占用产出表的具体编制为突破口，以科学测算陕西能源投入占用产出交互影响效应的数据信息为基础，以能源替代、节能技术、能源化工基地建设和物流配送的科学估计为核心，以模拟测算能源生产技术、贸易和相互替代以及国家不同能源政策等对陕西能源供给和需求潜力的影响效应为前提条件，汪院士带领团队经过大量调研及数据采集分析，提出陕西能源发展战略目标，具体内容如下。

1. 陕西能源开发策略与实现途径研究

（1）从陕西能源资源开发的时机选择、代际效应和可持续发展时间维度的外部性，构建基于生产成本、考虑时间与空间维度外部性的陕西能源产品价值估计模型。

（2）从陕西能源资源开发的环境破坏、资源税等问题空间维度的外部性，考虑能源开发的不确定性，基于实物期权的理论与方法构建陕西能源产品价值估计模型。

（3）基于陕西能源产品价值估计模型具体实际，测算陕西煤炭、天然气、油等产品的价值。

（4）研究陕西煤炭企业回采率低下的成因及其改进策略。

2. 陕西能源替代与节能技术研究

（1）陕西煤炼油转换技术及其实现策略研究。

（2）陕西生物质能开发、利用与陕西新农村建设。

（3）陕西节能技术与实现保障体系研究。

3. 陕西能源发展政策及其影响效应研究

（1）编制 1992 年、1997 年、2002 年和 2004 年 30 部门陕西实物价值能源投入占用产出表，测算陕西能源投入占用产出交互影响效应。

（2）建立陕西能源发展模型，模拟测算进出口贸易、价格、税收政策等对陕西能源供需结构的影响程度；模拟测算能源生产技术、相互替代性等对陕西能源供需结构的影响程度。

（3）调研陕西能源发展政策、法律（规）、执法、监督、产业结构及市场调节功能一体化机制。

4. 陕西能源化工基地建设及其发展策略研究

（1）陕西煤化工产业链延伸战略研究。

（2）陕西眉县煤炼油基地建设与发展战略研究。

（3）陕北能源化工生态园区基地建设及其发展策略。

5. 陕西能源物流配送策略和实现保障体系研究

（1）陕西能源物流配送的现状特征及其改进策略研究。

（2）陕西能源物流配送方案设计及其实现的保障体系。

（四）项目拟解决的关键问题

（1）陕西实物价值能源投入占用产出表的设计、编表数据来源和具体收集、数据处理和科学推算以及能源投入占用产出交互影响效应测算体系设计及其具体实现问题。

（2）基于能源产品开发流程（而不是基于生产成本的要素构成）科学测算生产成本问题；对时间和空间维度外部性影响因素的识别、作用机理分析与作用程度测算问题。

（3）结合陕西的煤炭、电力、石油和天然气资源开发的实际情况，实际测算各种能源产品价值时的数据资料获得以及准确性问题。

（4）收集陕西煤炭企业回采率和能源物流配送的实际资料，以及陕西能源已探明储量、可开采量以及现有消耗结构和布局情况。

（五）研究计划及预期研究报告

1. 2007 年研究计划

编制 1992 年、1997 年、2002 年和 2004 年 30 部门陕西实物价值能源投入占用产出表，测算陕西能源投入占用产出交互影响效应。调查陕西能源开发与能源物流配的实际情况，建立数据库。从陕西能源资源开发的环境破坏、资源税等问题空间维度的外部性，构建基于生产成本、考虑时间与空间维度外部性的陕西能源产品价值估计模型，并对陕西煤炭、天然气、电等产品的具体价值进行实际测算。

2. 预期研究结果

撰写陕西进出口贸易、价格、税收政策等对能源供需结构的影响程度报告；能源生产技术、相互替代性等对陕西能源供需结构的影响程度研究报告；陕西煤炭企业回采率低下的成因及其改进策略研究报告。陕西能源物流配送方案设计及其实现的保障体系研究报告。撰写陕西煤炼油转换技术及其实现策略研究，陕西煤炭、天然气、油等产品价格研究报告。进行陕西煤化工产业链延伸战略研究；陕西眉县煤炼油基地建设与发展战略研究；陕北能源化工生态园区基地建设及其发展策略研究；陕西生物质发电与陕西新农村建设研究；陕西节能技术与实现保障体系研究。

（六）该项目应用前景分析

能源与人口、环境、经济增长乃至整个国民经济存在复杂的传递和反馈作用，陕西能源发展是一项复杂的系统工程。该项目试图在陕西能源已探明储量、可开采量以及现有消耗结构和布局的基础上，以有效降低能源消费为目标，建立资源节约和环境友好型的生产供给体系，以实现能源安全和国民经济的可持续发展为基本原则。具体思路是：通过实际测算煤炭、天然气、电等产品的具体价值，提出陕西能源产品价值估计模型，揭示我国目前为什么能源产品价格偏低、结构不合理和浪费严重的现象，依据能源消费结构决定生产结构，生产结构影响消费结构建立陕西能源生产与需求预测模型，在科学测算陕西能源生产结构和消费结构演进规律的基础上，分析陕西能源生产技术、贸易和相互替代以及国家不同能源政策对陕西能源供给和需求结构的影响效应，为实现陕西经济、能源与环境的可持续发展提供决策依据。

该项目编制 1992 年、1997 年、2002 年和 2004 年 30 部门实物价值型能源投入占用产出表，为科学测算陕西能源投入占用产出交互影响效应提供数据信息，可具体测算能源产品的直接利用系数、完全利用系数以及价格变动的波及影响；能源对 GDP 的后向效应以及能源资产的影子价格；不同能源部门的前向关联和后向关联系数等，为科学测算陕西能源供需生产函数提供翔实的量化信息。模拟测算能源生产技术、贸易和相互替代以及国家不同能源政策对陕西能源供给和需求的影响效应，为国家在开发陕西能源时关注生态环境不被破坏，脱贫致富能够随行提供参考依据。

八、落实科学发展观，著述中国首部《工程哲学》专著

中国工程院工程管理学部组织的工程师与哲学家联盟认真总结

了我国许多大型工程的经验和教训，深深感到中国工程师在设计和建造大型工程项目时考虑技术问题较多，对几个经济问题、管理问题、社会问题考虑较少。特别是对相关的生态环境问题缺乏深刻的认识，工程师仍然需要学习和培育哲学思维，我们的工程师和哲学家联盟倡导研究工程哲学，并着手编著我国第一部《工程哲学》专著。该书于2007年由高等教育出版社出版。汪应洛院士是该书主编之一，现将他负责执笔的有关系统思维、系统工程和工程哲学的论述纳入本章。

中国工程院、教育部、中国科学技术协会和中国自然辩证法研究会于2007年11月5日，在中国工程院联合举办工程与工程哲学研讨会。会议主题为贯彻十七大精神，探讨工程与工程哲学、工程哲学与科学发展观、工程哲学与工程教育、工程哲学与新型工程师培养等重大理论和实践问题。徐匡迪、周济、邓楠、殷瑞钰、李伯聪、汪应洛等工程界、教育界和哲学界的知名专家学者在会上作了重要报告。

工程概念在西方也有较长的历史，西方学者一般认为，“工程”一词产生于17～18世纪。因此，全面分析和界定“工程”这一概念是十分必要的，这是工程哲学研究的基础和逻辑出发点。

在当前关于工程的论述中，不同领域的各类学者都有不同的看法，使得工程概念也有了不同的理解和不同的定义。在我国《辞海》中，对“工程”的解释是：“将自然科学的原理应用到工农业生产部门中去而形成的各学科的总称。”我国著名科学家钱学森指出：英语“engineering”这个词18世纪在欧洲出现的时候，本来专指作战兵器的制造和执行服务于军事目的的工作，从后一含义引申出一种更普遍的看法：把服务于特定目的的各项工作的总体称为工程，如水利工程、机械工程、土木工程、电力工程、电子工程、冶金工程、化学工程等；在工程管理领域，工程常常指“具体的基本建设项目”，如南京长江大桥工程、京九铁路工程、三峡工程等。工程的基本内容是：通过利用技术专业知识、通过在运用改造自然的方法方面的个人技能和通过具有正确工作态度的人员，从科学知识整体中创造有用的东西”。

2013 年，汪应洛院士（右二）与西安交通大学工程哲学编写组在一起

工程哲学是 21 世纪以来国际上关注的新热点，我国哲学界、工程界也较早关注和研究这个新方向，并且组成了工程师与哲学家的联盟，汪应洛作为管理科学的领军人物，会同殷瑞钰、李伯聪等工程管理和哲学界的院士专家共同研究著述出版了《工程哲学》一书，为进一步落实科学发展观，建设有中国特色的社会主义的理论体系进行新的探索。

汪应洛带领研究团队从工程系统观入手阐明了工程系统与系统论，进而剖析了工程的系统性，论述了工程系统的功能、结构与环境。最后，从时代发展和科技进步的新形势提出了工程的新系统观，着重论述了“开放的复杂巨系统”和“从定性到定量的综合集成方法”。工程是一个包括了多种要素的动态系统，在认识、分析和观察工程时，不但要认识其组成的各种要素，更要把工程看成是一个系统，从系统的观点去认识、分析和把握工程。

我国著名科学家钱学森以其国内外的卓越科研实践为基础，对系统科学及系统理论和系统工程的发展有独到的贡献。

1954年钱学森所著《工程控制论》一书英文版问世，第一次用这一名称称呼在工程设计和实验中能够直接应用的关于受控工程系统的理论、概念和方法。随着该书的迅速传播（俄文版1956年，德文版1957年，中文版1958年），该书中给这一学科所赋予的含义和研究的范围很快为世界科学技术界所接受。工程控制论虽发源于纯技术领域，但其概念、理论和方法也不断从纯技术领域溢出，涌进了许多非技术部门，派生出社会控制论、经济控制论、生物控制论、军事控制论、人口控制论等新的专门学科。

20世纪下半叶以来，系统理论对工程科技、管理科学与工程等实践产生了深刻影响，系统工程学的创立，则是发展了系统理论的应用研究。它为组织管理系统的规划、研究、设计、制造、试验和使用提供了一种有效的科学方法。1978年，钱学森、许国志、王寿云发表了“组织管理的技术——系统工程”，开启了中国研究应用系统工程的新时代。其后，钱学森又进一步提出了一个清晰的系统科学体系结构，也澄清了这一领域国内外长期存在的一些混乱局面，使系统科学发展进入了一个新的阶段。

20世纪90年代初，钱学森、于景元、戴汝为发表了论文《一个科学新领域——开放的复杂巨系统及其方法论》，提出了复杂性系统的若干问题及从定性到定量的综合集成方法论。复杂科学是系统科学、工程科学等发展的最新阶段。

系统理论起源于对自然现象的探索，系统工程最初是对工程系统进行组织管理的方法。在近一个世纪的演变和发展中，系统理论、系统工程及整个系统科学的开发、应用领域虽然有了很大拓展（如社会系统），但对于工程系统，特别是现代大规模复杂工程系统（工程与社会等的复合系统）问题的关注和有效解决，一直是其主要面向的实践领域。

汪应洛（左二）2007 年 1 月在上海宝钢参加《工程哲学》著作统稿会

钱学森等于 1990 年在《一个科学新领域——开放的复杂巨系统及其方法论》一文中，正式提出了从定性到定量的综合集成方法。其明确指出：现在能用的、唯一有效处理开放的复杂巨系统的方法，就是定性定量相结合的综合集成方法。该方法的实质，是将专家群体及其相关的知识、数据与各种信息、计算机技术等有机结合起来。

针对开放复杂巨系统问题的特点，汪院士与研究团队对社会系统、地理系统、人体系统、军事系统等四类系统进行了研究实践。

按照科学发展观的要求，工程系统等任何系统的发展都必须考虑到经济社会的持续发展、协调发展和以人为本的发展，并为构建和谐社会作出贡献。工程与自然等环境的和谐友好直接关系到可持续发展，工程与社会的和谐直接关系到全体公民的福祉，工程系统与自然系统、社会系统的协调是现代工程系统化发展的必然要求，也是构建和谐社会的重要基石。为此，需要把传统的工程观转变为全新的工程系统观。

新的工程系统观要求工程活动应建立在符合客观规律（包括自然规律和社会规律）的基础上，遵循资源节约、环境友好及社会和谐的要求与准则，保持人与自然、社会协调发展，节约资源能源，保护生态环境，促进社会进步，提高综合效能。

工程决策者和实践者应增强社会责任感和树立工程系统观，树立一切工程活动都应促进人与自然、社会和谐的理念，杜绝各类形象工程、政绩工程乃至“豆腐渣”工程、扰民工程。工程战略、规划和决策要实现系统化、民主化、科学化；工程设计和实施要体现人性化、生态化；工程评价要符合经济效益、社会效益、环境效益和生态效益的系统准则。在工程管理过程中，认真对待和妥善解决工程活动中存在着的多元价值观和复杂利益关系，实现工程系统的全局、集成优化。

适应工程系统与自然系统、社会系统协调发展的新要求，当前应系统研究、大力倡导、积极推进、有效实施循环经济、清洁生产、绿色制造、绿色物流与绿色供应链等新的模式及方法，并将其运用到现代工程系统的开发、运行、革新及管理中去，为建设资源节约、环境友好型社会与和谐社会作出贡献。

九、探索工程演化新途径，创造工程活动高效率

工程演化论是工程哲学的延续和深化。中国工程院组织的工程师与哲学家联盟认真总结和研究了我国众多大型工程建设的经验、教训，深入研究并凝练出工程演化的规律，在大量实践的基础上升华到理论认识，撰写了专著《工程演化论》，汪应洛院士是该书主编之一，因此将他负责执笔的有关工程要素演化和系统演化的论述，纳入本章。

工程演化是一个复杂的问题。如果在一个笛卡儿坐标系上来图

解工程演化史，那么横坐标是时间和空间之轴，纵坐标则是工程演化的诸多形态之轴。宽泛地讲工程演化，我们仅仅关注的是工程演化的不同形态，只是工程演化之后形成的结果。实际上，工程演化是一个复杂的系统演化过程，其中既包含工程活动中诸要素次第演化和组合演化的过程，也包括工程活动中所有要素系统演化的过程。前者是相对的，后者是绝对的，只是我们在时间之轴的某个节点上，更多看到的是要素的演化，而在历史长河的宏大背景面前，更多看到的是工程系统演化的壮丽画卷。就像生物界的进化史就是一部生存斗争、自然选择、物种进化的协奏曲一样，作为人类改造自然的成果，工程演化的历史也是一部自然界和人类自身“选择与建构”的交响乐。

汪应洛在《工程演化论》（殷瑞玉、李伯聪、汪应洛著）中，系统地分析工程诸要素演化、工程系统演化以及二者的相互关系，对于提高工程演化过程中“选择与建构”的自觉性和方向性，增进工程建设水平，把握工程演化的路径，推进自主创新具有重要的理论意义。

工程的要素可以按照不同的标准作出不同的分类，技术始终是工程系统中最重要的变量，基本的经济要素如资源、土地、资本、劳动力等也在工程系统演化中有着举足轻重的作用，此外管理、制度、经济、文化、政治等要素也从不同的方面对工程系统的演化产生着各种作用，进一步分析和阐释这些要素的演化及其对工程演化进程的影响是本部分的重要内容。

在技术要素演化的过程中，既有量的积累，也有质的突变。而贯穿这个演化过程的“选择”是一个非常重要的范畴，没有作为主体的人在自然界和社会发展的背景下对不同技术要素的“选择”，也就没有技术要素的积累和进步，从而就不会形成比较成熟的可用于“建构”工程活动的技术要素形式。

要正确估量“选择”在技术要素演化中的重要性，就必须回顾一下自然选择在达尔文进化论中的重要性。科学史家丹皮尔在谈到

19 世纪的科学时指出：在 19 世纪的飞跃进步中，最有效地扩大了人们的心理视野，促成思想方式上的另一次大革命的既不是物理知识的大发展，更不是在这些知识基础上建筑起来的上层工业大厦。实际上，在技术要素演化的过程中，特别是从蒙昧中走出来的人类站在自然的面前创造人化自然的时候，“选择”是人与自然、人与社会、人与人相互协调形成的结果。这些今天看来再简单不过的常识，时光倒流上万年，却是需要无数次的尝试和“选择”才能为我们的祖先掌握。

工程实体的建构离不开一定的资源，资源的类型和禀赋在一定程度上决定了工程活动的发展路径。围绕着石油、煤炭、核能等资源，相继产生了石油化工行业、煤炭行业、核能利用等多种资源利用方式，资源要素在工程活动中的演化至今在改变世界经济格局中仍发挥着重要作用。

在资源要素的演化中我们注意到，随着人类社会的前进，能够提供可持续能源或者动力源的资源，将是人类面临的一个世纪难题。

当代中国是全球工程规模最大的国家，在工程建设的过程中，资源的消耗是我们面临的最严峻的问题。一方面要研究资源要素演化中的规律，寻求集约化、减量化的资源利用方式；另一方面要加大开发太阳能资源、风能资源、生物能资源、海洋能资源、核能资源等新能源，要研究符合低碳经济要求的资源类型，这是人与自然和谐发展的必然要求。

工程活动必然需要一定的资本支撑。对工程的作用更是毋庸讳言。三峡工程为什么能够使得第一代领导人“高峡出平湖”的梦想最终成为现实，就是因为改革开放以来，经过几十年经济的高速发展，中国的综合国力增强了，国家有充足的财力启动并建设好这个利在千秋的宏大工程。此外，改革开放以来，日新月异的基础设施工程为改善人民生活水平起到了重要作用，这与国家有经济能力投资到交通运输等基础设施建设方面有关系。

当然，工程的资本要素首先涉及工程项目的投资问题。在传统的工程活动中，在工程项目立项的时候总有对工程可能获取的经济效益的判断，一般地要求有确定的效益，不管是政治、经济或者社会其他层面的效益作为投资的前提，当这种确定性最大程度地消除之后，就有相关自然人、公司或者政府充当投资方，提供工程建设所需要的资本支持。这种资本筹集方式在工程建设的历程中延续了相当长的时间。工业革命之后，工程活动中资本要素的筹集方式发生了重大的变化，对于工程项目预定效益的不确定性不再是影响工程资本筹集的因素，工程系统中资本要素的演化发生了新的变化。

对当代中国而言，在工业化和信息化的双重进程中，在国家主导众多工程建设项目的情况下，中央政府和地方各地政府在影响经济和社会生活的重大工程活动中，发挥着举足轻重的作用。如何以人为本，坚持全面协调、可持续的科学工程观，是各级政府在制定工程战略中要不断着力的努力方向。

管理在工程系统中一直占据着极为重要的位置。所有的工程都不是一蹴而就的，需要一定的时间和诸多的工艺、工序，需要工程共同体中不同方面的参与者互相配合、协调，最优化地完成工程建设任务。古往今来，在工程活动中，人们一直在探索如何最大程度地发掘潜力，提高工程效率。从朴素的时间成本管理一直到今天定量化的项目管理，如甘特图、挣值法等，管理从粗放不断走向精细，这是工程中管理要素演化的一个总的趋势。

在工程管理要素演化的过程中，有一个典型的案例能够充分说明管理要素在工程活动中的极端重要性。宋人沈括在《梦溪笔谈》中记载了一个“一举而三役济”的故事，即“丁谓修复皇宫”的工程案例。据说在北宋真宗年间，由于皇宫发生火灾，一夜之间使大片的宫室楼台、殿阁、亭榭变成了废墟。为了修复这些宫殿，宋真宗派当时的晋国公丁谓主持修缮工程。当时，要完成这项重大的建筑工程，面临着三个大问题：一是修建皇宫要很多泥土，可是京城中空地很少，取土要到郊外去挖，路很远，得花很多的劳力；二是修建皇宫还需要大批建筑材料，都需要从外地运来，而汴河在郊外，离皇宫很远，从码头运到皇宫还得找很多人搬运；三是清理废墟后，很多碎砖破瓦等垃圾运出京城同样很费事。不论是运走垃圾还是运来建筑材料和新土，都涉及大量的运输问题。如果安排不当，施工现场便会杂乱无章，正常的交通和生活秩序都会受到严重影响。丁谓研究了工程之后，制订了这样的施工方案：先将工程皇宫前的一条大街挖成一条大沟，将大沟与汴水相通。使用挖出的土就地制砖，令与汴水相连形成的河道承担繁重的运输任务；修复工程完成后，实施大沟排水，并将原废墟物回填，修复成原来的大街。丁谓将取材、生产、运输及废墟物的处理用“一沟三用”巧妙地解决了。直到今天，丁谓的方法依然是运筹管理的经典案例。

此外，最早发端于汽车行业的福特制管理方法，也是工程演化中作业模式的一个里程碑。所谓福特制，也就是现在人们熟知并且应用于现代工业工程不同行业的流水线制度。福特制的管理方法，使得任何一个复杂的技术都可以分解为若干简单易学、易于操作的普通技术，可以在短时间内使得大量的劳动力成长为熟练工人，并且大幅度地提高劳动效率。福特制在机械化工程领域的成功，使美国在第二次世界大战期间在世界范围内的政治、经济领域占统治地位。第二次世界大战后，西方国家之间的竞争促使福特制在全世界得到推广。福特制作为一种管理方式对大规模生产和大规模消费的促进，为西方长达 20 年的经济增长黄金期发挥了重要作用。

当然，在后工业化时代，精益生产和灵捷制造又使得人们在思考不同于福特制的管理方法，管理要素的演化与工程活动的发展方向紧密联系在一起。与工程相关的因素诸如制度、文化、政治等要素也不是一成不变的，它们的演化发展对工程活动同样存在着非常重要的作用。

工程的演化是永无止境的，系统的稳定性只是相对而不是绝对的。这一点就像辩证唯物主义哲学所讲的运动与静止的关系那样，因此作为工程主体，必须时刻注意从工程实践中发现新问题，促进工程要素向有利于工程系统提高效能的方向演化。爱迪生晚年坚持拒斥运用交流电作为照明电源，就是对于输变电这个工程要素的演化上陷入了形而上学的静止导致的。

故去的我国著名科学家钱学森，在 1990 年曾发表了论文《一个科学领域——开放的复杂巨系统及其方法论》，其中提出了从定性到定量的综合集成方法。而现代工程的系统化是其本质特征之一。组成工程整体的工程要素越来越多，工程结构及规模复杂庞大，影响工程演化的因素不胜枚举，运用复杂巨系统的理论及其方法论，是梳理工程要素演化与系统演化关系的必然选择。

从工程系统作为开放的复杂巨系统的角度来看，工程要素演化与系统演化之间具有系统科学与复杂性科学所描述的一般关系特征。

第一，具有系统集成性特征。一个工程系统演化情形的发生，可能需要集成多种技术要素和非技术要素，还需要有政治、经济、环境、人文等要素作为边界条件进行综合协调。只有通过系统集成的过程，才可能形成一个新的，在结构和功能上有较大变革的工程事物，实现工程系统演化的总体目标。

第二，具有协同性理论特征。在工程系统演化所涉及的各要素之间，要实现有效的组织与协调，使不同的要素相互调度统筹，就必须遵循协同性原理，按照工程系统的总体目标协同动作。这是保证工程系统顺利推进的重要条件。比如，众所周知的我国春秋时期李冰父子修建的水利工程都江堰，就是由承担岷江分流任务的“鱼嘴”、承担分洪排沙任务的“飞沙堰”、承担引水入蜀任务的“宝瓶口”等若干设施组成，整体工程能够最大限度地分级排沙、调节水量，是与各个工程要素的协同作用密切相关的。

第三，最优化理论。最优化理论追求通过最先进的认知操作方法，尽可能做到最有效、最小能耗、最大效益、最小风险。通过对不同工程要素和过程的优化配置，以最小的人、财、物和信息投入，获得最大的经济、社会效益。在工程演化过程中，工程目标的确立原则、工程运行与工程项目的管理等都涉及最优化问题。

第四，权衡选择理论。工程演化重点关注的是工程活动过程。对整个工程过程进行选择、统筹和权衡，能防止片面和孤立地看待问题，通过选择权衡，对整个工程过程进行全面准确的分析，寻求优化的工程方案、技术结构和工程资源的配置模式，在尽可能大的范围内得到工程与环境、工程成本与收益、工程主体的多重价值和多重目标的协调统一。长期以来，工程活动常常被认为是而且仅仅是给人类带来福祉的活动，对于工程活动本身可能产生的长期的、潜在的、多方面的负面反应和风险估量不足，从而使得工程在社会结构、经济发展、生态环境、民族文化等方面形成了难以消弭的负面影响。根据科学的发展观，工程系统及其诸要素的发展必须是有利于人与自然、人与社会、人与人全面、协调、可持续发展的要求，必须遵循资源节约、环境友好及社会和谐的准则，促进社会进步，提高工程效能。

第五，工程演化系统作为一个开放的、非平衡态的系统，其构建、运行过程遵循的是耗散结构理论所揭示的规律。由于各种要素的综合影响，工程演化的系统必然是处于非平衡状态的。各种要素之间的互动过程是非线性的，工程系统与外界环境之间的各种物质、能量和信息交换都符合耗散结构的特征。

因此，在工程演化中，一方面要注意到工程中所产生的技术问题是服从自然科学和技术科学规律，从而必须强调工程的自然性；另一方面，工程演化是在社会的大舞台上展开的，又必须从社会的观点去认识和解读其演化规律。作为工程决策者和实践者，要坚决杜绝各类破坏生态环境、不利于社会和谐的工程活动。在工程理念上，要不断体现民主化、科学化、人性化、生态化、统筹化，在工程评价上，要做到经济效益、社会效益、生态环境效益相得益彰，在工程管理上，要妥善解决工程活动中存在的多元价值观和复杂利益关系，实现工程系统向最优方向演化。当前尤其要大力倡导、积极推进循环经济、低碳经济、绿色制造等工程模式，并在工程系统的诸要素中大力推行，促进工程界为建设资源节约、环境友好的和谐社会作出更大的贡献。

汪应洛院士提出“演化与工程演化辨析”。考察和分析了“演化”和“工程演化”基本概念，还分析了工程演化与工程创新的关系、工程演化的研究视角以及工程演化的现实意义等问题。

汪应洛院士认为，当从宏观角度梳理工程活动的诸要素演化过程时，工程演化的历史是一个自然的演化过程；当从微观角度研究工程活动诸要素演化过程时，则是不同时代的工程活动主体不断探索人工创造演化的伟大足迹。每一次人工创造工程演化的过程，就是一次工程创新的过程。因此，深刻研究工程演化的体制、机制和特点，对工程创新具有重要的现实意义。

工程演化的研究视角可以是整体性的和还原性的，即可以从历史阶段的划分上作宏观的、整体性的把握，也可以从工程类型的多维角度进行微观的、还原性的研究。如果说前者是综合性的，那么后者则是分析性的。

最后，汪应洛院士指出，科学发展观为当代中国工程共同体的各个方面提出了一个课题，就是如何通过工程创新主导工程演化的发展方向，使之向又好又快的方向发展。因此，应当通过工程理念创新、工程技术创新、工程设计创新、工程规划创新、工程管理创新、工程制度创新、工程运行创新、工程维护创新、工程退出机制创新等系统创新，主导工程演化的路径，为工程活动促进经济、社会和各项事业发展作出应有的贡献。

十、研究智能城市理论，提高现代城市管理水平

中国工程院组织各学部和地方合作开展“中国智能城市发展战略研究”，汪应洛院士参加了该重大咨询项目的研究，并分工负责智能城市经济和管理发展战略的研究，特将汪应洛院士研究团队研究报告的核心内容纳入本章。

随着我国经济的飞速发展和城市化进程的迅速推进，城市人口激增，规模不断扩大，资源日益短缺，导致城市产生了许多经济、社会和环境等方面的问题，如何更好地对城市进行治理、提高城市管理效率和水平，促进经济发展和科技创新，引领并发展先进文化，维持城市的可持续发展，成为目前我国城市发展亟待解决的重大问题。汪应洛研究团队进行的智能城市课题研究，为城市治理提供了新的理念与途径，已经被越来越多的城市所接受，建设智能城市的战略进程也得到逐步推进。这为我国城市经济、科技、文化和管理的发展提供了重要的科学理论支撑。

智能城市的研究有利于推动可持续经济增长，促进科技发展和创新，引领和发展城市文化，有利于保护环境，合理利用自然资源，提升城市日常管理效率和应急管理能力，全面提高政府的公共服务能力，促进城市发展模式的转变和治理模式变革，提高居民生活质量。

从汉语的语境理解，“智能”一词最早出现于《管子·君臣上》：“是故有道之君，正其德以莅民，而不言智能聪明。智能聪明者，下之职也；所以用智能聪明者，上之道也。”其中“智能”即指一国臣民所具有的智慧与能力。“智能”在《辞海》中的解释为：“人的智

慧和行动能力。”由此可见，智能是人或群体的智慧与行为能力从感知到决策的思维过程，是智慧与能力的结合，将智慧与能力融为一体。

智能城市是在已有“数字城市”建设丰富实践的基础上，通过全面覆盖的物联网建设，在城市的各个区域设置感知源，推进先进信息技术应用与全新城市运营理念的融合，将海量信息汇集，通过物联网等城市网络传输集合，形成城市信息数据库，再通过多维分析、数据挖掘等技术对城市信息数据库进行智能分析，形成城市预警与决策规则，提升城市智能程度的综合系统。

2013 年 9 月，汪应洛院士（前左一）在宁波举行的智能城市建设会议上

汪院士带领团队从以下几方面入等进行了深入的研究。

1. 经济发展战略研究

（1）智能城市经济发展战略的分析框架和分析模型。

（2）智能城市经济发展战略引发的产业变化。

（3）智能城市经济发展的特点分析。

2. 管理战略研究

（1）智能城市中政府的角色和作用。

（2）智能城市中管理的宏观架构。

其中，扮演着智能城市建设的战略制定者，关键技术的提供者、参与者、推动者和监督者的政府，其作用是非常关键的。政府不但要构建智能化的氛围，制定相关政策与法律法规，制定人才保障机制作为智能城市着实发展的基础，还要大力支持物联网基础设施的建设和公共服务设施的建设，以及通过物联网构建的智能化管理平台进行城市管理和决策制定。

（3）物联网的促进作用及潜在风险。

（4）智能城市管理运作内部机理。

3. 智能城市评价指标与评价方法

（1）智能城市评价指标。

（2）智能城市评价方法及实施。

“十二五”《智慧北京行动纲要》全文指出，智能城市的发展主要包括信息基础设施建设、城市运行管理体系建设、市民数字化生活建设、企业运行模式创新建设、服务平台建设、完善法律法规与人才保障制度。

综上所述，汪应洛团队认为城市管理的职能架构图主要是由保障机制、支撑体系、目标体系三大体系组成，最后引领城市创新式发展的一个管理职能架构图，如图 11–10 所示。

值得注意的是，不同城市由于其自然禀赋、城市发展战略、城市定位及其自身人口、资源和环境特点等多方面的差异，因此又可以细分为智能旅游城市、智能创新城市、智能制造城市、智能商务城市、智能金融城市等，这就要求首先应该构建全面的、适合评价大城市、涵盖各个方面的综合性评价指标，综合性的智能城市的指标应力求全面、详尽，以真实刻画城市智能程度。依据综合性指标体系，抽取、裁减具体评价指标以构建适合于评价不同特色城市的板块性指标体系，以刻画不同类别城市的智能程度。综合性的、理念性的智能城市的指标体系如表 11–3 所示。

十一、提升中国制造企业自主设计能力创新的新思维

中国工程院针对我国制造业的薄弱环节——企业自主设计能力薄弱，设立了重点咨询项目——中国制造企业自主设计能力提升的创新研究。

汪应洛院士研究团队分工负责中国制造企业提升自主设计能力的管理创新研究。通过深入企业调查研究的数据分析，总结国内外企业提高自主设计能力的经验和教训，提出了通过管理创新提高企业自主设计能力的理论方法和有效途径。

2010年3月15日，中国工程院正式启动“提高我国产品自主设计能力的发展战略研究”重大专项研究咨询项目。该专项含11个子项，通过研究为国家提供提高我国产品自主设计能力的咨询建议。

汪应洛主持了其中一个子项目，主要是调查和分析我国工业企业产品设计资源现状，对我国企业自主设计能力和设计竞争力与设计资源的关联作出评估，在此基础上提出提高我国产品自主设计能力的设计资源建设、发展和高效使用的建议。

一个国家乃至一个企业的自主设计能力，取决于其竞争意识、物质基础和社会环境，或称自主设计三要素。支持设计竞争的资源是自主设计能力的物质基础。分析、评价我国设计资源在支持企业自主设计竞争方面的实际状况，从而正确认识存在问题和解决问题的方向并提出可行的建议，是提高我国产品自主设计能力咨询不可或缺的组成部分。资源子项就是要从物质基础方面研究影响自主设计能力的各方面因素，并讨论相关的发展战略。

设计资源子项以内燃机行业为典型对象展开研究，选择该行业具有代表性的企业进行设计现状的个人问卷调查与企业资源的现状调研。通过调研问卷分析与座谈研讨，得出以下认识和为提高我国产品自主设计能力而需要进行的设计资源建设策略、方案、方法与具体实现路径的建议。

中国已经成为具有相当影响力的国际制造大国，个别制造学科和制造领域已经跻身于世界先进行列，我国已经形成了以四大制造业基地为支撑的“中国制造”的格局。制造业是我国国民经济的支柱性产业，是实现建设创新型国家的产业基础，是直接创造社会财富的基础，但是制造大国并不是制造强国。我国制造业的技术创新能力和自主设计能力较为低下，导致我国制造业在国际竞争中缺少核心竞争力。

随着世界科技的不断发展，企业之间的竞争、产业之间的竞争在很大程度上已经演变为新产品、新技术、新商业模式之间的竞争，这些竞争的核心是企业的自主设计和自主创新的能力。传统的建立在“引进—消化—吸收”模式，导致自主设计的平均水准还很低，创新过程主要定位于渐进性、维持性，缺少突破性创新。这种模式虽然能够在短期内提升我国制造业的市场表现，但很难构建起具备长远的、可持续发展的中国制造业的自主创新和自主设计体系。

提升我国制造业的自主设计能力，是促进中国制造业优化升级，促进经济发展方式转变的重要途径。实现我国制造业自主设计能力的提升，有利于提升制造业的科技含量，促进产品的技术创新；有利于促进科技资源管理体系的变革，带动科技资源的聚集，发挥合力，促进行业整体竞争力的增强，促进国家创新力的增强；有利于促进科技服务业的发展，促进国家经济发展方式的创新；有利于塑造人人尊重自主创新，强化知识产权保护的文化氛围和制度体系，支持创新型国家建设。大力提高我国制造业的自主创新和自主设计能力，还将有助于推动科技资源的统筹，促进资源整合；制造业大力倡导和发展自主设计能力，也将极大地促进我国科技服务业的发展，推动制造业和服务业的融合；同时，提高我国制造业的自主设计能力，也有助于促进人口素质的进一步提高，驱动全民教育水平和质量的进一步提升。

对我国制造业的调查表明，自主升级的制度环境、制造业和科技服务业之间的互动程度，以及制造企业的研发管理模式，是我国制造业自主设计能力提升的关键因素。我国制造业自主设计能力的提升，更多的需要从管理创新的角度，采用系统思维方式，从制造业全价值链视角出发，实现促进制造业自主设计的外部制度环境的改善；大力发展科技服务业，促进制造业和科技服务业的互动和融合；促进制造企业创新发展模式，创新企业研发体系的管理模式，大力实施知识管理，促进协同开发。

在国家层面上，应进一步改善促进制造企业自主设计的外部制度环境。强化知识产权保护，构建知识产权保护的法律法规体系，强化知识产权法律法规的执行；构建公平的市场交易体系，为不同类型企业主体创造公平、公正、公开交易的法律法规和市场环境；加强对我国制造企业自主设计的财政和税收支持力度；改善对自主设计的金融支持力度；加强对国产设备采购方面的支持。

在行业层面上，应该进一步统筹科技资源，大力发展科技服务业，促进科技服务业和制造业的互动和融合，促进制造业自主设计能力的提升。通过统筹科技资源，要促进企业成为技术创新的主体，实现创新驱动、内生发展。要着力提升企业技术创新能力，强化企业负责人的科技创新意识，支持企业建设研发机构，支持企业应用科技创新成果，激励企业加大研发投入。通过推进宏观科技管理体制改革，提高科技管理效率，完善科技投入及其管理机制，加强科技人才培育及管理体制创新，构建科技发展的良好政策制度环境等措施，切实提高科技服务业的发展程度，促进科技服务业和制造业的互动和融合，促进自主设计能力的提升。

在企业层面，要创新制造业的发展模式，创新和改善企业的研发管理体系，大力实施知识管理，构建开放式研发协作平台，实施协同开发，促进自主设计能力的提升。要大力发展服务型制造模式，创新产品模式，细化和深化制造业的分工和合作，构建服务型制造网络，促进制造业自主设计能力的提升；要进一步优化和改进企业的研发管理模式，构建面向市场的研发协同开发体系和激励制度；要建立开放化的研发资源体系，主动与科技服务业开展深度合作；构建基于项目管理的研发组织体系，促进跨组织、跨流程的研发协作；大力推广知识管理，构建企业知识管理体系，促进自主设计知识的挖掘、发现、存储、转化和应用；要建立学习型组织，促进组织和员工自主设计能力的提升；构建基于 Web2.0 的开放式研发协作平台，大力倡导研发外包、研发群包等新兴研发模式。

我国制造业自主设计能力的提升，根本的是依靠制度的创新，通过制度的创新，提升企业自主研发的动力，改善企业自主研发的管理，提升企业自主研发的绩效。

改革开放初期，我国基本上不具备具有竞争力的设计能力。随着经济体制改革，20 世纪 50 年代从苏联引进的产品技术已经明显跟不上经济的发展。企业开始从日本、美国和欧洲等国家引进产品技术。这时引进的产品技术大部分是落后或面临换代的产品。这期间，企业基本上没有多少研发投入，产品设计人员进行的设计实际上就是画图，模仿甚至抄袭，没有专门为设计与研发而设置的实验设备，不具备仿真分析能力，更没有成型的设计开发流程。开发技术规范与加工工艺水平基本上仍停留在 20 世纪引进技术的水平上。

由于引进的产品大多是国外过时的产品，这些产品很快便失去了市场竞争力。因为没有形成产品设计能力，从 20 世纪 90 年代开始，我国许多企业开始花费巨资走出去、请进来，与国外咨询机构或合作伙伴进行合作设计与开发。这期间设计人员的知识结构发生了改变，通过咨询与合作，开阔了设计开发人员的眼界。设计人员开始明白产品设计是基于知识的设计。许多企业开始引进 CAD、CAE 等软件来提升设计能力，同时引进了一些研发设备。有些企业也开始进行设计开发流程梳理，引进并总结设计开发规范。在这期间，一些企业基本形成了自主研发体系雏形。但是，就整体而言，一个突出的问题是缺乏创新意识，对于设计是一种竞争缺乏思想准备，对于设计是以新知识获取为中心缺乏认识，从而对于设计资源的内涵以及建设、发展和使用的方向认识不一和迷茫。

进入 21 世纪，我国提出了建设创新型国家的国家战略。国家从各个层面上开始推动与扶持企业技术创新，积极推动“产、学、研合作”，开始形成了一定数量具有一定设计能力的企业，自主品牌产品开始发展。企业开始探索自主设计模式，谋求自主设计能力的提高。比如，探索以我为主、自主发展、合作开发的模式，又如，高薪引进高端研发人才，在海外设立研究机构或者收购海外设计研发公司等。同时，许多企业也开始着力进行设计手段的提升，比如，提高研发投入，应用新的设计方法，进行数据库建设，引进高档实验设备等。

当前，我国已是制造大国，但是距制造强国还有很大的距离，产品自主设计能力还很薄弱。比如，可以设计和生产发动机，但还没有设计与大型船舶、高档轿车、商用飞机等配套的高性能发动机的能力，更没有推出具有划时代意义的新型发动机的能力。企业在产品设计中照搬国外优秀企业的设计方案，采用同样的零配件资源，但是还是设计和生产不出同样的高性能产品。从总体上看，我国还缺乏自主设计高性能并在国际市场上能够竞争取胜的产品的能力，特别是缺乏开发引领同类产品性能发展的独创性产品的能力。这种情况也反映在设计资源的建设、发展和高效使用上。

通过长期研究，我们发现：自主设计能力应该从企业自主设计能力与国家自主设计能力两个层面来考虑。

企业“自主设计能力”具有如下主要特征。

（1）具有产品创新（对整机产品）或技术创新（对单元技术）的能力。

（2）主导并组织进行产品市场需求分析（发现、分析、筛选、抉择）、概念设计、详细设计、制造与价值实现的能力。

（3）具有掌控自己产品的核心特征能力和善于使用企业外服务和资源的能力。

（4）具备核心设计能力与制造能力。

从国家层面来看，国家需要自主设计能力，是从国家独立和安全出发，也是从拉动内需出发。自主设计应当比委托国外设计更能适应国内需求和利用国内资源，同时通过提高国内相关从业人员收入而创造提高内需的条件。国家层面的自主设计能力不足，是经济增长方式转变困难的重要原因。同时，自主设计是如中国这样一个大国独立存在的必要条件。否则一旦有事，就会因为若干或者甚至一个关键技术不能在中国的范围内解决，导致一个发展得轰轰烈烈的领域停摆。

以汽车行业来看，我国汽车业自主设计经过30年的发展，已经取得了长足的发展。比如，一汽瞄准当代欧洲同类产品而开发的一款国内最高端的J6产品，采用面向性能进行控制设计的正向开发方式，诸多性能水平达到欧洲同类产品水平，在国内居于领先地位。我国自主品牌商用车成功的例子，还包括东风公司的天龙、HOWO等。从轿车的自主设计开发来看，2010年自主品牌表现值得肯定，同比增长高于行业同比平均增长，市场份额有所提升。2010年，乘用车自主品牌销售627.30万辆，同比增长37.05%，占乘用车销售总量的45.60%，比上年提高1.30个百分点；自主品牌轿车销售293.30万辆，同比增长32.28%，占轿车销售总量的30.89%，比上年提高1.22个百分点。可以说中国汽车在世界汽车产量上占有重要地位。但是，我们必须看到自主品牌轿车只占29.7%，高级轿车自主品牌所占比例只有1.4%。尤其是在引领汽车创新方向的新概念车与原创型产品设计开发方面，依然是外国汽车公司独领风骚。可以说，我国汽车行业的自主设计能力依然很弱，基本上停留在模仿与跟踪的阶段，尚不具备较强的国际竞争力，离成为该领域的强国还很远。

从支持产品自主设计出发，我们研究认为“设计资源”应包括如下几个方面的内容。① 设计人员。② 软件。③ 硬件。④ 设计流程、规范与管理制度。⑤ 企业内部已有设计知识资源。⑥ 为企业高效率使用外部设计知识资源的环境（信息、支付、纠纷处理平台，求、供双方的权益保护法规等）。⑦ 供应商（高水平和高质量提供设计服务，已有设计知识、设计知识获取服务，以及有关的中介服务）。

从支持国家层面的自主设计能力需要的设计资源角度看，国家自主设计能力是指一个国家范围内拥有支持企业进行产品自主设计的核心与关键的设计资源。① 人才方面。近年来，我国大学教育培养了大批大学生，为各行业源源不断地输送了年轻研发人员。我国在人力资源方面拥有最大的优势。② 知识资源方面。我国众多的高校与研究机构在国家不断加强的研究经费投入下，在理论与应用技术方面产生了许多研究成果。

国内企业近 10 年来不断加强产学研合作及与国外咨询公司的合作，积累了大量的知识。随着我国经济的持续增长，国家与企业在资金方面有了较丰厚的积累，在产品设计资源建设方面有了越来越多的资金投入。国家大力推动创新型国家的建设，具有设计资源建设的政策优势。

在人才方面，企业中研发人员占总人员的比例较低。发达国家研发人员占总人员的比例高（如汽车行业在 8% 左右），但国内水平较低（如汽车行业只有不到 4%）。研发人员投入不足，特别是缺乏高素质的高端领军人物，是影响我国产品自主设计水平的瓶颈之一。而高素质的高端领军人物不仅在知识上要有宽广的视野、在技术上要有前瞻的储备，更要在精神上有强烈的竞争意识。目前，我国的工程教育和工程人才的生存条件和使用方式，都不利于这种人才的生成和发展。这就是提高自主设计能力问题中的社会因素。

自主设计能力可以更具体地阐述为产品设计与技术创新能力。企业在激烈的市场竞争中赖以获胜的基础，就是强大的产品设计与技术创新能力。创新是产品设计的灵魂。企业的产品设计与技术创新能力是企业的核心竞争力，是企业长存的根本、竞争取胜的关键与占据利润分配高端的保证。品牌、市场、管理等的创新都以产品设计与技术创新能力为基础。研究表明，只占产品总成本约 5% 的产品设计过程所做的决策，几乎决定了产品全生命周期成本的 95%。因此，制造业的竞争本质上是产品设计的竞争，产品设计竞争在很大程度上依靠技术创新。

如何迎接设计资源环境建设的挑战？是不是只能模仿工业发达国家企业在 20 世纪的发展方式，完全重复他们走过的道路？研究过程中，汪院士带领大家不断讨论，最后答案是应该探索一条不同的道路。因为时代不同，国内外的情况不同，发展起点不同，服务业发展已经积累了丰富的经验，信息技术的水平也已经完全不同。中国应该充分利用高速发展的信息技术，通过推动一种以服务为中心、以网络为媒介的分布式的设计资源环境的发展，利用分布式的资源来形成我国在全球范围内具有竞争力的设计资源。这是寻求后发优势，快速建设设计资源，解决我国设计资源在量上不足、在质上严重不足的困境的一条路径。我们把这条路径称为“建设基于互联网的分布式现代设计资源环境”。

“现代设计与产品研究开发网络”和“教育部现代设计与制造网上合作研究中心”多年来一直在进行建设一种分布式资源环境的努力，以知识服务和知识获取服务代替建立在项目基础上的产学研结合；以知联网作为联系服务请求方和服务提供方的工具，以代替烦琐的立项过程，最大限度地降低建立合作的成本；以多对一的形式为企业提供最好专业知识服务和知识获取服务（高水平和高质量）的机会，通过对服务提供方施加压力使得服务上不断精益求精的；

以一对多的形式为企业降低请求服务的成本，为服务提供方创造更高回报，支持提供方坚定在自己的专长上精益求精，不断创新技术，为产品设计储备越来越多的有竞争力的高新技术；以多对一的竞争刺激服务提供方在自己的专长上提高服务质量，以一对多的形式推动企业提高选择最适用的知识和新知识获取能力，集成最适用的知识和新知识获取能力，采用最适用的知识和新知识获取能力，这些统称为集成知识能力，是企业应该具有的核心知识，或者是核心竞争力。

这是一把双刃剑，既能促进服务提供方集中精力提高自己专业知识的服务，包括知识水平和服务质量，又能推动企业集中精力提高自己，集成此前未曾采用过的知识和获取新知识，以满足现在未能满足的需求，成为真正创新的主体。更重要的是，要降低设计竞争的成本，缩短设计竞争的周期。试想，如果一个新的设想，其中大量关键技术都要经过 3～5 年的预研，这个设想还能够有多大的竞争力？

基于互联网的分布式设计资源环境，是指设计所依赖的知识资源和新知识获取资源不是大多集中在一些企业的内部，而是分布在不同的地域或为不同的所有者所拥有，由这些拥有者向企业的自主设计提供服务。这个趋势，在工业发达国家也已经清晰可见。分布式设计资源环境中的设计具有如下的特点：①设计基于分布式知识资源环境进行；②设计者从分布的资源环境中选择性地使用有竞争力的知识资源；③以最小成本在最短周期内实现新知识的获取和应用；④快速更新产品以响应市场变化和满足客户的定制式需求。

在分布式设计资源环境中，设计环境由设计主体、分布式设计资源单元与设计知识资源中介组成。在分布式设计资源环境中，设计主体是整个设计活动的组织者和竞争风险的承担者。在设计活动中，需要设计资源单元提供知识或者知识获取服务时，则寻找合适的资源单元来完成。设计主体与设计资源单元间通过知识服务的模式进行。

设计资源单元是“资源实体”和“知识服务 / 知识获取服务”的集合体。“资源实体”是指能够提供知识服务的实体（个人或者组织机构），它们拥有知识的所有权和运行权，拥有知识的知识产权，并且负责知识资源的运行、维护和不断更新。资源实体拥有的资源不仅包括知识资源，而且还包括人力（智力）资源及必要的实体运行的财力资源。“知识服务 / 知识获取服务”是资源实体所提供的设计服务，是对资源实体为解决设计过程中的具体问题而能够提供的服务的抽象描述。资源单元要对自己的服务水平和服务质量负责和承担服务竞争的风险。

可以想象，在分布式设计资源环境中，必然存在这样的问题：设计主体针对某一新知识的需要，如何在可能存在许多设计资源中找到合适的资源单元？提供某项知识服务的资源单元又如何能够让可能有需求的一方找到自己？这就需要设计资源中介。设计资源中介是为满足设计主体可以快速寻找到合适的设计资源，以及设计资源单元可以将它能够提供的知识服务同时向众多的设计主体发布而产生的。

根据前期的调研结果，初步明确了影响产品设计能力提升的管理因素，主要包括三类：供应商早期参与、顾客主动参与、企业内部管理模式变革。为此，汪院士团队在此基础上进一步提出促进制造企业产品设计能力提升的管理策略。① 供应商前期参与提升产品设计能力的机制和对策研究。② 顾客主动参与产品设计，提升产品设计能力的机制和对策研究。③ 企业内部研发模式创新对产品研发能力提升的作用机制和实施对策研究。④ 基于管理创新，提升产品设计能力的宏观对策研究。

基于以上研究，汪院士带领团队从宏观政策、组织管理、产业发展、知识管理、以及公共服务等角度，提出促进中国制造企业研发能力提升的对策。

当前，面对我国建设创新型国家的挑战，企业作为创新发掘、创新投入、创新实现、创新受益与创新风险承担的主体，决定了企业在我国创新体系中居于主体地位。创新型国家的战略实现根本在于，大批具有产品创新能力的企业的出现、成长与壮大。提高企业的产品自主设计能力是实现企业产品创新能力的保证，没有正确的设计，就没有成功的创新，而设计资源则是自主设计能力的物质基础。因此，如何从设计资源合理建设、快速发展和高效使用方面来研究提高我国企业产品的自主设计能力，便成为当今需要研究的关键问题。

十二、筹建中国“改革试点探索与评估协同创新中心”

汪应洛院士深谋远虑、高瞻远瞩，按照教育部、财政部有关文件的精神，积极实施“高等学校创新能力提升计划（2011 计划）”，提出了全面推进高等学校创新能力提升的重要举措，于 2014 年与国家发改委联合成立了国家层面的智库——中国“改革试点探索与评估协同创新中心”。

全面完成党的十八届三中全会部署的改革任务，需要加强重大改革试点后的评估工作。李克强总理要求有关部门要逐步尝试，将更多社会化专业力量引入第三方评估，进一步加强对政策落实的监督、推动，不断提高政府的公信力。

为此，在校领导高度重视和大力支持西安交通大学积极整合校内外各类优质资源，筹建“改革试点探索与评估协同创新中心”，针对中国改革试点探索与评估问题展开深入、系统的持续研究。

“改革试点探索与评估协同创新中心”建设得到了国家发改委的高度肯定和大力支持。国家发改委认为，西安交通大学作为我国具有强大科研能力的知名高校，肩负着解决经济社会发展综合性难题的重任，具有领衔联合一流高等学校和科研院所解决重大问题的能力，明确同意批复由西安交通大学牵头组建以改革试点探索与评估为主题的协同创新中心，并表示将在以下方面积极支持中心建设：①积极支持和参与中心的科研工作；②开展重大改革特别是改革试点的评估工作；③积极支持和参与中心的人才培养交流工作。此外，国家发改委还将在有关数据库开发与共享、工作调研、部委协调、政策指导等方面给予中心必要的支持和协助。

“改革试点探索与评估协同创新中心”建成了，将更有利于发挥高校人才汇聚、学科综合和科研深入的优势，有利于整合科研、教育、政府和实践层面的改革创新资源，实现改革理论研究、决策咨询、政策设计、实践探索、效果评估的有机结合，解决国家经济转型时期改革试点探索与评估的重点热点问题，产出高水平研究成果，为国家和区域相关重大问题的决策提供理论支持，更好地服务于国家和陕西地方经济社会发展和改革需求。

附录 | 一 |

汪应洛年谱

1930 年 5 月 21 日　出生于安徽省芜湖市。

1949 年 9 月～1952 年 7 月　在交通大学机械工程系学习，获学士学位。

1952 年 9 月　毕业留校任助教。

1952 年 9 月～1955 年 7 月　在哈尔滨工业大学学习企业组织与计划，研究生毕业。

1955 年 7 月～1958 年 10 月　在交通大学任助教、讲师。

1958 年 10 月～1978 年 9 月　任西安交通大学机械制造系副系主任。

1978 年 9 月～1984 年 3 月　任西安交通大学系统工程研究所副所长，管理工程系系主任。

1984 年 3 月～1988 年 3 月　任西安交通大学副校长、校学术委员会副主任。

1984 年 3 月～1996 年 12 月　任西安交通大学管理学院院长、博士生导师。

1997 年 1 月至今　西安交通大学管理学院博士生导师、名誉院长、教授。

主要兼职：

1984 年 4 月～1998 年 9 月　任中国系统工程学会副理事长。

1985 年 2 月～2002 迄今　任国务院学位委员会管理科学与工程学科评审组召集人。

1986 年 10 月～1997 年 7 月　任国家自然科学基金委员会管理学课评审组组长。

1982 年 2 月～1991 年　任长江三峡工程重大科学技术研究专家组专家。

1988 迄年至今　任《管理工程学报》及《工业工程》编委会主任委员。

1990～1998 年　任全国软科学指导委员会委员。

1991 年至今　任陕西省决策咨询委员会委员兼工业组副组长。

1992 年 5 月～2001 年　任中国机械工程学会常务理事兼工业工程分会主任委员。

1994 年至今　任美国 *Computer and Industrial Engineering* 杂志国际编委。

1996 年至今　任国际工业工程学会常务理事。

1996～1998 年　任国务院学位委员会办公室工商管理硕士教学指导委员会顾问。

1997 年至今　任机械工业部先进制造技术研究中心专家委员会委员，兼系统管理及综合集成研究室首席专家。

1997 年至今　任西安交通大学管理学院名誉院长。

1998 年至今　任 *Computer & IE Journal* 国际编委。

2003 年 1 月～2010 年　任《中国工程科学》杂志编委。

2009 年 8 月至今　任西安交通大学第一届学科建设规划与发展委员会委员。

2009 年至今　任《二十世纪中国知名科学家学术成就概览》管理学卷编委。

2009 年至今　任管理科学与工程学会顾问。

附录 | 二 |

汪应洛院士主要论著

1. 汪应洛主编 . 系统工程导论 . 北京：机械工业出版社，1982.

2. 汪应洛主编 . 系统工程 . 北京：机械工业出版社，1986.

3. 汪应洛主编 . 系统工程及其应用 . 北京：科学出版社，1990.

4. 汪应洛主编 . 战略研究理论与企业战略 . 西安：西安交通大学出版社，1990.

5. 汪应洛主编 . 战略决策 . 贵阳：贵州科技出版社，1990.

6. 汪应洛主编 . 系统工程理论、方法与应用 . 北京：高等教育出版社，1992.

7. 汪应洛主编 . 系统工程简明教程（第三版）. 北京：高等教育出版社，1992.

8. 汪应洛主编 . 大百科全书《自动控制与系统工程卷》系统工程应用篇 . 北京：大百科全书出版社，1992.

9. 汪应洛主编 . 技术创新 . 西安：西安交通大学出版社，1993.

10. 汪应洛主编 . 经济规划理论与方法 . 北京：机械工业出版社，1993.

11. 汪应洛主编 . 管理科学：自然科学学科发展战略调研报告 . 北京：科学出版社，1995.

12. 汪应洛主编 . 汪应洛文选 . 西安：陕西人民出版社，1996.

13. 汪应洛，刘旭 . 清洁生产 , 北京：机械工业出版社，1998.

14. 汪应洛主编 . 系统工程（第二版）. 北京：机械工业出版社，1999.

15. 汪应洛主编 . 工业工程手册 . 沈阳：东北大学出版社，1999.

16. 汪应洛，陈双全主编 . 铜川 21 世纪议程 . 西安：西安地图出版社，2000.

17. 汪应洛，安义中主编 . 生产率工程 . 成都：四川大学出版社，2001.

18. 覃征，汪应洛等 . 网络企业管理 . 西安：西安交通大学出版社，2001.

19. 陈菊红，汪应洛，孙林岩 . 灵捷虚拟企业的科学管理 . 西安：西安交通大学出版社 .2002.

20. 汪应洛主编 . 系统工程学（国家“十五”规划教材）. 北京：机械工业出版社，2004.

21. 汪应洛主编 . 服务外包概论 . 西安：西安交通大学出版社，2007.

22. 汪应洛主编 . 系统工程学 . 北京：高等教育出版社，2007.

23. 殷瑞钰，汪应洛，李伯聪主编 . 工程哲学 . 北京：高等教育出版社，2007.

24. 汪应洛主编 . 业务流程外包（BPO）——获取客户优势的商业模式 . 西安：西安交通大学出版社，2007.

25. 汪应洛主编 . 系统工程（国家“十一五”规划教材）. 北京：机械工业出版社，2008.

26. 汪应洛主编 . 系统工程（国家“十一五”规划教材）. 北京：机械工业出版社，2009.

27. 汪应洛主编 . 工程演化论 . 北京：高等教育出版社，2011.

28. 汪应洛主编 . 工程管理概论 . 西安：西安交通大学出版社，2013.

参 考 资 料

《百问三峡》编委会．百问三峡．科学普及出版社

陈景华．盛宣怀．哈尔滨出版社

霍有光，顾利民．南洋公学交通大学年谱．陕西人民出版社

霍有光．交通大学（西安）百年高等机械工程教育年谱．中国文史出版社

霍有光．交通大学（西安）年谱．中国青年出版社

霍有光．为世界之光——交大校史蠡测．中国文史出版社

陕西省地方志编辑委员会．陕西省志（第一卷）大事记．三秦出版社

汪应洛．汪应洛文集．陕西人民出版社

《西安交通大学大事记》编写组．西安交通大学大事记（1896—2000）．西安交通大学出版社

《西安交通大学校史》编写组．西安交通大学校史（1959—1996）．西安交通大学出版社

西安交通大学．彭康纪念文集．西安交通大学出版社

殷瑞钰，汪应洛，李伯聪等．工程哲学（第二版）．高等教育出版社

有林，郑新立，王瑞璞．国史通鉴．当代中国出版社

中国工程院“创新型人才”项目组．创新型工程科技人才培养研究报告（上、下册）．

竹前．交大之树长青．西安交通大学出版社

后　记

汪应洛是我国管理学的奠基人和开拓者之一。他是由苏联专家培养的新中国第一位管理工程研究生；他在读研究生期间就写出了新中国第一部管理工程教科书《企业组织与计划》；他推动开创了中国管理工程学科，推动开创了中国管理学门类；他创建了新中国第一批管理学院之一——西安交通大学管理学院；他是中国第一批管理学博士生导师；他培养出了我国第一位管理工程博士生……一系列的第一，奠定了汪应洛在中国管理学界的崇高地位。

作为他的学生，为汪老师写传感到十分幸运和激动，但又感到诚惶诚恐。汪老师的人格、治学精神、学术成就使我高山仰止。我才疏学浅，资历不深，难以吃透汪老师的学术思想，更难洞察汪老师科研成果的现实和长远的意义，即使收集汪老师的历史资料、学术成果，也是挂一漏万。好在中国工程院的领导和院士对《汪应洛传》的写作指明了方向，西安交通大学的各位领导给予了大力支持，西安交通大学管理学院院长黄伟、党委书记孙卫坐镇指挥，党委副书记尚玉钒亲自挂帅，组成了《汪应洛传》编辑委员会，抽调力量，调集资料，创造写作条件，使《汪应洛传》撰写工作得以顺利进行，基本上按计划完成了撰稿任务。在这里，首先感谢西安交通大学老校长史维祥教授的大力支持与配合，给《汪应洛传》提供了大量翔实宝贵的资料；感谢李怀祖教授、赵卓贤教授、郭干慈教授等先生的鼎力相助，感谢郭菊娥、王能民、李刚等老师的热情参与。

汪应洛教授的科研助手及行政秘书吕绚丽博士做了大量工作，尤其是《汪应洛传》的最后一部分关于汪应洛院士的科研成果主要是她整理撰写的。西安交通大学管理学院办公室贾峰菊老师为《汪应洛传》写作的采访、组稿等工作留下了许多珍贵的音像资料。汪应洛院士的爱人张娴如教授、儿子汪时奇和女儿汪时华为写作提供了诸多方便，为书稿润色不少。

最后值得一提的是，西安交通大学校史和大学文化研究中心主任贾箭鸣老师、西安交通大学出版社编审房立民老师对《汪应洛传》的拟定工作给予了密切的关注和大力支持，他们的热情帮助使我感激不尽。西安交通大学机械工程系毕业生高喜爱为《汪应洛传》文稿输入电子文件，并承担校对任务，表示了她对当年的机械工程系副主任汪应洛老师的感恩情怀。另外，西安交通大学的许夏陆、王鹏、池静宜、岳园园等同学也参加了人物访谈和部分文本的转录工作，这里一并表示感谢。

由于时间仓促，再加上水平有限，《汪应洛传》的疏漏和不足在所难免，望各位专家和读者批评指正。

作者 李志杰

2014 年 4 月 30 日

作 者 简 介

李志杰，男，汉族，生于1943年，陕西省岐山县雍川镇杨柳村人。1969年毕业于西安交通大学电机工程系电机与电器制造专业，中共党员，主任记者。

历任企业技术员、组织干事、机关工会主席、宣传科负责人、中学校长兼党支部书记。参与创办《宝鸡日报》，任社会经济部主任、总编办主任。主持创办《陕西冶金报》《市场营销报》《西安书画报》《陕西书画报》《艺术家报》《慈善书画报》并任总编辑，曾任《军工报》编辑部主任、《新健康》杂志副总编、长城书画院副院长。在各报刊发表新闻作品、科普作品、文艺评论220万字，发表摄影作品200多幅。著有《太白山揽胜》《李志杰科普小品选集》（陕西旅游出版社出版）《李志杰高喜爱文集》（五卷）（西安地图出版社出版），整理编辑出版《陕西名老中医孙继元临床实录》（天津科学技术出版社出版）。多次荣获陕西新闻奖、陕西科普作品奖和全国科普作品奖。2000年被中共陕西省委和省政府授予“陕西省优秀新闻出版工作者”荣誉称号。系西安市作家协会会员、陕西省作家协会会员、陕西省书法家协会会员、中国科普作家协会会员、陕西省科普作家协会常务理事、陕西省秦腔艺术研究会常务理事兼副秘书长、西安交通大学校史与大学文化研究中心专家组成员。

吕绚丽，女，汉族，1971年出生，管理科学与工程博士。2003年获西安交通大学工商管理硕士学位，同年留校担任汪应洛院士秘书至今，主要负责汪院士学术科研、行政工作。

自2003年以来，参与汪应洛院士承担的国家重大咨询项目研究11项，例如，三峡工程论证及可行性研究结论的阶段性评估、中国服务型制造业的发展战略研究、中国智慧城市建设与推进战略等项目的部分研究工作。参与修订书稿2部，参编教材2部。发表与研究相关中英文学术论文7篇，其中第一作者5篇。获陕西省决策咨询委员会咨询课题“咨询创新奖”2项。获西安交通大学管理学院“学习落实科学发展观摄影比赛”一等奖、“管理服务标兵”等荣誉。

现任西安交通大学管理学院汪应洛院士学术科研、行政秘书，院办副主任；西安交通大学中国改革试点探索与评估协同创新中心行政主任。